法、道徳、責任に関する考察

政治的正当性とは何か

J-M. クワコウ

田中治男　押村 高　宇野重規 訳

藤原書店

Jean-Marc COICAUD
LEGITIMITE ET POLITIQUE

This book is published in Japan by arrangement with
les Presses Universitaires de France, Paris,
through le Bureau des Copyrights Français, Tokyo.

日本語版への序文

正当性、民主主義的正当性および、日本の政治文化

ジャン゠マルク・クワコウ

政治的正当性についてのこの書物は特殊な文脈——現代の大陸ヨーロッパおよびアングロ゠アメリカン世界の文脈を前提として書かれており、この世界が正当性についての法的政治的考察の長い遺産を有していて、正当性もこの世界の特質を帯びていることは確かである。その結果、日本の読者には本書はいくらか理解し難く思われるかもしれない。この序文はそれゆえ、正当性、より特定的には民主主義的正当性において問題となることを具体的に示そうとする試みである。それはまた、本書で解明されている諸観念が日本の政治文化と、それが経験しつつある諸変化についての当面の論争にいかに貢献するものであるかに触れることにもなる。

正当性の意味

もっとも一般的なレヴェルで捉えると、正当性とは治者と被治者との関係を正当化する価値である。それは、政治権力と服従との両方が正当北される過程である。それは統治の権利の承認である。この統治の権利の承認は、主として同意、諸価値とアイデンティティ、そして、法律などと関わる一連の諸条件の上に基礎づけられる。それはまた、責任と社会化との観念を伴う政治権力の行使と効果とに対する一群の制約をも生みだす。これらの諸要素は、

よく統合されていれば、制度的な規制や仕組みに効率と秩序の感覚だけでなく、正義感覚をもたらす役割を、正当性にとって可能なこととする。

被治者民衆の同意の行使は、正当性の第一要件である。法律の社会的性格はこの要件を明白にする。個々人の権利義務の概念と履行との根元には、個々人の同意に基礎をもつ、妥協と譲歩との精神に基礎づけられた相互的制限がある。誰も承認していない権利義務は、個々人間の相互作用を日々形成するために、どんな妥当性も、また確かに、どんな力ももたない。個々人間の関係の調整の役割を引き受け、権利義務のからみ合いを調節し、交換が最低限度の相互性感覚と合致して行なわれることを確保する点において、法律、とくに政治的法律――社会内の権力配分を整える役割を担う法律全体――は、個々人の同意に重く依拠している。法律が組織する相互的期待の母体は、民衆が同意を与えるべき社会性の体系である。

正当性のための第二の要件は、社会の諸価値とアイデンティティとに関わる。同意と、社会の諸価値およびアイデンティティとの間の内的な連環の存在に気がつくと、この点は明らかになる。同意には、その元にあり、それに関して合意がなされる社会的内容を必要とする。そのような内容は、集団とそのメンバーとのアイデンティティの構築の中心にある諸価値によって提供される。諸価値についてのこの同意――正当性の重要な要素――はそれらの社会的役割のうちに起源をもつ。諸価値は、二つの性質を結合している点で、社会的現実の延長である。それらは、現実の部分として、叙述的性質を示す――人々がそれらの価値と結びつきうることを説明する事実。もし諸価値が現実からまったく遊離しているならば、人々はそれらの意味を理解しないであろう。それらの価値はまた規定的性質をもつ。諸価値は、遵守すべき諸原理あるいは希求すべき諸理想と、避けるべき諸コースとの間の区別と階序制との確立に役立つ。それらの価値は、推奨しうるもの、非難すべきものについてのコンセンサスを指示する過程の要素である。

これはわれわれを、法律の性質と役割とに結びついた、正当性の第三の要件に導く。正当性は確かに法律に還元すべきでないけれども――これは時に法的実証主義者の正当性理解に認められる傾向である――、正当性の探求において法律のもつ重要性は見逃してならない。正当性にとっての法律の重要性の解明は、とくに、諸価値と法律との関係をどれだけ明らかにできるかにかかっている。そのようにするには、諸価値が法律の実質を成しているという事実を強調することが必要である。諸価値は、法律が調節の役割をもつ権利義務に内容を与える。諸価値は、法律の理論と実践とに基礎、目的、そして、方向性を与える。法律は、諸価値に含まれ、それらに生命を与える世界観、階層秩序、そして、諸特性の伝達者であり、組織化の手段である。しかしながら、そこから、あらゆる価値が権利義務を生み出すということ、あらゆる価値が法律の起因になるという結論にはならない。というのは、ある一つの価値は、権利義務のからみ合いの部分となり、その動因となるためには、社会的に価値あるものとして受け止められなければならないからである。諸価値が法律になるのはこの条件の下においてである。法律と価値とのこの結びつきを基礎に、法律は諸価値に対し三つの主要な役割を果す。公定性、保護、そして、促進である。法律によって進められる諸価値の公定化の役割について語ることは、一つの点で、法律が価値を担った諸要求を承認し、裏書きし、それらを自らの内実の部分とするということを示している。諸価値は法規範の基礎となり、ここから、特定の法律、規則、規制等が導き出される。一旦ある価値が公定化されると、法体系の任務はこの価値ができるだけ保護され、奨励されることを確実にするよう貢献することである。法律の表現および実行手段として、政治制度は、社会のアイデンティティに相互性のもつ中心的諸特徴を与える諸価値によって構想された相互性のレヴェルと態様とを現実化することを目指す諸政策を決定し、調整し、規制し、保証し、強制する任務を指定された組織なのである。それらの制度の任務は、公的サーヴィスが社会の各メンバーおよび集団全体にとって納得のいくよう実行されることを可能にし、適度に平和的かつ統合的な相互作用が社会の多様な領域とそのメンバーとの間、また内部に成立する場を与えるような社会的装置を整えることである。正当的であることを目指す政治制度から求められる統合の役割は、政治権力の行使に対し抑制的効果をもつ。これらの抑制的効果は、社会に対する実行責任と説明責任が権力の正当的行使の中心的要件となるという事実に帰着する。

民主主義的正当性

本書は民主主義的正当性そのものにはそれほど論及していない。しかし、それはこれに関するいくつかの論点には十分触れることになる。民主政治における正当性の中心的意義は、時として、正当性は近代的で民主主義的な現象にすぎないかのような議論に導くことがあった。これは確かに当っていないけれども、正当性が民主政治の枢要な特質であることは認めなければならない。多様な要素が、正当性と民主主義の緊密な結合、ラヴ・アフェアを説明する。それらは、民主政治は「すぐれて」社会適合化の試みであるという事実に帰着する。この状況の最良の一例は、民主主義的な権利義務の諸特質が正当性のための同意の行使の重要性を認めるために理想的に整えられていることのうちに見出されうる。同意の卓越性は、民主主義的な諸価値そのものの内容と、それらの個人的権利としての強調とのうちに響き渡っている。自由や平等の価値、そして、それらが生み出す信条と権利との諸体系は、同意とそれに求められる性質、それに必要な非強制的性格の重要性の展示である。それらは人々の同意に、論議と選挙とのメカニズムを通じて公認され、実現されうる、治者に挑戦する力と権利とを与える。このような挑戦が構成する試練は、民主主義的制度の正当性の決定的な要素である。挑戦の総合とその諸結果の支持とは、民主主義的制度の正当性の証左であるとともに、その強化を示す。

民主主義的正当性は、政治制度への挑戦の存在——おそらくその必然性さえ——を、その性質の限定的側面を示すものとして承認する。このことは、正当性を民主政治の主要要素とすることに貢献する別の要因を指し示す。民主主義は権力の幅広い配分を可能な限り奨励し、完成する。民主主義において、正当的権力は誰かの所有物であることはない。権力は循環し、原理上、何人にも到達できる。権力配分の不均衡と、それに付着する——政治的・経済的・社会的等の——利益とが民主主義的設定の中で道徳的かつ社会的に許容されるのは、権力者がそれらを独占して、潜在的競争者である他の者が挑戦の場に立ち、力をつけることを妨げるために、それらを用いないという条件においてのみである。これは、根本的理想の地位にまで高められた核心的民主主義的価値の主要な前提の一つである。それは、民主主義的政治制度の使命宣言を大きく規定している。民主主義的政治制度は、権力が社会の一部分に永久的に保持されて、他の者を犠牲にすることがないようにするため最善を尽くさなければならない。それらの制度は、民主主義的諸利点への全体として開かれた——公正な——アクセスと参加が可能なかぎりルールとなるよう保証しなければならない。多様な形態における権力の循環の維持の可能性を保つことにおいて、政治制度は、卓越した核心的民主主義的価値である自由と平等の社会的浸透を目指すメッセージを伝達し、履行する責任をもつ。例として、民主主義的文化における競争の組織化を取り上げてみよう。自由と平等は、社会のメンバー間の競争の可能性および公正さの条件を構成する。一方でこれらの価値は、個々人の権利を強調する点で、個人的利益の追求に広い場を与える。そのようなものとして、それらは社会の全面的躍動のための個人的イニシアチヴの決定的重要性を、たとえそれが利益の衝突から生ずる行為者間の紛争の潜在的可能性を含んでいるにしても、認めている。他方で、自由と平等はまた、競争から出てくる恐れのある分裂状態を規制し、制御する任務をもっている。それらは、社会内の移動性を可能なかぎり保証することを目指すことによって、競争を社会的に統制する。

移動性——主として政治的、経済的、社会的な——と、それが含むかなり持続的な権力再配分の可能性とは、自由と平等が競争を社会的に適合させるために依拠する主要な仕組みである。自由と平等に奉仕する民主主義的制度は、社会のメンバーが競争に伴うリスクへの直面と、利益へのアクセスとを均等に共有し、この均衡が保たれるよう配慮することを求められている。リスクと利益とに対する個々人の平等化の維持こそが、権利と義務の相互性の他の形態——そして補完的形態——であって、これは、競争関係から生じてくると思われる権力の不均衡の社会的適合化に貢献するものと考えられる。成功した場合、このメカニズムは権力配分の不平等をも、それが公正であると推定されるがゆえに、受け入れうるものとみなすことを助ける。諸々の不平等が公正であると推定されるのは、まず、公正な競争の、競争者間のリスク・利益の均衡ある共有の所産である限りにおいてである。さらに、それらの不平等が公正であると推定されるのは、リスク・利益の共有の均衡性の維持の効果に基礎づけられて、最終的なものでなく、それゆえ、将来に改善の可能性を残しているからである。諸々の不平等は、正当化の原理と合致して、それらが累積的永続的障碍の源泉にならないものと説明されているため、修正可能な、可逆的なものとして理解されている。この文脈において、諸々の不平等は、競争の公開性の条件の維持とともに、転倒され、克服されることが可能であるとみなされる。今日の敗者は明日の勝者になりうるし、今日の勝者は明日の敗者であるかもしれないのである。公正な競争を通じての流動性の受容と保証は、怨恨、失望、見込みなさの蓄積が生み出すことのある暴力の噴出を避けることを目指している。自由と平等は、民主主義的制度の助けを借りて、公正な競争関係の諸条件を調整する点で、個人的利益の追求を社会的適合性の領域の範囲内に設定している。

民主主義はその正当性を、それゆえ、その社会的適合化の持続的な力を、ある時期に存在する権力制覇の状況が権力独占に転化しないよう保証する試みのうちに見出す。民主主義の幸運は、この目的に到達するため、持続的に投射され、実現されていることで、個人的利益の追求とその社会的適合化との有効性を承認することのできる核心的諸価値に依拠することができているところに存する。平等と自由の可能性が維持されている限り、諸利益は破壊的結果を伴うことなく開発される。民主主義的枠組みの中で社会的適合化がその限界にぶつかるのは、これらの価値がその形成力を剥奪される時だけである。

日本とその混成的《ハイブリッド》正当性の難局(1)

近代西欧民主主義社会は地域的伝統と近代性との混合である。政治的社会的アイデンティティ、参加のメカニズムを形成している手続きと内容は、この両者の、それらの不断の対話と相互作用との産物である。その結果、民主主義的正当性の理想と原理について語ることが、真空の中での思考に通ずることはない。それらの理想や原理はある社会的脈絡の中で生起している。この社会的脈絡はそれらに適応し、それらはこの脈絡に適応する。この適応過程において重要なのは、ある状況の中でそれらの理想に意味を与えることであり、また、理想によって構想されたラインに沿って状況を変革することである。政治的共同体への帰属意識、それへの忠誠、そして、公共的徳の実践は、非常にしばしば、相互的適応の過程の成功の証左となる。それゆえ、これは「いくつかの限界内で、民主主義的正当性の社会的脈絡への内在化を意味する。民主主義的正当性のこの内在化は、しかしながら、西欧の圧倒的影響と直面しなければならなくなった近代社会に到達する時、問題的なものとなる。これらの社会は二重の挑戦に直面しなければならない。これらの社会は、国内的正当性と国際的受容とを求める中で、民主主義的正当性の信条と実際とに順応しなければならない。しかし、そのようにすることは、また、彼らが西欧の影響に対処しなければならないことをも意味する。この影響が民主主義的諸価値の伝播と結びついているという事実は、支配と輸入との過程と結びついていることから来る悪夢を必ずしも除去するものではない。最善の状況においてさえ、この影響下にある諸社会がそれらの価値を統合するのは容易なことではない。これらの社会にとって、民主主義的原理を採用しながら、自分たち自身のアイデンティティと正当性主張とを裏切らず、国際的な覇権国家の権力範囲の中に自分たちをおきながら、萎縮しないでいることは、大変な難事である。確かに、日本がその近代史を通じて立ち向かわなければならなかったのは、こういう挑戦であった。

日本は外の世界に対して、その歴史を通じての中国との心理的緊張を含む関係が示すとおり、緊張した関係をつねに保っている。十九世紀の後半以来、外の世界とのこの困難な関係は、日本と西欧、とくに一層アメリカ合衆国との交渉に著しく集中されている。日本は、西欧から来る変化に対し、自ら自身の性格を見失わないよう務めながら、好むと好まざるとに関わらず、適応しなければならなかっただけに、それはことのほか複雑かつ厄介なことであった。ここに、現代日本の国民的アイデンティティ——土着的要素と西欧的要素の両方、誘引と拒否との両方から成る国民的アイデンティティの混合性の根元がある。この文脈において、西欧の輸入品が日本的特質を形成する一方、日本的次元が西欧文化から輸入された手法や関心を自分なりに再形成するのに役立っている。この混合性は確かに、現代日本の政治文化とその発展を説明する。究極的に、この両次元の組合せ、長期にわたるその相互的影響と発展の程度が、日本における正当性問題をめぐる困難さを明るみに出すものである。確かに、第二次世界大戦後、日本に課された政治体制は高度の経済的社会的統合と目的感覚をもたらす貢献をなしえた。しかしながら、それに伴う困難な諸問題を見逃すべきでない。というのは、日本の政治文化の混成的性格は引照点と統合点、それゆえ、正当性の諸問題を提起せずにはおかないからである。ここから、両義性と緊張とが出てくる。これは、日本の政治文化における同意、諸価値、そして、法律の働きによってもっともよく例示される。これはまた、政治制度が社会とそのメンバーとの関係において自らの責任を明らかにする仕方によっても、もっともよく例示される。

これらの要素、それらの仕組みと受け取られ方は、日本において、日本的文化と西欧の輸入品との組合せなのである。例として同意を取り上げてみよう。政治的同意の行使——民衆の欲すること、彼らがある政策に賛同ないし反対するという事実——は、支持を表明したり拒否したりする日本的方法でなされていて、それらの方法は忠誠とコンセンサスとに重要性を与える伝統的共同体的価値と結びついている(2)。そのうえ、それは民主主義的個人主義と結びついた西欧的同意タイプからも借用している。それらの集合は、利益集団多元主義のような地域的混合体をも生み出している。このような組み合された同意の行使において、現代日本では民主主義的正当性が探求されているのである。しかし、それはまた問題を含むものでもある。「西欧風の」同意の内在化は疑問視されうる——外来的であって、誤解されたり、不安の元になったり、さらには、庇護関係の慣行によって誤用されさえすることがありうる——としても、その導入はなお、より伝統的な参加形態の掘り崩しに役立つであろう。

同意の行使における伝統と近代性とのこのような組合せと、それに伴う問題は、日本の伝統的価値と西欧的価値との統合や、それの政治制度の正当性に対する影響の、いくつもある事例のただ一つであるにすぎない。一方において、日本における伝統的規範が集団と個々人とを形成する力には、強い印象を受けざるを得ない。おそらく他のどんな近代的社会においてよりも、日本的諸価値は、社会的適合化に、また、社会秩序にさえ貢献する力をもっている。それらは、社会とは何であるか、日本的社会の一部であるとはどういうことかについての強いコンセンサスを鍛え上げるのに役立っている。国民的諸価値が民衆を包み込むことのできる力はおそらく、第二次大戦後において、日本の政治指導者が民主主義的諸理想を戦後再建の基礎として採用しなければならなくなった時、新たに輸入されたそれらの理想を受容することを促進するのに貢献した。他方において、伝統的社会的規範が西欧的諸価値のために残しておいた余地は、これらの価値に影響しつつ、この国と民衆とアイデンティティにおそらく分裂的な影響を与えることになる日本文化の混合性を生みだした。ここから、均衡を見出すことの困難さと、現代日本の政治的社会的文化の主要特徴のいくつかであると思われることのある困惑感情とが出てくる。

法律とその受け取られ方、そして、それらの発展は、展開していく日本文化と、それが民主主義的正当性に対してもたらす難局との二重性の問題の多い結びつきを反映している。一方において、日本的諸価値によって支えられている緊密な社会的紐帯は、日本法が、その多様な適用領域において、服従度の指標となっていることを理解するのに役立つ。たとえば、自他分化の曖昧さ——典型的に共同体的価値に基く世界観の要素を成すもの——と、それが法律の観念および適用とに対してもつ含意を考えてみよう。誰かに法律を通じて挑戦すること、自分自身の利益を守るために誰かを法廷に呼び出すことは、同類意識を前提とする。人は法的に挑戦する人物と関係があると感じていなければならない。しかし、それはまた他者意識をも前提としている。人は法的に挑戦するにはその挑戦の相手から自分を分離している必要がある。これらの条件はかなり鋭い自他分化を、そして、他者意識が同類意識に優越することを含意している。最後にこれは、日本の文化と法律がなおかなり消極的な態度をとっている同一化と距離化の論理を必要とするものである。日本国家はこの状況から確かに利益を得ている、というのは、少なくともごく最近まで、国家はそこから福利を期待する父親イメージで捉えられ、挑戦の対象とはほとんど考えられなかったからである。他方において、数多の、多様な訴訟、そして、さまざまな法的手段への一般的な訴えかけが、市民間にも、公的機関と市民との間にも着実に増してきている。この二つの法的行動様式——服従と挑戦——は必ずしも両立しえないものではない。これらの並列関係の展開は、日本的脈絡において、社会的適合化、個々人が相互に、また政治機関と関わる方法の諸態様の有望な調整を含んでいるのである。近代日本国家は、社会的経済的に、福祉国家としての立場を明らかにする仕事の大半をその責任として取り組んできた。その成果は、他のどの福祉的社会より大きい。戦後期のまことに目覚ましい経済的社会的成果は日本を、われわれが「社会的民主主義 démocratie sociale と呼ぶものに導いた。それは、世界においてもっともよく統合された——社会的、経済的に——社会であり、所得配分と公共財へのアクセスとの高度な平等性を伴っている。確かに、これらの成果は、日本の政治制度の正当性に大いに貢献した。成長と成長の共有とが過去五十年の日本における政治的正当性の主要な源泉であるとも論じられてきた(3)。この文脈で、人は、一九六〇年代中葉から一九九〇年中葉までの日本にもたらされた政治的安定性を過小評価すべきでない(4)。しかしながら、日本における社会的統合のまさにこの特殊な態様のゆえに、その政治制度は活気ある政治的討論の場を作り出すことが十分にできていない。政治的安定性とコンセンサスとを求めた結果は、政治家とエリート官僚との間のあまりにとは言えないにせよ、非常に緊密な関係であり、それは、異論を提起する少数派の立場を歓迎しない傾向を伴っている(5)。その結果としてある、日本的システムの社会的資質と政治的資質との間にギャップを生みだしていく傾向は、確かに、この国のデモクラシーの力を殺ぐものであった。これが、日本の民衆が不満をますます募らせている状況である。

最後に、日本の政治文化の混成的性格と結びついた両義性と緊張をおそらくあまりに強調しすぎてはならないであろう。それらは結局、近代社会がいずれも変化と取り組む過程において対処しなければならない矛盾や制約の一部である。さらに、どの社会も、特に今日では、文化的に純粋でない。結果として、大抵の近代社会は文化的混成性と対処すべき課題に直面している。このような混成的多元的次元の問題に、とくに個人的権利の尊重を通じて立ち向かい、処理していくことは、まさに民主主義的正当性の任務の一つである(6)。もっとも、内部からの混成性――主として移民の場合――が処理し、解決し難いものであるとしても、外部から課された混成性とのはるかに複雑な処理、解決と比較すれば、なお比較的容易であるということはある。文化的混成性を処理し、解決することの困難さは、輸入品が、自分たちをきわめて同質的であると見ている社会にとって、おおいに気に入らないものであり、重大な意味をもつ時、いっそう大きくなる。これはまさに、日本がこの数十年間に、非常にしばしば劇的な環境の中で体験した状況である。

日本は今や、内からも外からも、自己を取り巻く世界に影響する深刻な変動に適応するという大きな圧力の下にある。再び、日本は世界に対して開くことと、自己の特殊性を維持すること、外からの勢力と対応することと、内からの勢力と対応することとの間の均衡を計る課題に直面している。この過程の中で、日本はその現在の政治的仕組みを調整し、再評価しなければならないであろう。日本はまた、この国なりのデモクラシーを築いてきた諸々の前提、信条、慣行のいくつかを徐々に再検討していかなければならないであろう。残るであろうもの、変わるであろうものは、なお不明である。ほぼ確かなことは、今後継続する変化と連続との過程とともに、政治的アイデンティティ、代表と参加への日本的アプローチもまた変容を受けるであろうということである。日本が過去に示してきた適応へのすぐれた能力は、それ自体、将来への楽観主義の要素となる。変化は全体として統合され、社会的に適合化されて、日本は変化の直中で、自己を再創造しつつ、それとして止まるであろう、と言っておそらく大丈夫である。日本の次の変容の程度は、しかしながら、その展開する政治文化と正当性とに対する省察を緊急の課題とするに十分深刻である。日本に数年の間生活して、私は日本的システムとその民衆との開明性を発見し、それを理解し、評価し始めるに至っている。私が極東で暮すことになるとはおよそ想像もしなかった以前に書いた書物が日本の政治的論議と思考に、真正さと誠実さを持続的に求める日本の姿勢に有益であるということになるならば、それは、この国での滞在で私が得たものに報いる穏当なやり方であり、また私にとって本当の満足となることであろう。

（1） 序文のこの部分に受けたコメントは貴重であった。私は、本書の翻訳者の三人が序文初稿に寄せた批評に感謝する。私はまた、民主主義的文化と民主主義的多元主義との社会的脈絡内在化（国民内部および諸国民間の）一般について、および、特に日本における法律と訴訟についてのコメントを与えて下さったことに対して、井上達夫教授に感謝する。解釈の誤りがあるとすれば、それは私自身のものである。

（2） 日本における伝統的共同体的価値に含まれる多様な要素、それらの神聖なまた世俗的な側面についての詳細については、たとえば次のもの——Samuel Noah Eisenstadt, *Japanese Civilisation. A Comparative View* (Chicago, The University of Chicago Press, 1996), Part 3 ; Tatsuo Inoue, "The Poverty of Rights-Blind Communality : Looking through the Window of Japan", *Brigham Young University Law Review*, Vol. 1993, no. 2 (1993), p. 517-551

（3） See for instance : Ikuo Kabashima & Terry MacDougal, "Japan : Democracy with Growth and Equity", in James W. Morley, ed., *Driven by Growth. Political Change in the Asia-Pacific Region* (New York, Columbia UP, 1999), p. 275-309

（4） 日本の政治的安定および不安定の諸時期については――John W. Dower, "Peace and Democracy in Two systems : External Policy and Internal Conflict" ; James W. White, "The Dynamics of Political Opposition", in Andrew Gordon, ed., *Post War Japan as History* (Berkeley, University of California Press, 1993)

（5） 集団的忠誠と集団的目標を個人的利益に優先させ、公共善を個人的権利に優先させ、一般的コンセンサスを各個人の同意に優先させるなお有力な傾向は、これら社会的に根づいた共同体的価値によって説明される。逆説的に、同じこれらの価値はまた、少数者の利害関心も、それらが組織化され、声高に主張される限り、社会全体に有力な影響をもちうる。農民団体の場合がそうである。ここで注目に値するのはまた、農民が日本政治においてなお有している政治的拒否権力が日本に特殊な現象でないことである。じっさい、農民は大抵の先進国において拒否権力をもっているように思われる。これは確かに、合衆国やＥＵ諸国の多くにも認められることである。大抵の場合、この権力は産業社会の経済に対する彼らの実際の影響力を反映していない。この権力の容認はいくぶんかは、昨日の社会の存続と福祉にとって重要な職業に対して差し出される社会的象徴的貢物である。

（6） 民主主義的社会内部で多元主義の処理と統合とに付着する諸困難は文化的社会的側面に限定されない。それらはしばしば、政治的レヴェルに反響する。そのようなものとして、それらの困難さは、社会のあるセクターが社会的文化的多元主義に反対し、その反対を表明するために、政治的な手段やチャンネルを用いるという事実の副産物としての性質をもつ。そこで問題は、政治的多元主義への権利が、民主主義的社会において、政治的共同体から社会的文化的多元主義を排除する形で政治綱領を提示している一派にも認められるべきかどうかということである。

日本語版のための謝辞

本書の日本語版は日本の何人かの人々の助力と信頼がなければ実現できなかったであろう。ここで、それらの人々に感謝の言葉を述べるのは、私にとって大きな喜びである。

私はまず誰よりも藤原良雄氏が本書の藤原書店からの出版を引き受けて下さったことに感謝したい。同氏の信任と確信なしには、本書の日本語訳は現れなかったであろう。本訳書作成中の二年間に、われわれが交わした会話から、私は、正当性の日本的文脈における意義を知ることができた。こうして、日本語版への序文は、それらの会話に多くを負っているのである。より重要なこととして、それらの会話は自由な雰囲気の中で展開される対話のもつ暖かさと友情を享受する機会を私に満喫させてくれた。

私はまた、本書の翻訳を引き受けてくれた田中治男、押村高、宇野重規の三氏に感謝したい。私は、当初できるだけ明快で直截なフランス語で書くことに力を注いでいたが、書物のもとのスタイルは時としていささか多弁でかつ素っ気ないところがあるという事実に気がついた。翻訳者たちは私に、本書が書かれた西欧的文脈に多くを負う数多の概念を日本語に直すことの困難さを気づかせてくれた。それだけにいっそう、私は本書を日本の読者に使い得るものとする努力を払った翻訳者たちのことをありがたいと思う次第である。

これ以前、東京フランス著作権事務所のコリーヌ・カンタン女史の親切な助力から、日本で出版社にアプローチすることの難しさは分っていた。最後に私は、〔日本語版〕序文を閲読してくれた同僚及び友人に謝意を表したい。そこに残っているかもしれない誤りは当然私だけが責任をもつものである。私はこの日本語版を澤田良枝さんに捧げる。

政治的正当性とは何か／目　次

政治的正当性とは何か

法、道徳、責任に関する考察

両親、そしてカトリーヌとフランソワーズに究極的に〔……〕正と不正に関するわれわれの決定はわれわれの同胞たち、われわれが生を共にしようと欲する人々の選択にかかっている。そして、われわれは、いくつもの範例、死せるまた生きている人々の範例、そして、過去あるいは現在の出来事の範例を考えながら、われわれの同胞を選ぶであろう。〔……〕しかし、私が恐れるのは、〔……〕どんな種類の同胞にせよ目的に役立つであろうとわれわれに宣言する誰かが現れる〔……〕チャンスが沢山あるということである。道徳的に、また政治的にさえ語ると、この無差別さは〔……〕最大の危険となる。そして、近代にきわめて通常のまた別の現象――判断一般を拒否するという大きく拡がった傾向――は、同じ方向をとっており、ほとんど同様に危険である。真のつまずき〔スカンドロン〕、本物のつまずきの石が生じてくるのは、自分の範例、自分の同胞を選択することの拒否と無能力からであり、判断を通じて他の人々との関係に入り込むことの拒否、無能力からなのである。〔……〕ここにこそ悪の月並みさが〔……〕横たわっている。

ハンナ・アーレント

（ニュー・スクール・フォア・ソーシャル・リサーチにおける講義から）※

※アーレント著、ロナルド・ベイナー編『カント政治哲学の講義』浜田義文監訳、法政大学出版局、一九八七年、一六九〜一七〇頁。

凡例

一　原文中イタリックで表記されている部分は、書籍・紙誌名の場合は『　』で表し、その他の場合は傍点を付した。

一　以下の場合は、「　」で表した。(1)論文名の表記、(2)翻訳上の工夫の一つとして、訳者の責任で、訳出にあたって特別な配慮（例えば強調）を行う、(3)原文中《　》で示されている。

一　以下の場合は、〔　〕で表した。(1)、指示語の内容や文のつながりを明確にするため、訳者の責任で補足する、(2)訳者の責任で説明的な文章を補足する。

一　訳者の判断で訳語の直後に原語を示した場合がある。

謝辞

この書物は、いくつかの機関、何人かの人々が私に寄せられた信頼と援助なしには書かれることはできなかったであろう。このような形でそれに感謝する機会が私に与えられることになった。

私はこの作品の実質的部分を、ハーヴァード大学で過ごした〔一九八六年から九二年までの〕修学と研究の年月の中で仕上げることができた。ヨーロッパ研究センター、国際関係センター、哲学部、法学部のいずれにおいても、私は常に温かくかつ刺激的な環境を享受させていただいた。私にとって殊の外貴重な支えとなった先生がたのうちでも、私はとくにパトリス・イゴネ、スタンレイ・ホフマン、サミュエル・P・ハンティントン、ハーヴェイ・C・マンスフィールド、ヒラリー・パトナム、ジョン・ロールズ、そしてマンガベイラ・ウンゲルに感謝したい。

ハーヴァード大学サクス財団と〔フランス〕外務省からは貴重な財政的援助を受けた。これなしに私はこの書物の執筆に必要な時間を捻出することは困難であったであろう。

数多くの友人が討論や激励で私の研究を助けてくれた。ケンブリッジ〔マサチューセッツ〕では、私はヴァンサン・コルテス、マイケル・ドーマー、ジャック・ドゥリール、アレクサ・ジラス、ジェフリイ・グロス、ジャン＝ミシェル・ロワのことを思い出す。フランスでは、私はマイリス・ドゥ・ベルネード、オリヴィエ・ブロッシュ、ガブリエル・ジラール、ディディエ・ルヴェル、クリストフ・ノロー、ジャン＝マリー・ペルラン、アンリ・ルーソー、ソフィー・スビロ＝ノソフ、ジャン＝ベルナール・シール、パトリック・ヴェイユにお礼を言いたい。同様に私は、この書物の文章をより読み易くするのを助けてくれたジャン＝クリストフ・ブロシエに感謝している。

序論

政治的正当性《レジティマシー》とは何か？　政治的に正当な状況を語りうるのは、どのような条件の下においてであるか？　定式化は簡単であるにしても、この設問は少なからず複雑である。これに満足のいく解答を与えるには、いくつかの問題を乗り越える必要がある。それらのうち第一位に立つのは、政治的判断の概念である。

この概念に取り組むことは、じっさい、政治的領域における「判断力」に訴えることに帰する。判断力は、社会の健全な発展に責任を負う指導者と制度との決定および行動を評価するところに存する。それは、政治的判断の基準の問題が解明されていること、すなわち、政治的関係の正しいあり方の評価を可能にするような諸要素の妥当性の諸条件が確立されていることを前提としている。だが、それらの条件とはどのようなものであるのか？　それらはどこに見出されるのか？　また、それらの信頼度はどのように確信できるのか？

正当性というテーマは、その複雑さのゆえに、現代における政治的考察の中で逆説的な位置を占める。一方で、正当性が政治生活の活動において本質的であることは、誰もが認めている。それゆえ、それは、政治生活の仕組みを叙述し、説明することを目的とする分析を通じて評定される。そして、観察者がその作業において依拠する専門用語のランクづけを確立しようとするならば、「正当性」という語はトップ・グループのうちにおかれるであろう。

じっさい、この概念を無視しているような書物や観察者は滅多にない。

他方、正当性の観念の取扱いは、しばしば、ある種の謙抑的姿勢を生じさせる。正当性の観念が判断力と不可分であるとき、この概念を用いている数多くの著作や考察は、これが内包している判断の次元を考慮に入れることを嫌う。それらは、政治生活の評価の基準を問題としながら、統治の権利の条件を探究することを拒否するのである。正当性についてのマックス・ウェーバーの分析は、後に見るように、この現象と大いに関係がある。

この問題についてこのように出来上がった状況は、それゆえ、きわめて困惑を呼ぶものである。正当性観念の重要性は、政治生活の観察者たちにとってはそれを引照せずにはすまないという事実によって証明された上で認められたことなのであるが、それは、政治的判断の問題に取り組むに際しての謙抑的姿勢とペアをなしているというわけなのである。

こうして、直ちに、「政治的正当性とは何か」という問題には、別の、「現代の政治的考察において正当性観念の研究が政治における判断力についての考察を取り込んでいないように思われることをいかに説明するか」という問題が付け加わってくる。この「忘却」あるいは「否定」は、われわれに、正当性観念の意義を比較的一般的な観点から把握し、現代の政治研究の領域におけるその逆説的な地位を説明するという課題を突きつける。

正当性をめぐるいくつかの主要テーマの分析がわれわれの出発点となる。正当性と判断力との問題の吟味は、次に諸観念の、だがまた近代諸社会の歴史の核心にわれわれを導くであろう。この基礎の上に立って、正当性についての常套的なアプローチに特有の難問を乗り越えうるようないくつかの仮説を定式化することができるであろう。

こうして、第一章は正当性の定義をなし、政治の平面におけるその意義を示す場となる。正当性観念はまず、同意、規範のネットワーク——これをめぐって社会の中の個々人は合意を形成する——、そして、正当性についての合意を保障し、公示する役割をもつ法律などの概念との関連において定義される。この見取り図の中で、正当性の角度から見た政治の理解は、命令権と法との諸関係を調整し、治者と被治者双方の責任のダイナミクスを働かせることを目標とする。このダイナミクスはそれ自体、政治的判断の観念を必要とするものである。政治的諸関係が法と正義との性格を帯びて現れるために満たすべき諸条件を探究することに力点をおくこの志向は、それゆえ、政治分析のマルクス主義的な捉え方とも、実証主義的な捉え方とも一線を画するものである。

第二章は、正当性との関連における政治分析に対抗してなされる反論を検討する。それらの反論は、この観念が現代の政治的考察の中でおかれている逆説的な状況の中心にあり、理論的と方法論的の二つの部門に分けることができる。この二つの水準に補完的な関係があることは明らかである。

理論的な反論は本質的に、統治の権利との関係において政治を研究する可能性を拒否するところにある。その理由となるのは、あるいは司法的活動が正義をテーマとして特権的地位を占めるということに対する異論であり、あるいは個々人の同意がどんな役割も果さないよう前提されているということであり、あるいは政治が倫理と関わる原理の形成に厳密に何もなしていない時にさえ、正当性の問題性が政治の道徳的観念と同一視されているということである。

方法論的レヴェルの諸反論は主として、諸価値との関連において政治的現実へアプローチすることの妥当性を問題とするところに存する。それらの反論は何よりも事実と価値との分離によって定義される経験主義に基くが、この分離は、判断力を働かせ、実践的推論を全面的に考慮に入れることを斥けるものなのである。

本質的にマルクス主義と実証主義の系統に属するこれらの批判は、古典的思想家としてはマキアヴェッリ、マルクス、ウェーバー、現代の理論家としてはとくにピエール・ブルデュー、シーダ・スコッチポルなどを拠りどころとしている。これらの批判には深刻な限界と矛盾が含まれている。法の領域がある人々が描き出すような公正のパラダイスでないとしても、それは、だからといって、程度の差はあれ偽装された暴力に還元されることはない。〔客観的な〕事物の役割を考慮に入れることと、司法が社会的政治的正義の観念を表明し、その実現に寄与する社会生活の一機関として有効に働く仕方を吟味することとは両立し得る。また、個々人の同意が果す役割を一貫して否定することはできないであろう。この同意は、政治的関係の本質的要素の一つである。さらに、道徳は政治と無縁でありえない。倫理的な原理と行動とに厳密に一致することはなくても、政治はそれを完全に無視することはできないであろう。もしそうすれば、同じ共同社会のメンバー間の関係が公然たる闘争に向かうようになるのを見るという危険を冒すことになるであろう。最後に、事実と価値との分離は、理論的平面においても、方法論的平面においても、可能であるとも、望ましいとも思われない。それゆえ、正当性の分析は狭い経験主義からも、狭い実証主義からも自らを区別しなければならない。

第三章は、現代の政治的考察の中で、しばしば拡散してはいるが、重要な位置を占めているこれらの理論的ならびに方法論的反論が、社会理論史と現代社会史の中に刻み込まれていることを示す。それらの反論は、自然科学的研究の影響下に、十七世紀以来発展してきたような社会的政治的な現実分析の科学主義な捉え方の延長線上に自らの位置を見出すのである。ここではホッブズやモンテスキューの考察が出発点となる。啓蒙期における理論理性と実践理性との合致の一時代が過ぎた後、離別が到来した。事実と価値の分離についてのマックス・ウェーバーの考察は、この状況を明らかにしている。しかし、理論理性と実践理性との分離は、社会自身がその本来の諸価値、ひいては諸価値一般の妥当性の危機を経過することなしには、起こりえなかったであろう。ところで、もしこの危機が部分的には、前近代世界をわれわれの知っている世界から区別する分裂運動の産物であるとすれば、それはまた、近代の諸理念の発展過程の成果でもある。それらの理念は、自ら発展し、普遍性の野心を達成しようと務めながら、自分自身を裏切って、正当性の問題を政治的反省と実践ともどもの中心課題として提起するに至る。それらは、出発点においても、地平線上においても、問題を構成する。社会的現実がそれらに完全に自らを従わせることはありえないのである。正当性はそれゆえ、現代政治生活の本質的問題となる。
近代が正当性に直面して陥っているこれらの難問を克服することは可能であるか？　本書の最後の三章はこの問題に応える試みである。そこでは、正当性観念と、歴史の経験および共同社会の経験との関係を扱う、たがいに補完する三つの考察方法が示される。それらを結びつけることによって、社会的政治的現象の分析のうちに実践的推論と判断力とを復権させることが可能となる。

第四章は、実践的真理の真摯な考察が歴史の科学主義的解釈から区別されるべきであることを明らかにする。この観点から、歴史のマルクス主義的概念とウェーバー的概念はともに信頼し得ぬものとされる。両者はそれぞれの仕方で、正当性観念を合法性観念にスライドさせる危険を示している。カール・シュミットの理論も、マックス・ウェーバーの延長線上において分析されると、政治の命令への法の服従からもたらされる危険を十分に例証するものとなっている。いずれにせよ、科学主義的、マルクス主義的、ウェーバー的志向は、歴史における真理の問題を、正当性について満足のいく言葉で考えることを許すような仕方で提起することを禁ずる絶対的なものへのノスタルジーを共有しているのである。

第五章は、これらの理論との対抗において、人間社会と、それを評価する準拠体系との複数的かつ可変的性格に本質的地位を与える「近代」における判断力の行使が必然的に、歴史の概念と、それが社会的政治的理論と結びつく諸関係との再検討の方向に向かうということを強調する。二つの補完的な方向性によって示されることは次の通りである。第一に、経験的に与えられたものを考慮に入れることが正当性の考察に見通しをつける上において有用であるとしても、それは価値と呼ばれるものとの結びつきにおいてなし得るだけである。ここにわれわれが、人間的現象の構成における諸価値の重みに常に注意を払っているべきであって、逆に価値論の領域を非合理的なものと描き出して、その結果、この領域の構成要素間に階層秩序を打ち立てる可能性を封じてしまってはならない理由がある。しかし、これはまた同時に、人間的現実への参加的アプローチを統合する中立性と客観性との観点の働きを含意するものである。第二に、判断力の発揮は、社会的政治的現象が歴史との間にもつ関係の性格を解明することを前提とする。判断基準の明確化は、判断力の適用領域の確定を通じて進む。ここではっきりと、社会的政治的現象の分析と、そこから導き出され得る統治の権利の諸評価とが、吟味される状況に疎遠な基準によってなされないようにすることが重要である。

最後の第六章は、可能なものと必要なものとの感覚と結合してなされる政治的審議の理論を練り上げることが重要であることを示す。この感覚こそは、個々人がそれと一体化し、そこから出発して彼らの状況を、正、不正についての彼らの基準と対応しているかどうか問いつつ、評価するものなのである。この展望の中で、歴史についてそれ以前に喚起されていた考察はその全力を身につける。じっさい、正当性についての考察をさらに前進させることができるのは、個々人が自らの生きている社会のアイデンティティを定義する諸価値のうちに自らを認識する方法について問いながら、自分たちに与えられている場を受け入れ得ると考えるかどうかを吟味しながらのことなのである。換言すれば、重要なのは、どのように個々人が彼らの属する共同社会の中に自らを位置づけているかを見ることなのである。この観点から、ある政治的状況の正当ないし不正当な性格について、その説明を与えながら、また、所与の社会によって推進される法の観念について、また、この法観念に対して個々人が表明する賛同あるいは拒否について明白に述べることが可能になる。被治者による統治の様式に対する拒否が、さまざまな形の異議申し立てに、場合によっては、多かれ少なかれ戦略的な政治的変革に通ずるという事実は、力関係の配置に、何よりも、反対派が異議申し立ての企てにおいて成功し得る可能性と、そのような企てに伴う、物質的ならびに象徴的なコストとの相関に依存する。いずれにせよ、急進的な変動に無理矢理参加しなくても、社会生活への個々人の参加の様式や程度を通じて政治的正当性ないし不正当性の徴表をまとめてみることは可能である。正当性問題のこの側面は、不当な、それどころか犯罪的な要求から、権威当局を経て、耳を傾けられ始め、最終的に合法化されるような観点にまで至る過程を分析することによって検討されることができる。

確かに、このような研究道程を押し進めるには、いくつかの方法論的・精神的な立場設定が前提となる。第一に、この作業は政治学に従属するけれども、それに限定されず、哲学、社会学、法学にも助力を求める。じっさい、その配置図と位置づけとの全体を通じ、社会的つながりとの合流によって、正当性の問題は直ちに学際的な展望において把握されるべきである。これに加えて、本書では広く社会・政治思想の歴史にも呼び掛けることになる。だからといって、引き合いに出される精神的歴史的事象をそれ自体として網羅的な仕方で説明する必要はない。それらの事象はむしろ正当性問題の構成的運動の指標、徴候として扱われる。最後に、正当性の問題に向かう時、また重要なのは、人間社会の規範的次元を真剣に受け止め、いかにしてそれを回復することが可能かを検討することである。

これらの方法論的・精神的な立場設定は、この書物の二面性を明らかにする。一方で、本書は再構成、あるいは歴史的再構築の形をとること。他方、この再構成は実践的真理についての考察の可能性に関わる諸条件の分析に役立つものであること。抽象的に解決や解答を与えることは全然問題でない。目的は、それと反対に、歴史に根をもつことが、政治における判断力についての問題提起を禁じたり、余計なものとするどころか、それを切実に要求するということを示すことである。要約すれば、正当性問題への規範的アプローチを、歴史的展望を見据えながら進めていくことが重要なのである。

この観点から、われわれの提起する分析は、従来型のいくつかの方法で進められている政治的考察に対し別の一つの途を示すものである。

第一に、この分析は、政治的現実への実証主義的アプローチから自らを区別する。後者の有用性をきっぱりと否定するわけではないが、われわれは、それが覇権を目指す構えをしていることに異を唱える。この姿勢は、周辺の科学主義、習慣の力、ある種の精神的怠惰が結び合った産物なのである。これら三つの要因は、本質的諸問題から逸れていく方向に研究者を導く。これらの問題は、その複雑さと本性において、暫定的で、常に修正可能な回答を伴うものであり、そのため、フランスの学者共同体の内部では、既成観念と衝突することになるのである。

第二に、この分析では、歴史は利用されるが、それ自身として研究されるわけではない。過去の再把握と記憶の構成とのため歴史的研究が果す役割の重要性は否定しないが、誰それが言ったこと、彼が言おうと欲したこと、彼が考えたことを自問することの方を、現在において、現在のために考えねばならないであろうことを自ら問うべく努めることよりも重視するのは、しばしば安易な解決法である。確かに、われわれは常に他者の助けを借り、他者とともに考える。しかし、政治的考察を過去の再評価に、作品の評釈に還元してしまうのでは、衰えていくのは政治的考察それ自体である。それでも本書は、アングロサクソンの哲学的著作を多くの場合特徴づけている反歴史的試みとは一線を画す。伝統的にほとんど歴史に向かわないイギリスの経験論哲学の遺産の結果であるとともに、新世界の文化的特殊性と分析哲学の影響力との結果として、この試みは、反復の状況を生み出すことになる。これは、できるかぎり避けなければならない歴史的な無知と健忘症とのさまざまな形態をもたらすだけである。

最後に、正当性の問題に立ち向かうことは、法のテーマを真剣に取り上げ、政治的命令権の行使を正しいものとする諸条件を問うことである。これはところで、フランスの大学など、あれこれの知的な場で行き過ぎて教え込まれてきた傾向とは対立することである。そこに見られるのは、法の領域が正義とつながっている紐帯の承認の拒否である。この状況は、法を諸価値の実質的側面と結びつけない実証主義と、法の領域についてどんな批判をしているか人の知る通りのマルクス主義との結合した作用として説明できる。しかし、それはまた同様に、法がフランスにおいて国家と結んでいる諸関係からも、それに由来する法学教育の地位からも説明できる。フランス本土では、たとえば、国家の成立が民主主義的理念の展開より先行せず、国家がフランスのように市民社会を支配していないアメリカと違って、法は密接に国家と結びついて現れ、大学法学部の保守主義への傾向は均衡のとれた法的考察の開花にとって有利でなかった。また、フランスで法哲学があまり発達していない学問に止まっているのもいくらかはこの理由による。要するに、法はこの国で長い間、国家との結びつきを理由として、あるいは大きな不信をもたれ、あるいは大いに尊重されてきたのである。

正当性について考察することは、したがって、フランスでは伝統的に生かされてこなかった展望の中で法と取り組むことを意味する。確かに、左翼イデオロギーの後退とともに、今日ますます多くの労作が法に向けられるようになっている。不幸にして、それらはあまりにもしばしば、法をそのあらゆる特質で飾り立てない時にも、国家と法の同等関係を自らの責任において引き受け、こうして思想史において通例の振り子運動に従っているのである。けれども、より賢明なのは、法が正義の要求を満足させる条件を問うてみることである。

諸価値の次元との関連において正当性を分析することは、政治における善の問題を提起することに通じ、政治についての規範的タイプの考察を、だからといって実証主義的分析に含まれる諸要素を枠の外に投げ出してしまうことなく、回復することを意味する。換言すれば、重要なのは、何よりも政治的現実主義がそこから離れさせたレールの上に、責任引受けと積極的関与との途に、政治的考察を再びおくことである。人間的現実の分析と理解に集中しながら、このアプローチはまた、尊厳も含めてある種の価値を達成することを目指す。思考と行動との定式を提示することはしないが、本書の野心の一つはじっさい、政治的考察から諸価値、判断力、そして善の問題を排除することは可能でもないし、望ましくもないということを示すことである。

フランスにおいては、価値判断を表明する分析を定式化することは、伝統的に知識人に委ねられている。この国の思想論争の高度に戦闘的な性格と、メディアを意識した姿勢とによって増幅された形の競争がこの事態を強化してきた。研究者も大学人も、彼らの学問的概念自体が何らかの立場をとることを彼らに禁じているだけにますます、彼らの見解を理解させるのに苦労する。このような文脈の中で、本書は、学問はそれがその中で展開し、その改良のために貢献しようと努める世界に対して無関心ではいられないという考え方を擁護し、例示する姿勢で自らを奮い立たせる。もし、マルセル・モースの言葉を信じて、学問においてはあまりにゆっくりと進んではならず、実際の事柄では待機しているわけにはいかないのであれば(1)、この二つの側面を考慮に入れることから帰結する中間の速度で進むことによって、政治的考察は、それがその中で展開する真理と世界との両方にもっともよく立ち向かうことができるであろう。

このように振る舞うことは、それゆえ、政治的現実が激しい性格をもつものとして強調する諸問題と取り組むため、迂回路をとることを意味する。これは、即座の答えを求める者には十分長く感じられる迂回路であるかもしれない。しかしながら、経験が示しているのは、忍耐と距離をおく姿勢とを保つことで大抵の場合、あまりに近すぎ、あまりに切迫した眼差しによっては見えないであろうものもはっきりと見えてくるということである。

第一章　政治的正当性とは何か

一　正当性の定義――統治の権利

政治において中心的正当性の問題は、一つの学問だけが独占する主題ではない。政治哲学と政治学、法律学、社会学、政治人類学が、それを特権的な研究の対象としてきた。このテーマについての膨大な文献がそのことを十分証明している。それぞれの学問が現実についての特有の理解様式を代表しているところから、提起される観点が著しい差異を示すことになるのは、驚くべきことではない。そして、個々の著述家や思想学派の多くの作品を比較してみるならば、ある一つの学問分野の中においてさえ大きな差異が認められるであろう。このような差異にも関わらず、一つの一致点は存在する。それは、正当性の観念は第一に、何よりも統治の権利を問題とするということである。正当性とは、統治の権利の承認である。この点で、それは、政治権力と服従とを同時に正当化するところに存する根本的な政治的問題に解決を与えることを目指すものである(1)。

権力と服従とを同時に正当化することは、正当性の第一の課題である。この二重の論証に、統治の権利と、それから帰結する政治的義務とは依存している。しかし、この作業が成功するためには、少なくとも三つの相互補完的な条件が満たされなければならない。それらの条件は、現実の中で分かちえない同意、法律、および規範の諸領域と関係している。これら三つの概念を検討することから、これらがどのような仕方で正当性を構成するものとなっているかが明らかになるであろう。

1　同意と正当性――政治的権利から政治的権威へ

正当性を統治の権利として定義することは、同意が主要な役割を果すことを前提としている。権利の公的性格を研究することによって、議論はより分りやすいものとなるであろう。

一般的観点からすると、権利とは、各個人に帰せられるものを規定する、すなわち、彼に帰属すべき正しい役割を確立するために役立つものである[2]。各人に帰せられるものとは、「彼の権利」と呼ばれるものに他ならない。ところで、ある個人の権利が意味をもつのは、他者との関係においてのみである。権利の観念自体が、共同社会の存在を前提としている。ただ一人の人間しか住んでいないような世界では、権利は存在の場をもたないであろう。じっさい、紛争の結果であるとともに、その解消手段であるものとして、権利は、一方で、少なくとも二人の人間が何らかの財貨の所有をめぐって展開する競争状態と結びつき、他方で、共存関係の創出とも結びついている。

この展望の中で、権利の公的性格ははっきりと現れてくる。個々人間の行為を、譲渡し得ない、それゆえ、尊重されるべきものの範囲を定める法律によって調整することを目的としつつ、権利は、社会性のネットワークを配置することに寄与する[3]。このネットワークは、交換が確定された枠組みの中で、相互性の形態の下に、すなわち、権利と義務との絡み合いの中で展開することを可能にする。というのは、あらゆる権利には義務が対応しているからである。

明らかなこととして、この公的空間の働きは個人の側からの同意を抜きにしてはありえないのである。その働きは個人的同意の所産なのである。同意はじっさい、相互性のメカニズムの中で決定的な役割を果す。誰もがその妥当性を認めない権利は、本来的に権利としての性格をもたない。権利の本性は、あらゆる安全性において享受される有効な所有物の資格であることにある(4)。それは論議の余地のない仕方で認められなければならない。それでも、ある者に賦与されるすべては、必然的に他の者によって放棄されたものであるからして、個々人の権利が確立されるのは、妥協と譲歩との精神の上に成り立つ相互的な限定のおかげでしかありえない。

ここに、責務とは諸権利の有効性を証明する承認行為であるということの理由がある。すなわち、われわれがある個人に対して義務を負うという感情は、われわれが彼の権利を承認することを表しており、それはまた反対に、その個人がわれわれの権利を認めることを前提している(5)。換言すれば、権利とは、各人の持ち分を成すもの、相互になされるべきことについて、他者との間に成り立っている相互了解である。個々人間に持続した関係を組織していきながら、権利は、各人の同意によって満足させられることのできる相互的な期待を生みだす。

権利一般にとっての同意の重要性は、統治の権利についてよりいっそうはっきりと確認される。政治制度はその決定を通じて社会の全体に関わる。それらの決定については、個々人および個々の集団の規制や調整に関係する決定と、社会全体を動員する集団的な事業や行動に関わる決定との間に区別をおくことができる(6)。この点で、政治制度は、共同社会の結合を脅かす紛争を、内的なレヴェルでも外的な領域でも規制する。法律を制定し、裁判を行ない、戦争を遂行することは典型的に政治的な活動である。公的空間を保証するものとして、政治制度は同時に権利の表現の道具でもある。それゆえに政治制度には、命令者の地位と、強制力の独占とが認められている。統治の権利の中心に同意をおくのも、同じ理由からである。

政治制度は公的空間、すなわち、所与の社会の内部の個々人の相互的関係を保証するものであるから、論理的に、共同の関心事を調整し、処理する政治制度の役割が司法的性格をもつのは、その制度が住民の合意を得ている程度を越えてはありえないであろう。権利の常套的行使に必要な同意は、その望ましい展開を確実にする事柄にも同じく関わってくる。これは、共同社会全体の利益の防禦のため、必要な場合には、あれこれの個別的権利よりも集団の存続の一般的条件を優越させる方向が前面に出てくることがあるだけに、よりいっそう現実味をもつ。

政治制度は体系的な仕方で、権利がその上に立っている個人的権力の相互的限定の原理を極端化させる。たとえば、各人がその本来の領分にとどまって、他者の特定の権利を尊重している民事的権利における場合のように、消極的な仕方でしか義務づけない(7)のと違って、政治制度は、共同社会の構成員に対しては積極的な参加を要求する。この協力は個々人をその直接的関心領域から切り離して、とくに戦争が勃発したような場合には、彼らの生命を犠牲にするところまで進む。

政治的機能の中心に刻み込まれた、個人的自由の極端な制限のこの可能性は、統治の権利の確立にとっての同意の必要を生みだすものである。権利と義務とのダイナミクスは放棄されるものについての合意の観念を前提としているので、そこから、責務が重要であればあるほど、ある権利関係の確立には高い程度の承認がよりいっそう想定されることになる。政治的命令の権能が司法的性格を帯び、不当な実力行使にならないためには、同意の程度と価値とが課された責務の大きさに比例していなければならない。これが政治的権利の結びついている方程式である(8)。集団の名において行動するということは、同意の上に立つ政府にとって空虚な定式ではない。

政治的命令を直ちに相互性の次元のうちに刻み込むことによって、同意は統治の権利として定義された正当性において本質的な役割を果す。それは責務の感情の基礎になり、政治生活から、共同社会の構成員がたがいに義務を負っていることを理解し合えるような規則と手続きとの探究を導き出す。この観点からは、もっぱら暴力に基礎をおく政治的行動とは反対に、同意が強制力への依拠を、明確な限界の範囲において正当化する。この正当化は、同意という言葉が示す緊張を除いてしまうものではない。同意するとは、服従の義務のうちに表明されるある程度の断念を伴う状況を受け入れることである。この意味においてこそ、治者と被治者との間の権利関係は政治的権威との関連において受け止められることができるのである。正当性の問題は権威の問題に通ずる。それは、権威が命令・

服従の関係であるからである。この関係を、個々人間あるいは諸集団間の実力関係だけに依拠する支配・従属の関係と区別するものは、命令と服従とが同意を伴っているという事実と結びついている。これはまた、ハンナ・アーレントが政治的権威について述べた時、示唆したことでもある——

「権威は、常に服従を求めるがゆえに、しばしば実力や暴力と混同される。しかしながら、権威は強制力の使用を排除するものである。実力が行使される時、権威自身は挫折したのである〔……〕。権威が定義されうるとすれば、それは〔……〕実力とは〔……〕区別した形においてである。命令する者と服従する者との間の権威関係は、〔……〕各人がそのうちで確立された安定した地位を占めている階層秩序〔……〕の正しさを承認しているという事実〔……〕に依拠している。」(9)

「権威」という言葉は一般に、恣意的な暴力と同義に、蔑称的な意味で受け取られているが、政治的権威の概念は正当的権力と結びついている(10)。服従する者たちによって欲せられているがゆえに、それは正当性に従属する強制力である。そして、これにその有効性を与えているのは、この意欲に他ならない。共同社会のために働きつつ、政治的権威は指示を作成し、その指示を受ける者たちはそれに従う。政治的権威は、一定数の男女に認められた決定と行動との権利であり、集団がそれを確認することに同意する規則の人格化である。個々人は、そこに同時に集団の精神とその維持のための道具とを認めるがゆえに、それを受け入れる。

権利一般と特殊的な政治的権利とを構成する相互性の関係を基礎にしてこそ、同意は正当性の根拠に関わりをもつのである。統治者が共同社会の構成員の権利を尊重し、自らの特定の義務を遂行する程度に応じて、個々人は、自分たちの行動能力のいくぶんかを政治制度の利益のために犠牲にすることに同意する。換言すれば、彼らは政治制度に統治の権利を認めるのである。権力と権利との一体化は、同意が存在するかぎりにおいて存続する。同意が退くということがあれば、それは政治的正当性の欠落の兆候である。

同意は従って統治の権利の必要条件である。しかしながら、それは十分条件ではない。じっさい、命令する個人と服従する者たちとの関係を有効なものとする政治的正当性は、これまで論じてきたばかりの同意の上にだけ依拠しているわけではない。同意は、根拠とされるにふさわしく、まず最初に一致が得られなければならないような内容を前提とする何らかの手続きの働きを伴っている。こういうわけで、政治的正当性を確立するために同意が不可欠であるとすれば、それは諸価値の働きなしには達成し得ないのであり、そして、それらの価値こそが権利と義務との実質を構成するのである。ここから、正当性の第二の条件に取り組むという課題が出てくる。

2　規範、あるいは政治的正当性の実質

正当性にとっては、規範を考慮に入れることが不可避である。これは、正当性が統治の活動のあるべき形についての了解を条件としているからに他ならないと言えるであろう。というのは、統治は、命令する者と服従する者とが政治によって追求すべき目的として与えられる諸価値について一致を見た時にのみ、権利の行為となるからである。これは、諸価値間の関係の分析、次いで、所与の社会のアイデンティティと諸価値との間に存する紐帯の分析、最後に、政治権力と諸価値の規範的側面との間の関係の分析によって示されるものである。

諸価値は権利の実質を成す。ある権利の存在は何らかの価値を前提としている。じっさい、一般的な仕方で考慮のうちに入れられたある価値がより好ましいものを告げたとすれば(11)、望ましくないものを尊重するよう強要したり、それを権利にまで高めたりするのは、矛盾したことであり、不条理でさえあるだろう。このようなことは、た

とえば、盗みを非難すべき行為と認めながら、盗みに権利を与えるのと等しいであろう。

確かに、あらゆる価値が権利を生みだすわけではない。権利の資格を得るためには、価値は絶対的に尊敬されるべきものであり、それゆえ、譲渡し得ないものでなければならない[12]。権利はそれゆえ、善として体験されたものとの関係において確立される。この善に対して、権利はその公認、保護、促進の手段となる。

権利の実質を構成しながら、諸価値は司法的実務の意味をも基礎づける。公認、保護、促進というその三重の役割は、より好ましいものと、より好ましくないものとの間の階層秩序を表現している。明らかに、司法的活動の達成が可能であるのは、諸価値が共通であり、一定数の人々によって要求され、承認されているという条件の下においてのみである。諸価値のこの分配は個々人の行為の間の両立可能性を成り立たせ、こうして交換が可能となる[13]。

同様に、諸価値の共有性と結びついて、それらの内容が現れる。共有的にして実質的な諸価値は、人々の間に交換を成り立たせるとともに、それら自身が交換されるものである。こうして、友情の価値は、二人の友を交際させるものであると同時に、彼らが互いの間で交換する善である。

この両立可能性は、しかしながら、必然的に個々人間の協力の保証となるものではない。それはじっさい、しばしば紛争の原因になりさえする。こうして、競争が、同じ価値尺度の上にある諸利害関心の衝突の同義語となる。たとえば、利益の追求は、誰もがそこに欲求の対象を見出すところから、関係する当事者間に緊張を生みだす。

これゆえ、共通の諸価値が協力関係を効果的に生みだし、紛争の増大に途を開かないようにするためには、権利を前提に選好するものを決定するに際して、相互性の規則を決して見失わないことが重要である。諸価値が義務感を呼び起こし、対立を生じさせないようになり、こうして、解体でなく統合の要因となるのは、この相互性の規則が範例的準拠として役立っている時である。集団に具体化された社会性の維持はこれに依存している。

ある権利状況の配置は、それゆえ、公共的次元を考慮に入れた諸価値を前提としている。しかし、この条件は、権利と義務との実質があらゆる社会にとって同様であるということを意味しはしない。公的空間の形態は社会的政治的類型に応じて多様である。こうして、富の再分配の問題は集団生活全体に固有の関心事であるけれども、資源の配分を実行するにはさまざまなやり方がある。相互性の関係の諸条件の分析には、それゆえ、ある社会のアイデンティティとその社会が促進する諸価値との間に存在する結びつきを考慮に入れなければならない。

集団や社会のアイデンティティは、その持続性と結集力を保証するものである。それは二重の性格を示す。一方でそれは、その社会が自然的環境から自らを区別する仕方を決定し、他方では、個々人の社会への帰属の様式を、同時に排除の条件をも確定しながら、確立する(14)。

アイデンティティは所与の社会の諸価値を表現する。そして、個々人が、共同社会の構成員としての資格をもちつつ、彼ら固有の特性を引き出すのは、このアイデンティティにおいてである。それらの特性は単に存在の様式であるのではない。それらはまた、多様な形態をとりうる行動を通じても表明される。ここに、社会のアイデンティティを、個々人が集団の内部で、その働きのさまざまなレヴェルで、相互に分担している行動の全体として描き出すことができる理由がある。

諸価値は、タルコット・パーソンズが行為体系と呼んでいるもののうちに制度化される。社会を構成する個々人や団体は、これらの体系の枠内で活動する(15)。しかしながら、諸価値と諸行為体系のうち、すべてが集団の構造的組織に関わるわけではない。全体社会の文化および諸行為体系のごく小部分だけが社会のアイデンティティにとって真に決定的な意味をもつ(16)。アイデンティティは、論議の余地のない同意の対象であり、一種根源的有効性をもつ本質的諸価値と基礎的諸制度とに関連する。この資格において、共同社会の各構成員は、個別的な立場で、これら価値の核心の破壊や侵害を彼ら自身のアイデンティティに対する脅威と感じるであろう。こうした核心との結合においてこそ、各人の人格性も、集団の統一性も構成され、集団的アイデンティティのさまざまな形態を顕著にさせることも可能となるのである[17]。これらの核心は、集団生活の起源であるとともに、その地平に拡がるものとして、根本的規範として役立つのである。

一般的に、規範はまず、現実の評価と価値づけのための要素として役立つ解釈基準であり、次いで、行動の指針となる[18]。この点で、あらゆる価値は規範としての側面をもつ。価値の一つがある態度や対象に帰せられると、それは、それを堅持する人々にとって価値づけの基準となり、その基準に従って行動することが望ましいとされるようになる。しかしながら、諸価値間には階層秩序があり、それに対応して、諸価値はある社会の全体的な働きに多少の程度はあるが関わってくる。もっとも普遍的なのは明らかに、集団のアイデンティティをもっとも強く表明する諸価値である。根本的規範としての働きをすることで、これらの価値からこそ、社会の内奥で作用する他の諸規範が、象徴的にか実践的にか、直接的にか、そうでないかを問わず、引き出されてくる。

じっさい、共同社会のさまざまな活動分野で個々人間に存在する相互性の関係は、この社会に特性を与えている諸原理と結びついている。集団のアイデンティティの維持が確保されるためには、分野毎の活動を支配する諸価値は、それらの原理と矛盾してはならない。この要求が、政治制度の重要性を明らかにし、統治の権利の可能性と、規範的権限としての政治権力の可能性とをともに説明する。

社会を調整し、指導する政治的機能は、社会のアイデンティティを表現している時にのみ正当的である。しかし、権力の正当性は、集団の諸価値の行為体系全体への拡散と分かちがたく結びついている。統治の権利と、政治権力の規範的権限の規定とはこの拡散の仕事の実現如何にかかっている。政治権力の指示が個々人を強制し得るのは、共同社会のアイデンティティにそれらの指示が対応している程度においてだけである。

社会にとって本質的な諸価値の公認、保護、促進のため、すなわち、諸価値の法的規範としての実現のために寄与すべく、政治権力は二種の制度を利用する。たとえば、議会や憲法会議のような法律を制定する組織、そして、この同じ法律を適用し、尊重させる裁判所や警察などの組織である[19]。社会の諸価値と法律との間の連続性を生みだすのは、社会規範と政治規範との間の同質性の関係である[20]。このようにして、法律は単に尊重されるだけでなく、同様に望まれたものとなる。

換言すれば、正当性は、社会のアイデンティティに適した社会的統合の必要に対応することを機能としてもつ。そこで問題は、いかにして、また何ゆえ、現存の、あるいは推奨される諸制度が政治権力を組織して、社会的アイデンティティを構成する諸価値が現実を効果的に構造化するという目的を果すようにする能力をもつか、を示すことである。正当性のこの目的を達成することは、明らかに経験的な好結果を予想している。すなわち、共同社会の内部における生活の具体的現実は明白な根源的諸原理に、信頼できる程度に対応していなければならない。しかしこの目的は、諸規範が秘めている正当化の力とは独立に達成される。政治制度は義務的性格の諸規定を立てながら、社会的解体を回避する保証となっているので、権力行使はその系として、確定されたアイデンティティにおいて社会を維持するという命令を伴う。ここにこそ、政治権力の正当性を評価する基準がある。

理解されるであろうが、同意だけでは統治の権利を生みだすに十分ではない。根本規範の役割を確かなものにする諸価値を考慮に入れることが必要なのである。権利と義務との内容を確立して、諸価値は、社会のアイデンティティの基礎の上に、個々人を行動と相互理解へと向かわせる。諸価値はそれゆえ、政治的正当性の徴表であり、統治の権利の基礎づけにおいて法律に与えられる位置を理解させるものである。

3　正当性、そして法律との合致

正当性と法律との間に存する関係は、大部分の辞書が正当性の定義において言及する第一の要素であり、「法律に合致していること」というように提示される。ここでなお、正当性の法律との合致という観念の意味するところが明らかにされなければならない。

「正当性」の語の起源を研究した著述家たちの述べるところによれば、この語は中世以前には現れていない[21]。それでも、これの登場に先立って、古典ラテン語に「レーギティムス」があり、それは合法的であること、法律に合致していることを示していた。それは、裁判上の事柄と関連する領域で用いられ、はっきりとした政治的含意も含んでいた。こうしてキケロは、合法的に確立された権力や政務官について語る時、合法的支配 legitimum imperium とか合法的権力 potestas legitima という表現を用い、合法的な敵（legitimus hostis）と盗賊や海賊とを区別して、前者との間には条約が結ばれ、それらは法律的文書としての価値をもつという事実を挙げた。

「正当性」の語が中世の文献に初めて用いられた頃には、法律との合致という観念の意味合いが残っていた。正当性概念の政治的性格は、権力の委任の正当化についての考察によって強められる[22]。正当性は、統治する資格の性質と同一視され、法律的に有効とされる政治活動として示される。この点で、主権者は法律を基礎づけるのでなく、法律からその権威を受けるのである。主権者の資格はそれゆえ法律に従属しており、法律が彼の権力を定義し、彼の意志が強制力をもちうる条件を決定する[23]。神意による保証の観念が衰退した後、近代立憲主義の発展と、法の合理化の増大とが、正当性の過程における実定法の役割と合法性の基準の重要性とを大きくするのに貢献することになる[24]。このようにして、法的実証主義が正当的支配を合法的支配に還元させるところまで進んでいく。これがマックス・ウェーバーの分析が示していることである。

『経済と社会』[25]の中で展開されている輝かしい法社会学は、何よりも法の合理化過程の研究であり、啓示された、それゆえ非合理的なカリスマ的法から、演繹の規則においても、技術性を増大させていく訴訟手続きにおいても合理的な近代法への歩みを論証している[26]。ウェーバーはこれを不可避的な形式化の運動として叙述し、この運動の中では、倫理的考慮も、実質的正義への引照も次第に排除される傾向にあると述べている[27]。合理的法は、その中での決定が、具体的状況に応じてでなく、規則性と予測可能性とを同時に提供する抽象的規範に従ってなされる体系に他ならない。法は、個別的なものを一般的なものに分類できるようになればなるほど、ますます合理的体系を構成するようになる。この観点からすると、ウェーバーの言う通り、アングロ・アメリカンの法が大陸法のように合理的でないのはどうしてかを理解することは容易い。前者の経験的性格は体系化と合理性との程度がより低いことの徴表である[28]。神聖な内容をまったくなくした[29]合理的法は、それゆえ、諸価値に依拠しない。ウェーバー的社会学のこの中心的位相に、政治的レヴェルでは、国家の単純な形式的法律がその正当性の基礎をなすという命題が対応している――

「正当性の形式として今日もっとも一般的なのは、合法性の信念である。すなわち、正式の手続きを踏み、通常の形式で成立した規則に対する服従である。」[30]

近代国家においては、合法的手続きに従ってなされた決定が政治的正当性の確立に十分な条件で、諸価値に依拠させる必要はないという考え方は[31]、ウェーバーにとって、近代政治の運命と結びついている。彼によれば、じっさい、形式的法と実質的法との間の二律背反の克服の不可能性が、法の超法律的な全公理の崩壊をもたらしたのである。形式的自然法の実質的自然法への変容は、主として社会主義の影響下に、自然法の歴史化と相対化とを伴って現れた。だが、それは自然法の衰亡に通ずるものであった。

自然法が法的体系の基礎を構成するあらゆる信頼性を喪失したので、そこから諸価値の機能と妥当性とについて一種の懐疑主義が現れた[32]。これが、合理性と合法性とを同一化する法的実証主義の発展を許している。これに加えて、ウェーバーには、一方で、ある一つの価値体系の選択を基礎づけることはできないという立場がある。それは単に、自らの権力意志を主張するある主体の死活に関わる関心を表現しているにすぎない。他方、闘争関係にあるさまざまな価値体系の普遍性への自己主張は、それらを和解し得ない状態におく。

こうして、正当性のタイプとして理解された形式的合法性は、政治の領域において、社会科学の方法論の領域において客観性に与えられる役割の等価物として働く(33)。価値の諸体系とそれらの間に存在する闘争的諸関係との真理性を証明することが不可能であるがゆえに、形式的合法性は弊害を最小のものとする解決である。合理的・合法的支配——それにもっとも適合した組織形態は官僚制であるが(34)——を用いることによって、形式的合法性は、政治が敵対的世界の諸代表間の出口なき闘いに堕してしまうことを防ぐ。法律はもはや根源的諸原理と規範的秩序との表現ではない。それは、状況の要請に応じて変化し、対立する諸利害の間の妥協を見出すためにはっきりとした、自律的な仕方で利用される道具となる(35)。

法的実証主義に関するウェーバーの分析は、疑いもなく深く浸透している。法の技術性の増大と、価値との関わりの衰退とについての彼の考察は、社会の発展の基本的諸条件を想起させる。それは、政治的経済的機能が、次第に宗教的機能から切り離されて、ますます技術性と専門性を増す法律的活動に表現される世俗的性格をもつにいたっている事実を指摘したデュルケムの分析と合致する(36)。しかしながら、ウェーバーの考察がデュルケムの分析と結びつくとしても、後者は、法の技術性と専門性との増大ということから、その諸価値からの分離という診断を下すのに役立つ議論を導き出しているわけではない。デュルケムにとっては、近代社会において、法は確かに、それが原始社会においてもっていた神聖な性格を失ったが、なお本質的な社会的意義を保っており、それが作用している社会の諸規範と不可分のものなのである(37)。

権利の増大する形式化の分析から、政治的権利は諸価値への依拠なしに機能するという観念への移行は、単なる形式主義によって、自ずから生ずるものではない。ウェーバーが法的実証主義に帰せしめている役割において問題となるのは、合法性への信念が政治的正当性の究極的基準となりうるということである。そのうえ、この役割は、合法性の純粋に形式的な概念の可能性を擁護しているけれども、しばしば躊躇しているように思われる[38]。じっさい、合法的支配がその技術的手段だけで正当化を保証しているということを示す命題を擁護することは、法律の成果が合法性の諸表象を余分なものとすると認めることに帰着する。それは、社会生活に参加している人々が理解しているような効能でなく、外面だけで観察された国家の効能が正当性を生みだしているということを肯定することになる[39]。だが、合法的手続きは、それらを正当化したり、評価したりする必要なしに、受け入れられるであろうという考え方は正当性の観念と両立し得ない。

合法的にして実定的な秩序を政治的正当性の究極的基準の地位にまで高めることは、正当性の概念に完全に逆らって行動する国家に対する服従を伴う。じっさい、合法的であるものが、合法的であるという事実だけによって正当であるならば、そこからは正当性の精神と正反対の権力に対する受動性が結果することになる。一方において、ウェーバーが述べたように[40]、自発的な合意から導き出された秩序と、強制された秩序との間の区別は消滅する。すなわち、義務はもはや存在の場をもたない。他方において、正当性を合法性に還元することは、法律の評価の過程をその文言の形式的正確さの吟味に限定することにおいて、この過程をまったく意味のないものにしてしまう。法律は、その内容がどうであれ、正当性というレッテルを充足すると認められた手続きに適合して採択されているということで十分なのである。この結構な適合性の他には、ある法律を不当あるいは恣意的と判断することを許すどんな手段もない[41]。

これらの条件の中で、正当性の観念自体が問題とされるのは、合法性と正当性との衝突を説明するのが不可能な状態におかれることがあるからである。それでも、この衝突は正当性のテーマにその重要性と意味を与えるものである。課題が法的秩序の妥当性を測定することにあるならば、それは合法性の基準を基礎にするだけではなし得ない。法律の妥当性の評価および自ら義務を負うか否かの決定、すなわち、統治の権利の可能性は、正当性と法律との区別ならびにその維持如何にかかっている。

正当性が法律に限定されないこと、そして、合法性が統治の権利の確立にとって十分条件でないことは、法律がそれだけで正当性への信念を呼び起こし得ないという事実によって等しく示される。人は合法性それ自体を受け入れはしない。これが受け入れられるには、合法性が存在し、形式的に正確な文言をとっているだけでは不十分である。この点で、南米の例は示唆的である。この大陸の多くの国には、社会関係の全体を体系的な立法の枠組みの中にまとめる必要性を強調する法的文化が存在している。諸社会の生活の各側面をカヴァーしようとする意欲をもつ法律、政令、命令の増殖は認められるが(42)、だからといってそれは合法性の遵守を伴ってはいない。というのは、合法主義は理論的なものに止まり、それどころか大抵の場合、まったく現実になっていない(43)。法律におけるインフレイションは、政治制度が正当的でなく、法律を尊重させる能力をもたないだけいっそう増大していると論ずることさえ可能である。

換言すれば、法律を命ずることが、必然的に合法性を正当性の同義語とするわけではないのである。確かに、承認された手続きに従うことは重要である。しかし、それだけでは十分でない。じっさい、合法性への信念は、法律を命ずる法的秩序の正当性を前提している(44)。手続きは、あらかじめ承認された決定機関に依拠することによって、間接的な仕方においてのみ正当でありうる。したがって、合法性、あるいは合法性への信念は、正当性の独立した類型でなく(45)、むしろこの正当性の指標なのである。

この観点からすると、合法性への信念は二つの補完的条件を必要とする。第一に、法律の文言は社会のアイデンティティの構成的諸価値と合致していなければならない。これらの価値は法の源泉であるとともに、保証であるので、法律は、それらの発現であるという条件においてしか正当でありえない。それゆえ、正当性を法律への合致として提示し得るのは、合法性が集団のアイデンティティを表現している場合のみである。強制的ではあるが、暴力や明白な脅迫とは無関係になされた法的決定が正当であるとすれば、それは、それらの決定が承認され、受容された諸規範の表現とみなされるからである。

法律の文言と社会の構成的諸価値との合致は共同社会のあらゆる分野に関係する。それは集団生活の主要な側面に関わる活動領域、それゆえ、政治の領域において本質的に重要である。集団の全体的組織に関わる法律が正当とされ、個々人の支持を得ることができるためには、法を命じ、適用する諸制度がこの集団の基本的諸価値に応じた形で法を確立していることが必要である。

第二に、法律の文言は信頼し得る仕方で社会の諸価値の実現に役立たなければならない。これができない場合には、結局、法律は拒否され、それどころか、価値そのものの不信にまで通ずることになる。諸価値は、具体化されなければ、実現不能のものと思われることになるであろう。

合法性への信念が法的秩序の正当性を前提としているという事実は、法の働きが、その形式的な適用条件よりももっと法が課する強制の妥当性の承認に依存するという考え方に力点をおかせるものである。逆の考え方をすることは、結果と原因とを混同することになる。この混同は、制度化の程度の高い安定した社会に分析を限定している観察者に特徴的である(46)。正当な政治的機関から出た法律の適用が有力な反対に直面しないということは、法律の適用可能性と有効性とが合法性の定式化に内在する厳密に技術的な問題を構成するということを証明するものであるだろう。

この命題は非常に広がっているので、南米の法律家が、改めてこの範例に従うべく、政治的安定とデモクラシーとを確保するため大統領制と議会主義のそれぞれの利点をこれ以上望みえないほど論ずるのも、この精神においてなのである。この地域の政治体制の慢性的不安定は、しかしながら、この二つの統治形態のいずれもが細部の問題以上のものを解決する力をもたず、統治形態の有効性は何よりも政治制度それ自体の正当性にかかっているということを示している。議会主義と大統領制のそれぞれの利点の比較が現実的な有効性をもつためには、まず第一に、社会のアイデンティティについて、そして、民主主義的諸価値を尊重し、保証する政治制度を確立する必要について合意が成り立っていなければならないであろう(47)。

こうして、法律がその有効性を引き出すのは、何よりも正当性からである(48)。憲法は、その形式的性質がどのようであっても、それによって有効とされる規則と手続きとが共同社会の基本的利益に対応していないかぎりは、政治的現実に意味を与え、政治的行動の真の基準として役立つことはできない(49)。法律の権威、あるいは、そう言う方がよければ、その効果的働きは、合法性が社会の諸価値の表現であるという信念に依拠している。法律は法治国家に寄与する、しかし、それだけでは、これを創出することはできない。

正当性は法律への合致であるという考え方が弁護可能であるためには、合法性は社会の利益に適合していなければならない。この条件の下において、法律への合致は正当性の基準となり、共同社会の成員の賛同と合意を生みだす。正しい権力は正当な法律と不可分である。集団の基本的諸価値と個々人の合意が権力の起源の妥当性を決定しているところで、そのように理解された法律は、権利関係の枠内でその効果的な行使の的確な条件を確立する。この観点から、法律は、治者と被治者との間の命令関係がもたらす非対称の関係にある程度の安定性を与える。

ある個人が実力で奪い取る権力と区別されて、正当な法律は権利と義務を具体的な仕方で確定し、越えてはならない限界を明示し、治者と被治者のいずれにも優越する規則として現れる。こうして、主権者であるのは、権力を保持している彼や彼女でなく、法律であると言われることができるのである。有名な中世の格言によれば、法ガ王国ヲツクル。

結論として、法律は確かに正当性の条件である。しかし、それはこの地位を個々人の同意および社会の基本的諸規範と共有している。正当性の独立した類型でなく、法律は正当化されなくてはならない。合法性が正当性の過程に入ってくるためには、すなわち、法律との合致が正当な統治の標識であるためには、法律は被治者がたがいに承認している諸価値と合致していることが必要である。

政治的正当性はこれ以後政府が法律の助けを受けて実現する諸価値の正しさの承認として現れる。こうして、それは、統治の権利と、法体系の中における政治活動の組織との基礎となる。政治的善の表現であることで、正当性はそれが正当化する政治制度を可能な最善のものとして、それどころか、必要にして当然のものとして提示するに至る。

正当性へのこの第一のアプローチは、しかしながら、いくつかの要素を陰のうちにおいている。まず正当性の政治的意義を考えてみなくてはならない。

二　正当性の政治的意義

正当性が政治的に意味することの分析は、権利関係としての政治的関係の概念が含意することを研究するところに存する。この展望においては、正当性の観念のうちに前提されている三つの概念に集中するのが適当である。すなわち、政治的役割分化、政治的責任、政治的判断の三つである。

1　政治的役割分化と正当性

政治的正当性のメカニズムは統治の権利の承認を確立することを目指す。それゆえ、権力の存在を抜きにすることは問題にならない。反対に、命令する個々人と服従する人々とを切り離す区分こそが、正当性の論理が成り立つ場なのである。この区分に、統治の権利の意義はまず第一に結びついている。

正当性の理論がいかに治者・被治者の分離の上に立っているかを理解するためにはまず、国家権力の正当化を不可能にする政治的諸概念から、これを区別しなければならない。次いで、正当性との関係における政治生活の研究が、権利関係の枠内に収まるために治者と被治者の分離が満たすべき諸条件の分析に相当することを強調しなければならない。最後に、正当性の構造の中における代表の現象の本質的側面に論及しなければならない。

権力は明らかに政治生活に特有のものではない。それは、経済的、軍事的、その他いずれの領域であれ、大部分の集団や結社の組織と機能において主要な役割を果している。それでも、その重要性は政治の分野において際立っている。指導と調整の機能のゆえに、政治制度は、他の権力形態を保障する影響力を行使し、その特権によって課すことのできる強制力を通じて、個人的自由に対する、現実的ないし潜在的な制限の主要な源泉となる。政治権力が組織的な反対運動の対象となり、原理的に正当化されえないものとみなされるのも、こうした理由による。その消滅や破壊のために働く必要も、この批判的態度の論理的帰結であることが明らかとなる。

この点で、一方でアナーキズムが、他方でマルクス・エンゲルスの著作が擁護している立場は、国家と同一化された政治権力に対して向けられたもっとも厳しい攻撃を代表している。じっさい、アナーキストとマルキストの権力概念の違いは大きいけれども(50)、それでも両者は、二重の同一化を進めつつ政治制度を批判する点で共通である。

第一に、両者とも、基本的なところで、国家権力とその現代における歴史的な形態、ブルジョア国家とを混同している。第二に彼らは、国家と政治権力ないし統治権力とを一緒にしている。その結果、彼らは政治関係を扱う際、あるいは力関係の問題として、あるいは理念と関連するものとして取り組み、命令・服従関係を実行していくあらゆる政治形態を原理的に拒否する。これが彼らを導いて、権利の問題を未解決のままに残し、正当性の問題を取り扱わないようにさせているのである。

アナーキズムは、国家の消滅を推奨しながら、近代政治哲学の中心課題に他ならないこと、個々人の自律と自由との要請を、政治制度の機能と結びついた強制といかに両立させるかを問うところに存する問題をふるい落としてしまった(51)。アナーキズムは、個人と国家の協調の場を見出すことをきっぱりと拒否している。権力は有害であり、あらゆる悪は非人格的制度から発するという考え方に立ちつつ(52)、アナーキズムは過去の歴史を、個々人が常に国家の囚人となっていた過程として解釈する。国家は、諸々の特権と強制的な社会的束縛とを擁護する役割しか果していないので(53)、破壊してしまうべきである。

こうした見方の中では、政治権力はどんな場合にも正当性の地位を享受することはできない。それはもっぱら、少数者の利益のために働く、多数者の個人的権利に対する侵害の体系を成すものである(54)。政治的役割分化を正当化し得るものは何もないので、重要なのは、直接民主主義の域を越えたあらゆる組織的構造を廃絶し、公共生活の完全な分権化を達成することであるとされる。アナーキズムにとっては、人間存在が調和的な共同社会を形成することができるのは、彼らが自分たちの傾向に従って自由に活動することによってなのである。

政治的役割分化に対するマルクス主義的批判はよりニュアンスに富むが、政治的権威の拒否としては原理的に同じ結論になる。じっさい、もしマルクスが資本主義と決裂した社会の再組織化は資源と生産との中央管理の解消を含まないと考え(55)、これゆえ、共産社会の共同体的運営でなく、集権的管理をよしとしていた(56)としても、それでも、彼の見方において、強制手段としての国家が過渡的なものであるということは変わらない。歴史の目標は国家の破壊と一緒にされる。

国家は階級闘争の終結とともに消滅すべきものである。疎外の止揚は、個人の彼自身および世界との宥和を通じての人間存在の全面的変革を意味するものであり、こうして公的領域と私的領域との区別の除去につながる。階級と搾取との体制を破壊することによって、共産主義は政治的権威と政治制度との必要をなくする。それは市民社会と国家との間の区別、治者と被治者との間の抑圧の政治関係に終止符を打つ。

マルクスにとっては、啓蒙思想擁護者の自由主義的な見方と対立して、社会的調和は、個人的利己主義と集団的利益を一致させる立法上の改革でなく、分業にその起源をもつ諸矛盾を根絶することによってしか達成されない。一旦これらの矛盾が消滅すると、法的規制や制度的強制でなく、自発的連帯性が人間関係の調和を保障するものとなる。社会的不平等の終焉は政治的役割分化の弔鐘である(57)。疎外された社会の標識であった社会的政治的役割の厳格な指定はもはや存しない(58)。個人的紛争は存在理由をもたなくなる。各人はその時、その能力を最大限に、そしてもちろん、集団的観点から当然に建設的な方向で活用する可能性をもつに至る。

アナーキズムにとっても、マルクス主義にとっても、重要なのは確かに、ブルジョア国家の正当性の欠如を暴き、正しい社会の創設に寄与することである。しかし、彼らの理論的見方は、どのような仕方においても、政治的役割分化の正当化として捉えられた正当性の論理に含まれない。じっさい、この言葉そのものが彼らの語彙のうちに入っていない。マルクスの支持者たちも確かに、広くその時代を作ったブルジョア的信仰に属するものとしてこの概念を紹介しはしている(59)。国家は普遍的利益と何ら関わりがなく、経済的支配階級の産物以外の何ものでもないと断言しつつ、彼らは、政治的権利についての考察の可能性を斥けている。国家権力は抑圧の手段であるから、それを法理的に基礎づけようと試みることは無益であるとされる。唯一の解放的な政治的行為は、必然の支配を自由の支配に置き換えること、すなわち、強制の状況から国家なき社会に移行することである。すべてか無かのこの論理においいて、統治の権利について本来的に語る余地はない。この権利はどんな妥当性ももたず、搾取を隠蔽する幻想であるにすぎないのである。自由の支配について言えば、社会的政治的分裂の消滅とともに、正当性は中心問題とならない。

しかしながら、二十世紀の共産主義の歴史は、政治的役割分化を廃絶することが予想以上に困難であったこと、そして、命令服従関係の打破を目指す解放の理論が達成不可能で、その結果として、統治の権利の問題をも考慮に入れなければならなくなったことを示している。この文脈において、歴史の終末が間近でないことが一旦認められた上で、それでもマルクスの終末論的見解を放棄し得ず、法的道徳的規律を排除した解放のために(60)、統治の権利を時代錯誤的で、イデオロギー的であると非難し続けている事実は(61)、マルクス・レーニン主義を導いて、政治的役割分化と矛盾した関係におけるその正当性の問題とに取り組む方向に向かわせた。若いソ連の指導者たちにとっては、不一致を縮小するよう試み、全体的な社会的同質性に到達するよう努めるためには、いっそう大きな国家が必要であった。制定するものと制定されるものとが絶対的に一致するようにという願望は(62)、国家の存続、その拡大とさえ一緒になって、政治権力の市民生活の全領域への権威的介入の形態をとるにいたった。この遍在性は、強制としてではなく、分裂なく現実に前進している社会の表現として提示された(63)。これは、政治的役割分化が全体主義的力学のうちに刻み込まれたことを意味する(64)。

正当性との関係における権力の分析は、それゆえ、力か理念かという選択肢しか知らない政治概念とは区別される。後者において、治者と被治者との分離を正当化する可能性の原理的拒否は、現実には、マルクス・レーニン主義が示しているとおり、この分離のどう見ても理屈に合わない作用を伴っている。これと逆に、統治の権利の考察は、権力が定義的に不吉なものでないこと、その結果として、個々人の権利の尊重の基礎の上に立つ共同体的生活は政治的役割分化の廃絶を必然的前提条件とするのでないことを認めている。

しかしながら、正当性の視角からの政治の分析が政治的役割分化を前提とするとしても、それはこれに帰着しはしない。それは、あらゆる権力形態を保証するわけでなく、根本的に保守的なものではない。反対に、治者と被治者の区別から出発して、それは、それに許容できる性格を与える諸要素を吟味し、政治権力が共同社会のメンバーとの相互関係のうちに刻み込まれているかどうかを知ろうと努める。もしそうであれば、それはこの交換関係の諸条件を分析するが、これは、政治を権利の観点から考察し、政治的権利の構成条件を問うことになる。ここでは、正しい政治関係はいかに確立されるか、すなわち、政治制度は社会のアイデンティティを構成する諸価値をいかに表現し、保障するかを問うことが問題なのである。先に同意、規範、法律を柱として掲げたのは、政治的正義、いや端的に正義のこの展望の中においてなのである。ここから最後に次の命題が出てくる。政治的役割分化が正当であるためには、治者は共同社会との関係において代表としての地位をもっていなければならない。

政治的役割分化の正当化はじっさい、代表の機能と結びついている。社会の調整と指導の役割が正当であり、それが何らかの存続のチャンスをもつのは、ただこの条件による(65)。一般的な意味では(66)、代表は現存の政治制度や体制のさまざまなタイプに対応した、さらには、それらの体制内でも時々の政治状況に対応した組織態様をとる。それはまた、指導者は共同社会の利益を体現し、これらの利益が彼らの行動の根本を導いているという、共同社会のメンバーに共有された見解に基礎をおいている。

それゆえ、代表は近代社会、そしてとくに、それが個々人と社会とを反映した自治権と権力を行使している自由民主主義体制(67)において与えられる特殊な形態に限定されるべきではない。誤りはたとえば、代表とは必然的に複数の代表団を意味しているとか、それはもっぱら立法議会によって構成されるとか考えることである。実際には、唯一の個人、たとえば君主が集団を代表することも可能である(68)。

治者は、個々人に代って、彼らと一致して、彼らのために、政治の類型と文脈とに応じて多様な形態と程度とにおいて、決定し、行動する。こうして、政治的役割分化の標識である権力の不均等な配分は正当化され、支配の地位は、共同社会の精神の受託者となることによって、存在理由を獲得する。

代表は集団の政治的統一をその全体において表現している。それは、社会の全体的アイデンティティに関わる実存的現実である。代表するとは、ある個人あるいは制度の媒介を経て、実在するが、拡散している現実をはっきりとさせることである。象徴にすぎないどころか、代表は集団が、直接に自己表明できない時に採用する具体的形象であり、政治的な統一および意志としての全共同社会の現存である。

こういうわけで、代表は、集団のメンバーは彼らの指導者においてたがいに認め合うものであるという事実に示される公的次元によって特徴づけられると言うことが可能である。この公的次元は、代表とは実際かなり多様な状況に帰せられる概念である同一化の現象に基礎をおくものである、と考える方向にさえ導く(69)。それにも関わらず、同一化の曖昧さはどうであれ、それは、個々人が治者について考察するに至る過程を理解するのに役立つ。治者たちが共同社会の代表者として識別されるとすれば、それは、彼らが集団の基本的諸価値の推進を擁護し、保証する程度に応じて、被治者が彼らと同一化するからであるに他ならない。

集団のメンバーと治者との同一化は共有された諸価値の基礎の上に成り立つ。指導者は諸価値の媒介者としての役割を果すので(70)、同一化のメカニズムは個々人と集団とを自らに現前させる。共同社会を直接に管理することはしないが、被治者は政治的行動のうちに彼らの個人的存在の承認と集団の現実性の表象とを見ている。政治的代表とその公的次元との核心に見出される同一化の現象は、このようにして、政治的役割分化に基礎を与えることに寄与する。

この過程は、制定するものと制定されるものとを分かつ距離を完全になくしてしまうことはない。共同社会とそのの構成的規範との全体の表現として、政治的代表は単に私人ではない。これを特定の個人として特徴づける特殊な要素を越えて、彼は公的人格である[71]。そのような者として、私的生活をさらす必要のない誰彼と違って、彼にとって個人的なものは公的になる傾向をもつ。彼の私的生活の領域は、彼の公的生活の広がりが増すにつれて縮小していく。こうして、指導者の人格的資質が称揚されたり批判されたりする時、それは個人としての資格においてであるよりもむしろ、集団の利益のためになし得る能力の評価の観点によるのである。

政治的代表者は個人である前に公的人物であるから、同一化は、彼と被治者とを近づけるとしても、だからといって彼らを分けている区別を無にしはしない。さまざまな程度と、多様な態様との違いはあるが、この事実は、平等的社会にも階層的社会にも同様に妥当する。

個別者の世界と距離を保つ政治のこの公共性は、補足的な面をもつ。厳密に個人的な目的のために行使される権力は正当的でありえない。じっさい、政治の機能が私的なものとなると、すなわち、それがもっぱら私的な利益に奉仕するようになると、統治の権利は疑問に付される。国家を取り囲む華麗さ[72]が正当化される時、それはある程度は、国家が社会と、それゆえそのメンバーの強さと栄光とを表している時であるが[73]、それはもはや政治活動の体系的な私物化がなくなっている時のことである。一度指導者が相互性の原則を放棄し、彼らの在来の民にとって疎遠な者となると、同一化は機能しなくなる。豪奢のあらゆる印は暴虐と腐敗との標識となる。この逆転はついには政治的義務の基礎づけを不可能にするに至る。これは公的次元の、したがって治者の代表性の終焉である。この条件の下では、近代的な革命的理想が、腐敗したと判断されたブルジョア的権力と自らを区別して、禁欲主義を政治的善の諸徳の一つとすることができたのも驚くべきことではない[74]。

2　正当性と政治的責任

政治権力の正当な行使は厳密に私的な仕方では想定し得ないということを、上に見ておいた。共同社会のメンバーが治者の命令的地位を正当なものと認知するためには、この地位は明白に共通善の力学から発していることが必要である。個人的成功の願望と権力欲は指導者の行動にどんな正当性をも与えない。反対に、指導者たるものは集団の利益を考慮に入れていなければならない。個人の野心が政治において正当化されうるのは、それが共同社会全体に奉仕するものとして現れる時だけである。野心家の成功意欲が真に正当的な政治的価値をもつのは、ただ彼が集団の繁栄を確保するため心底から配慮する政治家にまで自らを高める時だけである。こうして、正当な政治活動は責任と分かちがたいものとなる。責任とは、統治の権利によって課された束縛を受け入れる権力の表現である。

それらの束縛の第一は、治者が自分だけのために、利己的に生活しているわけにはいかないという事実と結びついている[75]。あらゆる信頼性を断念することはあるが、政治権力は集団に奉仕しているということで、自らを正当化する必要をもつ[76]。ここに、自らの正当性を確立することを願うあらゆる体制に関わる普遍的真理がある。自分のもつ統治の権利をはっきりと示したいと欲する政治的指導者はすべて、共同社会のメンバーの必要を満足させ、満足させようと試み、あるいは満足させていると称さなければならない。責任は集団への奉仕の働きであり、それは個々人の諸権利の上に成り立ち、公的職務の執行と結びついた義務感を通じて表明される。したがって、正当性の問題を回避しない政治的諸関係は、あれこれの仕方で、庇護的国家の形態をとると主張することも可能である[77]。

この普遍的真理には、確かに明らかにいくつかのヴァリエイションがある。集団とその現実化の諸態様とに奉仕するという観念は至るところで一様ではない。政治的責任の外延と内包は、歴史的状況および力関係に規定されていて、政治制度や体制に応じてさまざまである[78]。ローマ帝国の政治生活を分析しつつ、ポール・ヴェーヌは、王というものは、船の操縦士のように船客に奉仕し、そして、彼が彼らから選ばれている場合には、いっそう彼らのために奉仕しようとするであろう、と述べている[79]。もう一例。民主主義的体制のうちでも、政治制度の責任を負う仕事は、自由放任的国家に関わるか、社会福祉国家に関わるかによって、異なったものとなる。知られているとおり、二つの国家タイプの支持者の間の論争は活発である[80]。しかし、奉仕の概念から出てくるヴァリエイションはさまざまであるが、政治権力が正当性の範囲のうちにおかれている限り、それは歪められることはない。

指導者にとって、政治的責任はそれゆえ、何よりも彼の活動の公的次元の承認である。それは、政治的主権、すなわち、治者が行使する諸権力の総体が無際限でないことを示す理由である。指導者にとって、すべてが可能なのではない。自分の正当性に専心して、彼はまず第一に、もっぱら自分の衝動や利益に導かれているのでない意志を表現する決定をなし、行動をとるべく義務づけられる。確かに、政治的命令は常に、治者と被治者間の代表関係が完全に透明でない程度において、多少とも裁量的な性格をもつ。この曖昧さはなかんずく、政治がリアルタイムに展開し、先進民主主義国においてさえ、状況はしばしば切迫して現れるという事実に帰せられる。すべてのことについてすべての人に意見を聞くことはできない。

それでも、これは恣意が自由な場をもつことを意味しはしない。指導者の決定と行動は、ゲームのルールを尊重し、共同社会の必要を考慮したものでなければならない。自分の善意だけに従って、手続きを無視し、集団の存続に逆らうような計画を立てることなどは問題外である。

そのうえ、国家の承認された仕事は政治的責任の試金石となるものであるから、治者の正当性の評価は、社会内に流通している法律や基本的原理に適合した形で決定し、行動するという態度だけでなく、同様に、効果的な結果をもたらすその能力にもよらなくてはならない。国家が共同社会に対してなすべき諸奉仕の額面に適っているということだけでは不十分であり、さらにそれらを信頼できる仕方で実現しなければならないのである。政治的命令権の正当な所有はその限界を伴っている。権力の不均等な配分が正当化されるのは、政府に属する義務の達成を通じてのみである。政治的責任が担われる仕方が、指導者に統治の権利を与える。責任の制約を受けている政治的主権は、絶対的であるどころか、条件的なのである。

政治的責任に言及することは、治者とは共同社会のメンバーに対して拘束的な権力を効果的に行使する者であるが、それらの権力は制限的な主権の標識であるということを考慮に入れることである。指導者に課された制限は正当な行動の枠組みを規定し、それらの制限を尊重することが、責任の表現であるとともにその手段となるのである。こうした制限から外れると、まったく、責任の意味とともに政治的行動の正当性も疑問に付されるようになる。

責任との関係において理解された政治的主権は条件的であるから、そこから結果する制裁の側面を見失わないことが必要である。じっさい、制裁の観念は責任との関係で定義された政治権力と不可分である。自らが立てた以外のあらゆる法律を拒否し、自分を審判し得るような機関を認めない絶対的権力と違って、統治の権利の見地に自らをおいている政治的命令権にとっては、規定された規則と原理の枠内で共同社会に奉仕することを受け入れることは、自らに対する評価の妥当性を承認し、自らの行動の結果が自らに帰せられるということに従容とした態度をとることを意味する(81)。制裁の観念によってここで理解されること――すなわち、指導者にとって、自分がなし、その有害な結果が集団の全員に感じられるような決定や行動のゆえに非難される可能性――は、責任の観念における二義的要素であるどころではない。制裁は、反対に、本質的に重要な役割を果す。それなしには、治者と状況との間の因果関係なしには、責任の観念は抽象的であるどころか、存在すると言えない。有害な出来事がその当事者と結びつけられて、そのような者として集団の厳しく非難する態度によって制裁されることがない限り、本当に責任について語ることはできない。処罰に値するものとして事実を認知し、ある個人に対して、自分の行動の責任をとるよう求めることによって、制裁は、責任の指標となるだけでなく、また、責任の存在を明らかにするものとなるのである。反対推論ニヨリ、指導者の決定と行動が彼に帰せられることがなくなれば、政治的責任そのものが消えてしまう。

もっぱら実力に基礎づけられ、共同社会に奉仕することを拒否し、そして、この社会との関係において過ちを犯し得るものとみなされることを拒否することを通じてその論理を表明する政治的主権と反対に、責任ある政府は懲戒の原理を受け入れる。この原理は、免責特権の概念と矛盾しない。後者はじっさい、放縦や不可罰と同義ではない。免責特権は責任と関わりをもつ。ある状況において、また明確な条件の下で、指導者が免責特権を享受する立場にあるという事実は、彼らが集団の利益の代表者の地位に就いていることによってしか正当化されない。免責特権が保護の役割を保証するのは、もっぱら共通善との関係においてだけである[82]。それゆえ、この関係は信頼し得るものでなければならず、免責特権が提供する保証を享受している個人は、自らの行動によって、社会の精神および目的を侵害してはならない。これに反する場合には、保護は取り上げられ、司法的訴追が可能となる。これに続く制裁は、犯された過ちの性質や重大性によって明らかに異なるが、それはまた同様に、社会の特性やそこに存在する諸関係の類型によっても多様である。確かに、権力がデモクラシーの方向に制度化されていればいるほど、制裁とその適用の様態、したがってまた免責特権の条件もいっそう厳格に定義され[83]、よりよく尊重されるようになる。しかし、形態や程度はさまざまであるが、自らの正当性を確立することを求めるあらゆる政治体制は、その自身の権力の限定のメカニズムを配備するよう努めている。

責任および制裁の概念の重要性は、社会的政治的組織の維持と結びついている。これらの観念が一貫して無視されると、集団全体の機能が危機に瀕するようにならざるを得ない。これには二つの理由がある。第一の理由は、社会平和の要請が責任と制裁との関連で考える方向に導くという事実と関わる。こうして、たとえば、精神分析家や社会学者がさまざまな決心がいかに自由選択の余地、したがって責任の範囲(84)を縮小し、除去してしまってよいかを論証することに多くの場合研究の努力を向けているのと反対に、法律学者は、不法行為を犯した個人がその行為に責任をもたないという考え方をすることにははるかに慎重である。極端な場合を別にして(85)、法律学者は責任概念を外に捨てることはできない。彼は、責任との関連においてのみ、ある人物が不法行為を犯すということに寄与した外的原因――最良の場合には酌量軽減の情状として、また、行為が結局犯されることになった個別的状況としても――を考察する(86)。これは、法律学者が根本的に保守的であるとか、反動的であるとかいうことを意味しはしない。彼の役割は秩序を確保することであり、この観点から、責任を明示し、制裁を与えなければならないのである。社会の中の協力関係を守り、不法行為の主体が不確かなままにとどまり、制裁の欠如が不法行為と責任との観念の解消につながって、こうして他の無秩序を誘発することを避けるために、法律学者は罪状ありと判定された個人の責任を明確にし、彼をしかるべく罰しなければならない。

集団の、より直接的には政治的な組織の維持のために責任と制裁とがもつ基本的に重要な側面を説明する第二の理由はこうである――治者に適用される責任の観念が政治的行動の考慮すべき限界の存在をその当然の結果としてもつ限りにおいて、それらの限界はその侵犯に対する制裁を伴わない時にはもはや意味をもたないということである。そして、政治体制によって用意された免責特権の立場が体系的な不可罰に転化するならば、責任はその内実を失ってしまう。多少とも短い期間のうちに、信頼性を失うことになるのは、指導者だけでなく、同様に、全体としての政治制度もそうなのである。自分の指導者たちを過度に保護することによって、政治体制は自らを脆弱にしていくだけである(87)。

しかしながら、実力を自分の権力の唯一の源泉としていない治者たちでさえ、成功を自分のものだと主張するほどには、失敗の責任を引き受けることにはしばしば躊躇するということに注意する必要がある。こうして、うまく行かなかったことの責任をとることなく、いいことだけはすべて自分の手柄として認められることを望む人々の数は多いと言ってもおそらく誇張にならないであろう。

こうした見地から、指導者たちは誘導的なやり方に訴える。彼らは、自分で解決し得なかったあらゆることを自分の責任外の問題として描き出すことで、信頼性を維持するよう努める。

こうして、当代の政治家たちは、好んで自分が経済的好況の創始者であるように語りながら、悲観的な徴候が現れた場合には、これらの徴候と自分の行動との因果関係を躊躇なく否定する。国内的ならびに国際的なシステムと結びついた——財政的経済的その他の——重い制約を引き合いに出して、彼らは出来事に対する彼らの影響力の弱さを示そうと試みる。

これらの誘導的なやり方は、もっとも邪悪な社会的仕組みにとっても縁のないものではない。これは彼らの悪意の働きがわれわれに納得させようとするものであり、この事実は、それらのやり方が——たとえば失業に責任ありと非難される移民たちのように——スケープゴートを決めつけることと結びついたり[88]、反セミティズムの政治的利用が何よりも実証しているように、しばしば迫害や追求の場面を生みだしたりするところに示される。

治者が責任と制裁とに直面して示す両義性と消極性、彼らが訴える誘導的やり方については、二つの指摘が必要である。社会の効果的な方向づけと働きに関する治者の決定と行動との重要性を過大に評価することも、また、それらの決定や行動がぶつかる束縛の重さを誤解することもなしに、それでも、共同社会の組織の中で無視できない役割を果す還元不能な個人的次元が存在するということ。政治家にとっては、自分の行動に責任をとるという事実は、彼があらゆる制約から解放されていることを要件とするわけでなく、一定の状況の中でさまざまな可能性のうちから彼が選択するということに基礎をもつだけのことである[89]。こうして、ある指導者が正当性の見地に自らをおく時、彼は原理上さまざまの責任から逃れることはできない。統治の権利の論理によって課された対価を支払わないよう努めたり、言い訳と不可罰との方向を探ろうとするならば、彼は非正当性の道に身をおくことになる。

このことは、治者にとって、彼があれこれの立場から引き出そうと望む利益に従って責任を承認したり、否認したりすることは、首尾一貫しない態度となるだけにいっそう真実である。日和見主義と民衆煽動との政治的コストが、成功時にも逆境時にも、責任を引き受けた場合のコストより高くなるという時点がある。便宜的手段に一貫して頼ること、直接的利益を求めること、そして、政治的策略は、社会の現在をも将来をも危険にさらすことになる。結局において、このような態度は政治制度からの共同社会のメンバーの離反に通ずる。

この点で、治者の責任意識が被治者のそれなしにはすまないことも明らかである。正当性は、指導者と被指導者がともに、たがいに対して責任をとるということを意味する(90)。これゆえ、治者が権力を利己的に、気儘に行使しているような社会にあっても、集団を構成する個々人の責任は重大である。それは、政府の行動を評価し、社会の特性とその力関係とによって課される限界のうちで、個々人が自分の権利であり自由であると考えるものを擁護するところに成り立つ。そして、この見地において、被治者は治者に対し、後者がその義務を果す程度においてしか、自分たちの義務を果す必要はない。

政治制度と共同社会との間の相互関係に注意深く配慮し、指導者たちに彼らがもつ以上の権力を賦与することを避けつつ、被治者の各人は、自分自身の運命とともに、社会の他のメンバーの運命にも心を配っていることになる。最終的に、彼は集団全体の維持に貢献しているのである(91)。被治者の義務とは、それゆえ、治者にその義務をたえず想起させることである。

明らかになったとおり、権力の不均等な配分がその正当化を見出すのは、指導者が社会との関係において引き受ける奉仕の機能のおかげである。この機能は、共同社会が自らに与える目的と規則とによってその内容が規定されるのであるが、政治的主権は無条件的であるどころか、いくつかの限界をもつということを意味している。指導者は不可罰の地位を享受しない。政治制度の評価は、それゆえ、正当性問題の部分を成し、政治的判断の問題を提起する。

3　正当性と政治的判断

判断の概念は学問の世界、そしてとくに社会科学の世界で評判が悪い。しかし、正当性は政治制度のもつ責任性と不可分であるから、この概念を回避することはできない。それは、権力と社会との相互関係と結合した形で、指導者の活動を評価する過程を吟味し、次いで、いかにこの過程が治者と被治者との関係の法的基礎についての問いのうちに含まれているかを分析する方向をとらせる。最後に、判断の概念は、集団の内部で個々人の地位が帯びる重要性を強調するように導く。

政治的な相互性は、常に指導者の活動の評価と結びついている。この評価の中心課題は、政治的命令がもつ権利への要求を測定することである。そこから彼の職責の運命を確定する本質的な判断が出てくる。判断が肯定的であるならば、職責は確認されたのである。反対に、否定的である時、その判断は、機会が到来しさえすれば、集団のメンバーが細部の修正や、社会の調整ないし指導の態様の根本的な変革をもたらそうとする試みに表現されることになる。

統治活動の評価と判断との過程は二つの構成要素をもつ。第一は評価のメカニズムに関わり、第二のものは評価する個人の地位と結びついている。

正当性の観点から指導者の役割を評価するということは、それが権利関係によって性格づけられているか、それゆえ、基礎づけられているかどうかを問うことである。政治制度の評価と判断が治者と被治者との間の関係の法的基礎についての問いを成す。この問いは三つの相補的水準を含んでいる(32)。第一の水準は、根源的価値として役立ち、政治的現実が正当的であるために適合すべき意義と有効性との起源と範囲とをともに規定する本質的諸原理は何であるかを問うところに存する。じっさい、正当化されるためには、政治的機関によって働かされる共同社会の組織は根源的諸原理に合致し、それらが示す性質を具備していなければならない。根源的価値と政治的現実との間に求められるこの合致は、いくつかの含意をもつ。その第一のこととして、基本的諸原理が政治的代表を可能とするという事実がある。治者と被治者との関係が基礎づけられたものとしてあるべき状態を示す基準の役割を果しつつ、これらの原理は、じっさい、指導者が代表としての役割をもつためにとるべき決定と行動との方向性を規定するのである。

以上のことから、諸価値と政治的現実との対応は、正当性の表現であるためには、意図の単なる表明に限られるのでなく、集団の組織化のレヴェルにおけるこれらの価値の具体的な擁護であり、推進であるべきだという帰結が導き出される。このことは、根源的諸価値とそれらが表明する要請の側面とが、それらによって正当化される現実にとって疎遠でないばかりでなく、反対に、この現実の本質そのものとして、また、その理念的表現、すなわち、その向かっているところとして説明されるだけにますます重要なのである。フランスの政治的アイデンティティの構成的原理である自由、平等、友愛がある程度まで記述的であることなしには規範的でないのは、まさにこの理由による。自由、平等、友愛が擁護し、推進すべき価値であるとするならば、またそれらが、各人が自らと他者に課し、民主的制度が治者に課する義務であるとするならば、それは、それらがそのようなものとして、フランス市民の「存在」に対応する承認された権利であるからである。要するに、根源的諸原理は自らを、現実がそうである姿と、そうあるべき姿との両方の観念とすることを可能とするのである。

評価のメカニズムの第二のレヴェルは、政治的現実を根源的原理に関わらしめるところに、そして、現実の多様な表現において、その現実がこれらの原理の規定するカテゴリーのうちに登録され、したがって包含されることができているかどうかを吟味するところに存する。換言すれば、それは、政治的現実と、この現実を規制するものとみなされる諸価値との間の類似性、あるいは親縁性の探究なのである。評価の第一の側面が、政治制度がそうであるべき、またなすべきことを対象とし、基本的諸原理に重点をおく時、ここでは、具体的な政治的現実に注意が向けられるのである。指導者たちはまったく何をしているか？　どの程度まで彼らは、彼らがその中で決定し、活動している社会の意義と有効性との範囲である諸価値を実現しているか？　この関連づけは、それが評価過程の最終段階、すなわち判断に導くものであるがゆえに、きわめて重要である。

じっさい、評価のメカニズムの初めの二つのレヴェルは、第三のレヴェル、政治的判断において結合する。一方で根本的諸原理と政治的舞台との合致の必然性を確信し、他方で、諸価値と具体的現実とを比較して、政治的多様性が効果的にこれらの価値によって与えられた枠組みの中で統合されているかどうかを測定した後に、判断の行為は最終的に可能となるのである。

判断は評価過程の達成点である。それはある政治的状況の正当性、非正当性を表明する能力である。それは、区別と序列とを確立しつつ、現実の中における諸原理の達成の程度について意見を述べる。政治的現実と根源的諸価値との間に信頼し得る類似が存在するならば、正当性は現れている。それにも関わらず、諸原理と現実との関係づけから判断がもたらされる仕方に満足のいく理解をもつためには、評価のこの過程において個人がもつ重要性を軽視しないことが望まれる。

事実、指導者の正当性について被治者から発せられる判断は、前者が所与の社会において占めている地位と不可分である。集団のメンバーが指導者たちの役割を判断するのは、彼らの地位に応じた貢献を測定し、彼らが集団に対する彼らの責任を履行する仕方を考慮に入れてのことなのである。政治制度が各人、各階層を満足させるようにその機能を果している限り、それに対して向けられる眼差しは好意的である。逆の場合には、制度は批判され、葛藤が生ずるに違いない。協調の場がどこにも見出さなければ、欲求不満の塊りがいくつも現れてくる。政治体制の安定性と正当性とがどう結果するかは、欲求不満とそこから出てくる対峙状況との大きさに関わる。

政治的機能の判断は、それゆえ、正当性との関連における命令権力の概念の論理的な表現である。この観点において、統治の権利は共同社会の基礎にある諸価値の高みに自らを現す政治人の能力において測られる。治者の正当性は、彼らに帰すべき責任を彼らがいかに引き受けるかにかかっている。

第二章　政治的正当性をめぐる論争

正当性の観点から導かれた政治生活の分析は自明と判断されている命題に逆らって進む。これらの命題は、社会科学の遺産に属するものと説明されていて、必ずしもその詳細にわたって考察されておらず、しばしば、政治的省察の中で散漫で陳腐な表現形態しかとっていない。この点で、本書において展開される正当性の議論は二つの大きな流れに逆らっている。

第一の流れは、厳密に定義された正当性は政治的現実において考慮の対象にならないと主張するところに存する。第二の流れは、正当性把握のこのようなやり方に由来する方法論的衝突と関わりがある。これら二つの流れは明らかにたがいに分離したものではない。両者は多くの点で合致しているのである。

いずれにせよ、両者が提起する諸問題は、それらを考察し、とくに、それと同時に、それらの限界と矛盾とを明らかにすることが必要なだけ十分深刻なものである。

一　政治的現実と正当性

治者と被治者との間の正当な関係の可能な条件を明白にすることは、この関係が政治的現実を完全に性格づけるものでないとしても、それでも最重要な位置を占める側面を考察することである。正当性において示される現実のこの部分は、統治の権利は政治生活の効果的な働きと根源的に矛盾すると主張するいくつかの分析によって反論される。正当性を意味のないものとする議論を表に出し、それに答えることは、政治において法、同意、道徳をめぐって続いている論争を解明する機会となるであろう。

1　法と正当性

正当性は権利一般、そして、特殊的には統治の権利を真面目に受け止めるところに存する。この問題設定は確かに上述の第一の否定形の対象となる。これを示すには、権利と政治的正義との間には関係がないと主張する分析を考察するのが適切であろう。

法の問題性

法的に枠づけされた治者と被治者との関係は公共善を考慮して設定されているわけでもなく、また根本的にそれに貢献するものでもないと主張する命題が強調するのは、指導者の決定は、事情が許す限り、彼らの個人的利益をまず何よりも勘定に入れているということである。この批判に従えば、法律によって規制される政治的関係の実際は、政治活動の目的は公共善などではなく、指導者たちの利益であることを露わにする。政治的権利と公共善は指導者の支配的地位を正当化する口実であるとともに、彼らが折合いをつけなければならない束縛でもある。しかし、彼らは彼らの政治的関与の現実的意義を確かに規定していない。こうして、共同社会のために指導と規制とをなす役割を治者がもつようになるとしても、それは付随的な形においてであるにすぎない。数々の状況下で、彼らは、自分たちの権力欲を満たすためであれ、すでに保持している権力を強化するためであれ、政争に身を投じ、その中で行動しなければならない。

換言すれば、この観点からは、政治的権利とは本質的に道具的なものであり、治者たちによって同業組合的目的の達成のために利用されているものだということになる。この命題は同様な仕方で、治者と被治者との関係の法典化が第一義的な位置を占めていない政治的環境に関わり、またそれにも関わらず、制度化の高い水準のため公共の利益に対する考慮がより信頼し得るものとなっているタイプの体制に関わる(1)。後のケースの場合、社会から区別された政治的領域の構成は、批判を和らげるどころか、指導者に対してきわめて厳しい疑念を投げかけるものとなる。その理由は、政治的機能の合理化に対応して、共同社会の他の部分と比べてこの機能の自律化の過程が進行しているということである(2)。そのようなものとして、この過程は政治のプロ集団とこれに特有の技術的文化との形成によって何よりも特徴づけられる(3)。これらの要素は相互に補い合って、被治者による治者のコントロールを縮減する傾向を示す。

職業的政治家階級の形成が、同業組合的目的の実現という目的のために、政治活動を公共善から逸脱させることになるという考え方は、まず第一に次のような主張のうちに表明される。すなわち、政治は、ある個人の金銭的な実質を保証するのに役立つようになると、たちまち専従的職業となって、その目的はもっぱら権力のための闘争に限られてしまうということである。昇進の計画と、政治上の役職に与かることによって得られる快適な報酬への欲望とが、社会全体の利益のために働く意欲の前に立ちはだかる。それらが本来的な動機となってしまうのである(4)。

この観点から見ると、法的規則の機能は、治者と被治者の関係を公正に規定するというよりも、政治的エリート間の闘争の枠組みと条件とを決めるものとなり、こうしてこの闘争は社会の側からの介入を最低限度にしたまま繰り広げられることになる。法的規則は、治者と被治者との間の媒介に貢献するというよりはむしろ、この観点からは、政治上の問題の専門家たちの役に立つものと受け取られる。こうして、法的規則は政治家的政治の展開に加担するのである。

この第一の考察に加えて、政治的機能の職業化は被治者の不信を引き起すと主張する第二の考察が登場する。じっさい、政治階級の統合を目指す闘いは激烈であろうが、一旦帰属が確定されると、そこには集団精神が出現して、それは必然的に政治人と共同社会のメンバーとの間に距離を生みだすものとなる。そこから出てくる疎遠感、威信を伴った公的職務の行使と結びついていると思われる尊大さ(5)と自己満足との諸形態は、職業政治家階級を特徴づけるものであり、これに対して被治者の側からは批判しか出てくるはずはないのである。

政治家たちの技術的文化は、政治活動を公共的利益から引き離し、三つの態様の同業組合的関心に従って進ませることになっている、と何人かの分析者によって言われている。第一のものは権限の観念の使用に関係する。すなわち、法的な規則と手続き、政治家がたがいに関連させてとるべき行動、共同社会のさまざまな側面の運営と結びついた技術的知識は、社会の調整と指導とを複雑さの増大する仕事としていると見られている。これは、にわか作りで政治人にはなれないということを意味している。特別の資格と適切な教育とが政治的役割を成功裡に果すためには不可欠である。権限はこの地位を示す標識なのである(6)。

社会全体の運営に当たる専門家たちは、彼らの集団としての存在を正当化するために、この権限に頼っている。そうしながら、彼らは政治的決定の過程における彼らの特権が被治者に対する真の権力独占に転化していく傾向を当然のこととしている。この独占状態は次の条件下においていっそう受け入れ得ないものと思われるに違いない。すなわち、治者が自らに求める権限は、その程度を測定されることを忌避するのはもちろん、もともと明確ではないということである。そのうえ、権限が実現される法的枠組みは、社会に生じた問題の解決に根本的に適合しているとは思われず、本質的に、政治家たちが参与し、そこから利益を得ている既成秩序の擁護を保証するだけのものとして現れている。

治者と被治者との間の溝の摘示は同様に、法律が正当な政治活動の領域を規定するやり方を通じてなされることもある。じっさい、法的規制は、統治の権利について語ることが可能であるということを原理的に意味するわけではない。正当な行為と、法的領域のうちにある行為とを同一化することによって、法典化は政治的論争の用語をあらかじめ構成された一群のテーマに限定することに寄与し、そしてそれらのテーマは、信頼を得ている政治家たち、あるいはこう言う方がよければ、所与の体制の中でたがいに認め合いながら、その体制を規定する法律の限界内で行動する政治家たちの活動の拠り所となるのである。

受け入れ得る政治的な組み合せと可能性との全体を包含しつつ、法的枠組みはそこでは型にはまった政治生活を生みだすことになる。法的領域の中で処理可能な問題だけが考察される。それに与えられる解決は演繹的な仕方で現れる。解決は確立された法的図式から導き出され、明示的にそれに依拠する。治者と被治者の間の規制は、それゆえ、設定された法的枠組みからはみ出し、既存の体制によって告知されている統治の権利に疑念を投げかけるような問題を排除する政治的実務という形をとる。

正当な政治と現存する唯一の法的領域との同一化は、責任ある者たちの活動を実証主義的次元に還元してしまう結果を伴う。この次元は、法律、ただ法律だけ、と定式化することができる。この還元は、政治家を保守主義と既成秩序の擁護との姿勢に落ち着かせてしまい(7)、法的領域のうちで予見された範囲に属さない社会的要求や政治的行動に不信をもたせることになる。この不信は、それらの要求や行動を告発させ、犯罪的と判断させるところまで進む。それは一般的に、政治のシステムや体制、反対勢力のとる手段、また紛争当事者間の力関係などによって多様に異なる態様を示す。この文脈において、政治家は、自分たちの立場と結びついた特殊的利益に役立つ現状を何よりもまず維持することに眼目をおいた行動をとると思われる。

法を政治階級が自らの個人的利益のために利用する領域として告発する立場は、法的厳密性が政治階級の煽動によってしか攻撃の対象とならないと思われる時、最終的に強化されたものとして現れる。政治現象の法的規制が党派的要素しか担っていないならば、それを告発することは、法律にもたらされる修正が本質的に操作活動であるということの考察に通ずる(8)。

フランスにおいてここ何年かの間選挙法の改革をめぐって生じてきた論争〔一九八〇年代中葉、右翼政党台頭を阻止するため、ミッテランが試みた選挙法改正に関わる〕は、このタイプの批判を育んでいる。この観点においては、政治的に扱われた法は、それらを越えては不正義が表に出る不可侵の諸原理に対応するどころか、治者の目的に役立つような可塑性をもつ手続きの全体を構成するもののように見える。こうして、合法性−違法性の区別に代って、政治的エリートの奉仕する法律は状況と必要とのままに確立されたさまざまな合法状態と違法状態との構成であり運用であるという考え方が成り立つ(9)。いくつかの法文が他の法律を回避する手段を明白に組み立てている商業社会の法と同様に、政治的な法も、非合法であるものとの質的な対比によっては自らを規定していない。それは、政治階級の利益に従って合法性の境界を移動していく技術を活用している。

これらの批判は明らかに近代的政治制度の評価において強まっている。これには二つの理由がある。第一の理由は、先に述べたような政治活動の合理化と自律化との過程と結びついている。第二の理由は、合理化された自律という現象の民主主義的環境の中での現実化と関わりがある。民主主義的諸価値と、これらの価値を基に指導者たちに課される制約とを考慮に入れると、彼らに対する告発はそれだけいっそう厳しいものとなるのである。

代表としての仕事を引き受ける政治家たちの能力を問題とする人々は、その攻撃を二つの方向に集中する。第一に、職業化の結果としての代表の役割の独占への傾向に対する反論がある。この傾向は民主主義的システムの二つの第一原理、すなわち、利益と役職との循環の原理、および治者と被治者との間の媒介された連続性と透明性という原理に打撃を与えるものである。第二に、この独占状況から出てくる諸権力に対する反論がある。この論点について注意しておくべきことは、アングロ・アメリカの政治制度が社会に対する介入権をごく限られたものとする枠組みの中で発展してきたとすれば、ヨーロッパ大陸において国家諸機関のもつ重要性は、共同社会を従属的地位におきつつ、政治的家父長主義の形態を生みだしていて、これが急進的な批判だけに場を与える原因となっているということである。

政治活動は正しいことを表明し、適用することを目的とするのでなく、むしろ政治家たちの利益を配慮するところにあるとする命題は、政治に関する幻滅的な、懐疑的な、さらには冷笑的な考え方に属する。それは、職業政治家たちが熱中している権力闘争のうちに現れているがままの現実の叙述であると自称している。政治家たちが正義の目的を同業組合的関心の利益に向けて逸脱させていることを事実として記録しながら、この命題は、法律というものは彼らが自分たちだけの利益のために利用する手段にすぎないと認めている。この観点からは、政治階級がその視線を自分たちの個別的利益から切り離すことに同意するのは、社会全体の圧力の下で、強制され、束縛されてのことでしかない。一般的利益を考慮に入れるとは、彼らにとって、自然な、第一の選択ではないのである。

換言すれば、代表制の危機を描き出すこの命題は、法的規制が正当性の表現であり、手段であるという事実を否定することに通ずる。ここから、特殊的には政治的な法、そして法一般が根本的に抑圧の手段として受け止められるところまでは一歩を残すにすぎず、それはたちまち踏み越えられる。法のマルクス主義的分析が刻み込まれるのは、まさにこの観点においてである。

マルクス、エンゲルスによれば、あらゆる国家は社会が対立する諸階級に分裂したことの結果であり、その中で搾取の手段となっている。このことは、何よりもブルジョアジー的政治制度に当てはまる。事実、ブルジョアジーは、革命的役割を果した後、進歩の要因であることを止めた。彼らは、彼らが触発したとてつもない産業発展を制御できなくなって、有産階級のプロレタリアートに対する支配に他ならないブルジョア国家を生みだした。これこそ、マルクスが自由主義国家を正当化することを目指す諸理論を批判する際に持ち出す命題である。『法哲学綱要』でヘーゲルによって主張された議論に反対して、彼は、自由主義国家は合理性の現実態ではなく、欲求の体系の諸矛盾を越えて普遍的利益を実現し、私人を公民に変える最高組織などではないと論じている(10)。国家は経済的支配権を有する集団の申し子に他ならず、そして、この集団は、法律の権威により、本来的強制装置、すなわち軍隊と警察の力を通じて、自己の抑圧的地位を正当化しているのである。

同様にこの観点から、マルクスは、自然法に依拠し、正当的国家の根本契約の基礎になっている諸理論を検証する。彼によれば、これらの思想体系は、永遠的と想定された人間性についての論考の諸側面の下で、全面的経済力をもったブルジョアジーの要求を表現しているだけなのである。そして、ブルジョアジーの方は、自分たちの主導権にとって有利な生産組織を許容し、もっと大きな発展を確保できるような法的政治的制度の確立のために闘っているのである(11)。

法律は、ブルジョアジーの道具であるがゆえに、抑圧的法規である。封建的世界と比較すれば、ブルジョア国家は確かに進歩であるが、それはなお端緒であるにすぎない(12)。それは、現実に獲得されるべき諸権利の形式的段階を表しているにすぎない(13)。人間的自由の実現が真に達成されるには、共産主義の到来を待たなければならない。歴史のこの最終段階は国家および法的諸関係の衰退と時期を共にする。それゆえ、法と搾取との原理的結託を暴露し、かつ、法治国家の観念それ自体を拒否することが必要なのである。

それでもマルクス主義の全陣営が、実際のところ、こうした「硬直した」理論的指針に縛られているわけではない。こうして、自由主義的諸制度にもっと好意的な判断を示す社会民主主義者たちも存在する(14)。だがやはり、法的枠組みと抑圧との同一視が現代のこの陣営を非常に強い刻印で特徴づける命題をなしている事実は変わらない。この命題は、政治における法の問題を真面目に受け止めることを拒否し、正当化のイデオロギーと手続きとの関連において法律を吟味することに限定した形で、じっさい非常に広く流布している。

リュック・フェリーとアラン・ルノーが指摘しているとおり(15)、ブルデューの著作は、三つの点で、ある種のマルクス主義との間の距離が否定できないものであることを示している。アルチュセール的方向と、マルクスのテクストの真理性を保持しようとする彼の意欲とを対象として、ブルデューはまず科学の名において哲学として理解されたマルクス主義を批判する。アルチュセールの研究はその筆の下で、伝統的な哲学的野心の変種になっており[16]、経験的知識とそれを生みだす諸科学とを支配しようとする意志によって特徴づけられるというのである[17]。アルチュセールの自称科学は現象を本質から、歴史的所与を理論的モデルから演繹しつつ、半ば形而上学的な先験主義を示していると言われるが、ブルデューは、このようなやり方では、有名なアルチュセール的切断は科学的実践なき科学を生みだすにすぎないと考える[18]。それは哲学を強固なものにしているだけなのである。

ブルデューは次に、マルクスの構造主義的読解を批判して、そこではとくに弁証法的な意味が欠けており、歴史過程を経済的構造の結果に還元してしまっていると指摘した。この見方では主体的実践が反映や流出にすぎないものとなるが、現実においては、ブルデューが明らかにしているとおり、客観的構造と歴史的行為との間、すなわち、経済的構造と実践との間には弁証法的相互作用があるのである[19]。

最後に彼が強調するのは、粗野なる唯物論によって主張される立場と区別されて、階級闘争との関係における思想の自律性がはっきりと存在するということである[20]。

一面的と判断されたマルクス主義とのこの距離のとり方は、ウェーバーとマルクスをともに引き合いに出す普遍化された唯物論の枠組みの中で成り立っている[21]。ブルデューは要するに、責任と個人的自由との概念を完全に維持しながら法律を解明できるような社会の精密な分析を与えることを志向しているのである[22]。彼は自分の方法を、イデオロギーの説明において[23]、もはやその機能を対象とするだけでなく、また、象徴体系としてのその構造[24]、および制度の中へのその客体化[25]をも吟味するところに成り立つ視点の移動であると述べている。この立場は、彼が権利および法律のきわめてマルクス主義的な理解を堅持しているという事実をなんら傷つけていない。彼が作用させようと努めている方法論的移動は、彼がウェーバーとマルクスに対して抱いている批判的判断に根本的な影響を与えるものでない(26)。

まさにこの独自の観点の下において、彼における正当性の概念、そしてとくにその用い方がもつ重要性を理解することが可能となる。ブルデューにとって、正当性は社会秩序を自然化する、すなわち、ブルジョアジーの諸価値がこの社会秩序の機軸あるいは引照基準であることを当然としながら、この秩序が自明のものとして認められるように作用する力なのである(27)。それらの価値が基準として役立つということ、これこそ搾取を表現するものである。疎外とは、支配階級のもつ諸原理の外において自己を保つことが禁止されている、あるいは、不可能であることを意味する。

法と正当性との概念がブルデューにおいて中心的であるとすれば、それはこれゆえ、彼の課題がブルジョア的社会秩序の自明性の主張を掘り崩そうとする試みであるからである。ブルジョアジーが要求する正当性の破棄を目指して、彼は、いかに法がハビトゥス〔規範的慣習〕の媒介を得て、社会的自然の定着に寄与しているかを吟味する。じっさい、ブルデューにとって、慣習は、客観的に分類可能な諸々の実際行動の根源的原理であるとともに、これらの行動の分類体系 principium divisionis なのである。そして、ハビトゥスのこの二つの特性の間の関係の中で、表象された社会的世界——ブルデューはそれを生活様式の空間と名づけている——は構成される(28)。

支配階級による正当性要求の分析はこの際——法典としての——法の臆見 doxa への転化を吟味する枠組みの中で遂行されるが、ブルデューは、法的規制は優れて自然化の手段であると主張する。法的規制は、時とともに、正統教義あるいは同化された信条から、義務に、自然なあるいは規範的なものと受け止められたものへの無媒介の密着によって特徴づけられる意見に移っていくことができる(29)。それは、正統教義の臆見への転化のこのメカニズムが法律そのものの認識の修正を最終的に可能とするだけにますますそうなのである。すなわち、法律の強制的側面の廃絶は、法典および司法的規則性が今やそれらの厳格さにも関わらず受け入れられるようになるばかりでなく、さらに必要なものと思われることによって、法律の強化を伴うことになるのである。これが被搾取者自身によって正当性とされた法である。

確かに、マルクスの分析と比較して、ブルデューによって提起された法へのアプローチは、象徴的領域としての法体系の機能のはるかに詳細な検討となっている。しかし、それは彼の方法の本質的部分を繰り返している。法律が何よりも抑圧の手段に他ならないということは、ブルデューがたえず、社会の新しい要求の法による統合を吟味している時にさえ、示していたことである(30)。実力の和らげられた表現であるが、法は疎外の次元に完全に刻み込まれている恐るべき効力を発揮する。法的空間は、合理化現象に十分対応しているとしても(31)、それを通じて理性と正義が政治の中心に登場する場ではない。それは虚偽意識が刻印されることになる組成物である。

それゆえブルデューのうちに、法と、治者および被治者の間において正当化される真正な関係との間、すなわち、政治的現象の規制と正当性との間の紐帯を求めても無駄である。正当性とは、社会全体のレヴェルに搾取を根拠づけようとする願望に与えられた名称にすぎない。

このことは、法は指導者と被指導者との間の権力の配分を真に正当化できないと判断されているところで明らかである。政治生活を正当性との関連で研究する可能性自体が斥けられているのである。治者と被治者との関係の法典化が政治階級であれ、社会内部の経済的支配階級であれ、それに奉仕するものとみなされている時、統治の権利は信頼を得ることはできない。この観点の下では、もっぱらイデオロギー、正当化、悪意、あるいは実力の観点から遂行される制度分析しか出てこないのである。

法のより均衡のとれた理解のために

法に対するこの体系的に批判的な見方への回答は簡単であろう。その理由は単純である。法をエリートがそこから利益を引き出す有利な立場の防禦装置に還元してしまうことは、それの性質および機能のただ一つの側面だけの説明しかしない記述になってしまう。確かに、法に仕え、それを適用することを使命とする人々は、しばしばその第一の受益者である。そして、彼らは、そうすることが有効と分れば、躊躇なく法を目的に合せた道具にしてしまう。同様に、法的制度が社会的政治的秩序の維持に効果的な役割を果すことも認めなければならない。この点で、それは支配階級に有利な抑圧的役割を果すことになる。しかし、この否定的側面だけにこだわっているのでは、信憑性に欠ける。四つの議論が法のより均衡のとれた概念のために弁ずるであろう。

第一に、権利と義務の総体を欠く社会生活の可能性を誰が信ずることができようか? 個々人間の自然な合意が確立しているような理想的空間に居住しているという条件、あるいは、他者との関係をまったく断念しているという条件においては、行為者間の相互作用の法的手続きによる管理が、同じ社会の内的な共存が実現されるために、必要になる。そうでない場合には、日常の最小限度のやりとりも絶えざる妥協や対立をもたらし、それらが全体的な紛争に転化してしまうのを防ぐ術はどこにもないであろう。

第二に、法は被治者にとって、治者の権力欲を抑制するどんな制約もない場合に、彼らに許すことになる権力濫用に対して、自らを守る手段となる。じっさい、エリートの活動が、双務的行為を確立する法的枠組みによって限定され、制約されていないならば、命令権の行使は一方的な行為となり、その前で集団の個々のメンバーは無力なままである。治者の権力と対等の力を振るえないので、被治者は、何らかの権利が認められていない場合、もはや専横を告発する能力ももたないことになる。しばしばきわめて弱い楯に似ているけれども、承認された諸権利はそれでも、被治者が必ず訴えることのできる貴重な要素なのである[32]。それゆえ、これの重要性を軽視しないことが必要である。

かつまた、法的な訴訟行為をその否定的性格だけに限って認めることは、変化の分析のある側面を見失うことになる。じっさい、法は、被治者の利益の擁護のために用いられるとしても、同じく、共同社会の変容を描き出し、説明することにも役立つ。こうして、法は、登録の機関であり、社会の発展、とくに社会全体を構成する個々人の利益になる改良の公認の場であるばかりでなく、これらの改善に対応し、また他の諸要素と結合して、活動的かつ積極的な役割を果す。この役割は二つの形で現れる。一般的には、不当な状況の告発は法の含意に依拠することなしには行えず、法の名においてこそ、社会的政治的現実の変更や改善の願望は表明される。個別的には、特定の権利要求は、集団のメンバーが眼前においている現存の法的遺産を基礎にして提起される。すでに承認された諸権利の積み上げから出発して、被治者はそれらを槓杆として利用し、それらが尊重されていないとか、十分活かされていないとか、さらには、まだまだ不十分であると主張することになる。これが意味するのは、そこには動的な運動があって、それは法的次元とともに進み、その運動の中で、法はよりいっそうの法を求めるということである。

最後に、法は、共通の利益に奉仕するという名目の下に、支配関係の再生産だけをもっぱら目的としているならば、どれだけ完全に軽蔑的な表現で描き出されることになるか分らないであろう。じっさい、法的機関が、最低の程度にすぎないとしても、そうでないことを非難されるような形をとることになるのは免れ難い。そうでなければ、それがその種の非難を蒙ることは生じないであろう。法の抑圧的な側面を嘆くことは、それはそのようなものにすぎないと断ずるとともに、現実的にはそうでないとしても、潜在的には尊重すべき性質をもっていると認めることでもある。こうして、法の積極的な役割の可能性をまったく否認しながら、それを偽装された抑圧の形態と同一化する考え方は、その観点を展開させるために、この可能性に訴えることになるのである。反駁の企てによって迷路に入り込んで、この考え方は、それ自身が依拠している条件を見失っているのである。

2　同意、政治的主体と正当性

正当性の問題としての意義を軽視するために用いられる第二のタイプの議論は、同意の問題と関わる。正当性は被治者の合意を前提とする。正当な政治状況が存在する共同社会のメンバーは、直接的権力行使でないとしても、彼らに能動的行為者であるとともに服従者である地位を与える機能を有している。彼らは政治的活動に参加し、事態の進行に現実的影響をもち、少なくともいくぶんかは彼らの意志の表現である支持を与える。ところで、この見方がいくつかの批判を呼び起す。

一方で、何人かの論者は、被治者の同意は政治史の進行に作用しないと考えている。他方で、同意が表現する支持の性質についても疑問が出されている。これらの批判が正当性の現実に異論を示している程度において、その内容を明らかにした後、その限界を指摘することが絶対に必要である。

被治者の同意の役割

正当性は権力と服従とを同時に正当化するところに存するからして、被治者の同意が権利関係の設定にとって本質的であることは明らかである。それでも、何人かの政治理論家にとって、被治者の同意、そして、相補的に、彼らの反対は政治生活の規定的要因でないという事実は残る。彼らによれば、政治的事象の領域は、被治者の態度が影響をもつとは考えられないようなメカニズムに従っているのである。この考え方には二つのアプローチが刻み込まれている。第一のものは、社会的歴史的構造の観点からする政治的現実の研究として表わされる。それは、指導者に対する集団メンバーの合意ないし拒否による出来事の説明を、主意主義と心理主義との議論しか認めないものとして否認する。第二のアプローチは、政治的機能はエリートの手中にあり、彼らこそが、体制はどうであれ、人民の他の部分に彼らの意見を押しつけているのである、と見ている。

a　歴史的構造と同意

歴史の構造的分析　権力関係の構造的検討は、シーダ・スコッチポルがフランス、ロシア、中国の革命を比較研究した書物において体系的に展開されている(33)。彼女の目的は、政治変動、そしてより特殊的には革命現象の説明を与えることである。著者は、さまざまな革命理論を再構成することを可能とする四つの主要な系統を示している。それらのうち、マルクス主義に属する系統がまず問題となる。マルクスにとって、諸々の革命は孤立的な暴力的偶発事件ではない。階級闘争の果実として、革命は社会内部に存在する構造的矛盾から生起する。

この第一の理論系統に加わって、他の三つの、比較的最近に現れ、もともとアメリカの社会科学に根をもつ系統がある。スコッチポルはまず、人々を政治的暴力に駆り立てる個人的動機から革命現象を解明しようと試みる研究を取り上げる。彼女は次に、体系的アプローチをとり、諸価値と同意との次元を強調しながら、革命とは社会システムに影響する深刻な不均衡に対するイデオロギー的運動の応答であると主張するいくつかの考え方に注意を向ける。最後に、彼女は、集団的暴力を権力掌握を目指す組織された諸集団と政府との間の闘争によって説明する政治的紛争の諸理論に言及する。

これらをたがいに区別する諸要素や、これらのもつ多少とも重要な成果は別にして、スコッチポルは、これらの考え方はすべて批判に値すると強調している。実際それらは、これらの理論の限界の標識であり、最終的には、十分な仕方で政治的大変動の真の原因を説明する力のないことの標識である三つの特質を共有している。第一の特質は、これらの分析のすべてが近代化のメカニズムと紛争との国内的レヴェルだけにあまりにも研究の焦点をおいて、それらを世界的規模で展開している発展や国際的構造に体系的に関連づけて考察することを決してしていないという事実に関わる。第二は、国家と社会との分析上の同一化、あるいは政治的国家的活動の社会経済的諸力の表現態への還元という形態をとっていることである。しかし、基本的な、したがってもっとも深刻な欠陥は、これらの概念が政治的変容についてもっている主意主義的イメージである。ここで注意を引くのはまさにこの最後の特質である。

じっさい、スコッチポルの見るところでは、これらの理論はすべて、住民のある部分、一般的には不利な状況におかれた大衆とそのリーダーたちを結集させる意図的な努力の出現が革命的大変動の到来の必要条件であるということを前提としている。この見方からは、心理学的諸要因が構造的説明に勝ることになる。このことはマルクス主義理論にも、それが一貫して政治現象の構造的起源を強調するアプローチをとっているにも関わらず、当てはまる。ところで、スコッチポルが反対しているのはまさにこの観念なのである。

彼女によれば、革命とは個々人の意図の果実であると主張する命題が批判され得るのは、それが社会的政治的秩序は多数者、すなわち、必要を充足されている被支配的地位の諸階級の同意という観念に依拠すると示唆している点においてなのである。換言すれば、この分析は、革命を惹起するに十分な理由は同意に基く支持の喪失であるということを意味する。

スコッチポルの目からは、このような主意主義的観点は、革命的運動の条件と現実とを根本的に見誤っている。スコッチポルはそこで、政治的紛争理論の積極的側面を保持しながら、さらに、個人化する偏りを排したタイプのマルクス主義の構造的諸関心に依拠し、それらを国際的環境の考慮、および国家・経済関係の非機械論的概念によって精緻化した革命研究を求めるのである。特殊的には政治的大変動、そして歴史一般を説明するためには、非人格的な見方をとり、人間がその原因であるという考え方を捨てなければならない。要するに、被治者の態度――彼らの同意とか不同意とか――は、政治的場の働きにとって決定的ではない。人間が現実の主体であり、歴史の進行に立ち会っているという考え方は幻想であり、真の決定づけには関係ないのである。

構造的アプローチに対する同意の弁護と例示　社会的歴史的諸構造の存在、そして政治生活におけるそれらの役割は否定しないが、それらは、政治生活を根本的な仕方で規定し、被治者を歴史の端役、それどころか単なる玩弄物にすぎないものと決めつけてしまう唯一の原因ではない。シーダ・スコッチポルの書物がもっとも体系的な例証となっている構造的諸要因による決定という観念は、実際のところ、被治者が政治においてある能動的役割をもつという命題の戯画的な説明に基礎をおいている。

シーダ・スコッチポルは、政治的事象における被治者の役割を、彼らが生起することの唯一の決定的原因であると言われているかのように説明している。そのうえで、彼女は、被治者の行動による出来事の説明は現実に対応していないと教示する。しかし、彼女の推論は論点先取の虚偽を犯していると思われる。社会的歴史的諸構造の角度から政治的諸関係の優位性をぜひとも確立したいと考えながら、シーダ・スコッチポルは、被治者が政治的事象の進行に影響を及ぼすという考え方の弁護不可能な解釈の仕方を示している。ところで、被治者の同意がある役割を果すと主張することは、だからといってそれを唯一の決定要因とみなすことではない。同意する行為が政治的現実に影響を与える能力をもつという考え方を弁護することは、むしろ、構造的諸要因から治者と被治者との関係が決定されるとする理論の欠陥を認め、被治者は、他方では個々人一般として、社会的歴史的諸構造と協力して現実に対し明白に働きかけるものであると示すことである。

構造的諸要因に基く治者と被治者との関係の説明には、有効性を損なう四つの大きな問題性がある。それらはすべて決定論と関係がある。

第一は、一般的レヴェルで、政治生活とは構造的アプローチが考えさせるよりもっと複雑であるという事実と結びついている。じっさい、構造モデルと現実との対決は期待されるような結果をもたらさない。この理論と政治的現実の事実上の展開との間には、納得させるだけの一致は存在しない。検討の対象となる具体的状況は社会的歴史的諸構造と結びつけられた教条的枠組みをはみ出している。それらの構造は、外的諸条件によって補完されなければ、付与された主要原因としての役割を果さない。こうして、革命現象は構造的諸要因によって本質的に説明されると強調しながら、シーダ・スコッチポルは、それらの影響は状況によって多様に変わると認めなければならない。まさにこれゆえに、彼女は、自分の議論は一般化し得ず、新しい革命が何時、どのように、またどんな形をとって現れるか正確に伝えることはできないから、真の予測能力をもつものでない、と認めることになるのである。しかしながら、これによって彼女は、政治的諸関係を明らかにするため偶発的諸要素を考慮に入れる必要性は構造的関連における研究の有効性に打撃を与えるものでない、と主張することを妨げられない。ここにまた異論の余地がある。

じっさい、社会的歴史的諸構造のもつ力が非構造的諸要因と不可分に出てくる時、前者だけが決定的であるとは主張し得ないはずである。たとえすべてが決定されるとしても、すべてが構造的に決定され得るわけではない。構造的諸要素が治者と被治者との関係を深いところで方向づける唯一の原因でないと承認することが肝要である。思弁的幻想は避けなければならない。スコッチポルの理論もまた逃れていないこの幻想は、歴史の多様性と複雑さを説明しようとする試みにも関わらず、実際には本質と現象と二元論を導き入れている。このようにして、彼女は、出来事の継起の順序を、基本的なものとして示された原理から出発して解釈し、そして、他のいくつかの説明要因を、この原理の帰結あるいは偶然的表現に還元してしまうのである。

社会的歴史的諸構造に生成の糸口としてと、最終段階としてとの二重の地位、すなわち、第一原因の役割をもつ因果的カテゴリーの地位を与えることは(34)、それらの構造自体が歴史を貫いて解明され得るものであることを忘れていることを意味する(35)。より永続的な特性と結びついた非構造的諸要因と混合した諸要素のネットワークを通じて存在するように方向づけられているので、社会的歴史的諸構造はまったく条件づけられることのない、もっとも一般的な原因として認められることはありえない(36)。それゆえ、社会的歴史的諸構造のレヴェルと偶発的諸要素のレヴェルとの区別をあまりに厳密に描き出すことは危険である。構造的原因が事物の本性であり、偶発的諸要因は定義上二義的効果をもつだけの偶有性にすぎないという考察において、現実主義的観点からするこのような区別を持ち込むことはことのほか有害である(37)。

これとは反対に、これらの理論的構成は仮説的かつ形式的な分り易さをもった単純な図式であって、現実はそれに限定されるものでなく、また、構造的次元は因果的関係において偶発的諸要素に原理的に優越するわけではないと考える方が適切である。

ここから、構造的分析の第二の問題性の検討の方向が出てくる。それは次のように表現することができる。社会的歴史的諸構造の影響だけが決定的で、被治者の同意は重要でないと主張することは、彼らの活動が可能性の拡がりをもって展開し、政治的事象の進行を特定的に方向づけるということを無視することである。この誤りは、社会科学において理論的境界を越えて範型となっている構造的物神崇拝から一線を画した位置に立つならば、はっきりと見えてくるものである(38)。じっさい、社会的歴史的諸構造が政治的諸関係を決定するのは、同様に重要な他の諸要因と一緒になってのことであるという考え方からは、二つの教訓が得られるであろう。

第一の教訓は、被治者に選択能力を、したがって、同意への傾向性を認めるところに存する。じっさい、治者と被治者との関係の展開は本来的に構造的な因果性の形をとって生みだされるのでないと分った瞬間から、政治生活の決定過程は、他の諸要因の上に立って拘束的な力を振るう単一の説明要素の表現であることを止める。それは、よりいっそう開かれたメカニズムと同義語となり、そして、このメカニズムの中へ、各人は、それぞれの立場において、介入することができるのである。

社会的歴史的諸構造に属し、必然的結果をもたらすとされる本来的原因がない場合には、被治者がその中で生活している政治的文脈を形成する諸要素の多元性が相対的に流動的な世界を性格づけることになる。政治的諸関係を条件づける諸要因の多様性は強制の場を作り上げるが、それはまた同時に被治者にとって資源となる領域でもある(39)。政治的現実の組織化はどの一つも本性上他のものに優越しない多様な原因の所産であるので、被治者はただ一つの方向に向けられることはない。すべてが可能であるわけはないが、数多くの方途が可能である。これゆえに被治者は選択し、同意を与えたり、拒否したりする地位に立つことができるのである。

換言すれば、現実を、そしてとくにその直中で、被治者のアイデンティティ、および彼らが自分たちの環境を説明する仕方を決定する諸要素が根本的に堅固な一原因となっているわけではない。これらの要素は可変的で偶然的な環境を生みだし、そこには必然的ではない可能性がいくつも現れて、その基礎の上に被治者の選択能力が発揮されることになる。選択はその時彼らにとって、それらの可能性を評価し、それまでは潜在性にすぎなかったものを具体化するのに役立つ決定をなすことを意味する。こうして、諸決定要因は、被治者に支持、不支持の表明の機会を与える選択肢を提供するのである。

こうは言っても、彼らの行動の幅がしばしば非常に限られたものとなることは確かである。可能なるものの内容と拡がりは状況と結びついているので、社会のタイプによって、被治者に可能な選択が極端に限定されていたり、彼らの役割が実際上あらかじめ定まっているということもある。しかし、一方において、治者と被治者との関係の働き方は自然法則を特徴づけていると考えられる規則と同様な固定性をもつ規則に従う、と主張する結果に導く物化の陥穽(40)に陥らないためには、被治者は、だからといって、別の選択肢をもたないわけではないと認める方が適切である(41)。もっとも閉鎖的な社会であっても、被治者が期待された行動を厳格にとるであろうと保証できるほど十分に彼らを掌握しているということは決してない。他方で、外部の状況に言及して、それに直接対峙する人々にどんな選択の余地をも許さないものとしてこれを描き出すことは、彼らの認識に必然的に対応することではない。被治者が環境によって彼らに指定された境界を越えるのは、この環境と相関的であるか、あるいはより根源的な形では、彼らの共同社会の均衡を賭した全面的な危機的過程の当事者である場合に他ならない。

この点で、被治者が彼らに与えられた選択権を好機と考えない時、そこから由来する危機はそれ自体可能性と選択との観念を前提していると付言するのが適切である。換言すれば、可能なるものについての感覚をもっていてこそ、この可能性にどんな余地をも与えないものとして政治的現実を断定できるのである。他方で、被治者は不確定の世界と関わることができ、これが彼らの自由の行使の条件となっていると主張することも不条理であるだろう。

それゆえ、治者と被治者との関係の発展はアプリオリに書きつけられていない[42]、そして、この発展はその歴史の各段階で、まったく限定的にではあるが、被治者の選択の行為、それゆえ同意の行為を基礎づける諸可能性を浮き出させる明確な枠組みを形づくる、と考えることが重要である。

政治的現実はもっぱら社会的歴史的諸構造によって影響されるわけではないとする考え方の第二の教訓は、被治者の決定がそれの基底にある文脈を変容させる影響力をもつということを確認するところに存する。この影響力はじっさい、被治者の選択がそれを基に作り上げられる因果関係のネットワークのうちに刻み込まれている。さまざまな規模や方向においてこのネットワークを変容させながら、それは、他の決定要因と一緒になって、将来の決定および行動に影響する。政治的環境を構成するさまざまな要因の結合に影響しつつ、被治者の将来的な選択や行動が考慮に入れるであろう補完的な諸要素をもたらすことになる。環境を変化させつつ、それは、被治者が彼らの自由になる選択肢について、望ましくまた実現可能と認める対象としてなす評価に影響を与える。このことは、被治者の決定と行動との作用が、出来事とその解釈との働きによって所与の文脈の中で形成される世界観と結びついていることを意味する。

こうして、ある被治者が自分の仲間に行動の観念と願望とを伝達できるのは、彼の活動が彼らから意味のあるものと認められる場合に限られる(43)。彼の活動は、彼らの環境の諸価値と合致し、歴史の教訓が成功の合理的な可能性を期待させるような選択肢、すなわち目標に対応していなければならない。そうでなければ、彼の活動は彼らを待機主義に固まらせるであろう。

被治者の行動の展開の基礎として役立つ可能性の幅が豊かで、具体化の見込みを多く含んでいればいるほどいっそう、諸々の決定と行動との連鎖は深刻な変動をもたらすことになりうる。こうして、被治者の活動は、社会的歴史的諸構造による社会的政治的秩序の決定を阻害する諸要因の導入に参与し、さらにはそれ自体が伝統的社会から近代的組織形態への移行の説明となる諸々の表現や原因の一つとなることができる(44)。

構造的アプローチがぶつかる第三の困難が存在する。それは、被治者が選択と行動との諸根拠と結合した特別の密度をもつ存在であるという事実、そして、社会的歴史的諸構造はこの生命体およびこれらの動機が喚起するさまざまな決定や行動から離れては政治において作用しないという事実を無視ないし過小評価するところに存する。

状況的な限界の中で、被治者——実際また個々人一般——は、その根源的次元が三つの相補的な仕方で表明される生命をもっている。第一に、一人の被治者がその存在の最初とその後の過程において直面する諸決定の束は、もっとも同質的な環境の中においてさえ、他の者の直面するそれと決して完全に同一ではない。すなわち、各人は他の者と同化しきれない生活をもっている。次に、被治者の活動性は彼らの存在の特性を強調することに寄与する。彼らは、自分たちが具体化しようと求める計画に参加しながら、自分たちにとって貴重な諸々の価値や利益を擁護し、それなりの生活を構築していくが、この生活は、他の人々の生活との類似性があるいはより大きく、あるいはより小さいということは別にして、行動の展開が多様化していくにつれて独特の性格を増していく。被治者は、環境についての彼らが認識していることと、無知なままでいることとを同時に表現する基準に基いて選択し、行動しつつ、この環境とできるだけ調和的な関係を樹立することを目指す戦略をとる。彼らは、彼らを取り囲む世界には無関心なまま生まれているが、活動を展開する文脈によって提供される手段の助けを借りて、世界との、したがってまた彼ら自身との相互理解の場を見出すべく努力している。現実に適応する過程は環境をわが物とする運動である。それは、被治者が状況の中で人格的アイデンティティを構成するメカニズムと見分けがつかない。

最後に、被治者は明確な理由なしにある方向に押しやられることはないと強調することが必要である。それらの理由は、彼らに絶対的に属しているわけではないが、彼らの日常生活上の利益や、彼らがそれらの利益を維持するやり方に無縁な動機に還元されるものではない。構造的アプローチ、とくにマルクス主義的アプローチが明言することとは反対に、被治者が彼らの存在についてもっている観念、そして、この存在からもたらされる態度は、理念的観点からはどれだけ誤っていたり、限界があると思われようとも、この観点の名で貶められたり、幻想という言葉で描き出されたりするべきではない。被治者の決定と行動を培う諸動機は選択と行動とのための十分な理由になっている、と認められなければならない。要するに、彼ら自身の生活に対する彼らの権利は承認されなければならないのである。

存在のこの特別の密度は、多かれ少なかれ、治者と被治者との関係の展開に関係してくる。当然の成り行きとして、社会的歴史的諸構造が政治においてこの密度と独立に作用することはない。この点で、構造的諸要因が自律的な力学によって有利に働くことはないという事実が意味することに留意していなければならない。これは、社会的歴史的諸構造は被治者の活動なしには作用し得ないので、政治的事象の進行に影響を与えるには、被治者の諸選択、およびそこから来る諸活動の動機であるものと合致している必要があるということを確認することに帰着する(45)。しかしながら、社会的歴史的諸構造が有効であるには被治者を必要とするということは、被治者を構造的次元の中立的かつ厳密に道具的な補助者と同一視する命題を、一旦否認した後に再導入しなければならないという意味では決してない。被治者の生活は、環境によって、また、とくに社会的歴史的諸構造によって相対的に規定されているとは言え、後者に還元されるわけではない。構造的要素と各人の生活との間には相互的条件づけが存在する。じっさい、被治者の存在がより永続的な諸要素がその中で役割を果している文脈によって方向づけられるとしても、これらの要素は、それらなりにいくぶんかは、被治者の活動の諸特性によって可能となるのである[46]。この見方の下で、彼らの活動は原理的に保守的ではなく、時宜の働きに応じて、政治的現実の変革に参与することもあるのである。ここから、もう一度言えば、社会のメンバーの同意に低い地位しか与えないのは正しくないということが明らかとなる。

構造的アプローチの第四の、そして究極的な問題性は、責任の問題と関わる。責任を負うことは同意と相伴う。じっさい、決定と行動とに責任をとることは、同意の本質である自由の行使を前提とする。この点に関して、構造的観点からする政治生活の研究は三つの問題にぶつかる。

第一に、社会的歴史的諸構造は決定的な仕方で政治生活に影響すると考えることは、解明すると称している対象を十分理解していない説明に依拠することではなかろうか？　構造との関連における政治生活の分析が個人的責任の観念を過小評価する、それどころか、無にしてしまう傾向をもつ時にも、治者と被治者との関係の日常的な展開は、この観念の役割を強調することを止めない。両者の関係の展開の中で、治者と被治者とが自らの選択および行動に個人的に責任を負うという考え方は、確かに多様な形態と程度においてであるが、働いている。したがって、社会的歴史的諸構造だけによる政治的現実の認知様式と、この現実が形成される仕方との間にはある不適合性が存在する。

第二に、政治発展の構造的研究は、責任観念の包括的であるがゆえに危険な捉え方を免れない。社会的歴史的諸構造が社会発展の唯一の原因をなすとすれば、本質的な点で完成され、研究を導く発見的諸道具を実体化し、それゆえ、それらの道具を教条的命題に変えて、現実を全面的に説明するという僭称を掲げたある種の学問が眼前に現れることになるのである[47]。二十世紀の歴史は、このようなやり方がいかに現実のうちに持ち込まれたかを示している。責任の観念が、同時に善であり必然であるとして提示された成果を担う歴史の目的の作用として実行された出来事の評価に従属させられる時、望ましくかつ不可避的と判断された目的の名において犯され、その当事者たちはこの目的と一体化しているがゆえに、結果に対して責任を問われない大規模な暴虐にも、広い門戸が開かれることになるのである。

被治者も個人的に、彼ら自身による選択と行動の能力を認められている活動領域においてはとくに、責任をもつ存在であるという原理が完全に捨てられているわけではないが、全体主義的社会は被治者に許容される自律的諸分野が稀少であるという特質をもつ。歴史の意味の見方に基礎をもつこのタイプの非人格的責任が影響力を増すことによって、被治者は治者の権力の前で極端に脱力化された状態におかれる。

第三に、社会的歴史的諸構造が政治生活の進行に決定的な影響をもつ唯一の要素であるという考え方は、責任解除のメカニズムと運命論的態度とを助長する恐れがある。構造的諸原因の重みは過去および将来の不作為をともに正当化することになるので、行動の準則は醒め切った日和見主義の気風に帰着する。この運命論的リスクは状況の反転を露わに示す。すなわち、社会的歴史的諸構造を通じての政治への、本質的にマルクス主義に従順なアプローチの当初の意図は、被治者の解放に役立つ道具を鍛えるという願望に応ずるものであったのに[48]、同じレヴェルで、現状受容を補強する要因となるのである[49]。

b　エリート理論と同意の擁護

政治現象への構造的アプローチと並行して、被治者は政治生活の展開に関与しないとする別のタイプの議論が存在する。それは、エリート理論と関わり、職業的政治家に関してすでになした考察と結びつく。この考え方は、統治過程とは少数者の多数者に対する支配に帰着するものであるから、被治者は政治的な決定や行動にどんな役割も果さないとする立場をとる。この命題には曖昧さがない。すなわち、小集団が権力を握り、それを一方的に行使するということは、事実であり、違った風に進むような社会的政治的構造を想定することは不可能なのである。ガエターノ・モスカは社会学的アプローチからするエリート理論の最初の代表者であるとされるが、彼がエリート現象の持続性を第一の所与として考察したのは、上述のような観点においてなのである。多数者の犠牲において統治する少数者の存在はこうしてきわめて普遍的な特徴とみなされるようになり、モスカの数年後に、ロベルト・ミヒェルスはそこに制度の機能の規則を認め、寡頭制の鉄則と名づけた(50)。このような考え方はそれでも、社会がその勝利において不動のエリートと従属を運命づけられている大衆との永遠の対立状態に固定化しているということを意味しはしない。反対に、指導者のサークルを構成する個々人には絶えざる更新がある。ヴィルフレード・パレートが示したのはこのことであって、彼にとって、人間社会の歴史はアリストクラシーの墓場である。一つのエリート階級から次のエリート階級へ不断の交替運動が存在するのである(51)。この過程はしかし権力の性質を少しも変容させない。永久に、ある限られた集団が統治している。被治者は主人を変えるだけである。

それゆえ、若干の人間による全員の統治は、決定と行動との場の排除にはっきりと基礎をもつ政治体制に限られるわけでなく、政治活動の本質に特有の要素であると考えられる。変わるのはただ、支配階級の構成と、そのメンバーが権力を握り、行使する方式だけである。この変化はさまざまな政治のシステムや体制に固有の態様と結びついているので、エリート現象の間違いのない性格を描き出すには、少数者による統治の形状がどのように個々の状況に対応しているかを考察するだけで十分である。政治的関係についてのこの理論は、他の体制に対してと同様、民主主義的な体制についても十分適用できる。

治者は被治者の同意を自らのために利用できるという事実に疑いをもたないとしても、それでも、政治的実践の全体をこの行動様式と絶対的に同一化することはできないと強調することが必要である。そのような混同は治者と被治者のそれぞれの役割を正しく捉えていない。

このことを納得するためには、エリートにとって、集団のメンバーの観点を無視することは、多少とも長い期間をとれば、かなり不安定であることが明らかになる統治方法を選んでいることになると指摘するだけで十分であろう。じっさい、治者が安定的で確実な状況を利用できるのは、彼らがその活動の指導と調整とを引き受けている社会に彼らの深い拠り所を根づかせている場合だけなのである。彼らが彼らの選択と活動とによって社会的政治的秩序を形づくることに寄与するとすれば、彼らが自由になすやり方は、堅固でもあれば、形骸化することもある権威を表現する。ところで、権力行使のためにもっとも有利な条件を享受するには、治者は被治者の同意を必要とすると思われる。この同意は黙示的であるだけでなく、現実的な支持に対応していることが望ましい。これは、エリートと、彼らの動かしている制度とが被治者の期待に応えていることを前提とする。そうでなければ、最後は危機となる。

確かに、求められる支持は体制によって異なり、被治者の同意に従う必要は、ある種の社会的政治的形態においては、治者の自由にする権力が強大である限りそれほど不可欠ではない。それでも治者は、集団の頂点におけるその地位の持続性と正当性とを確保するためには、それなしにすますことはできないという事実は残る。それゆえ、被治者の同意に有力な働きを与える、被治者による治者のコントロールのメカニズムは存在する。エリートが大抵の場合重要な役割を果すという事実を過小評価することはなくとも、政治を定義上彼らの利益にしか奉仕しない活動に帰着させることは、偏った研究であると言える。

同意の資格

被治者の同意は現実においてそれに帰せられる資格を示さないとする議論は、別の仕方で、正当性の理論の構成に寄与する同意の能力を疑問に付すことである。同意行為の資格に対する異論は、その際、同意を体制が享受する支持、そして、それに伴う安定性と同一視し、この二要素がそれにも関わらず正当性状況を生みだすものでないと指摘するところに存する。被治者がその中で生活している社会的政治的秩序に対してなす支持を軽く見て、この批判はさまざまな議論を展開するが、その第一のものとして合意〔コンセンサス〕の概念の利用がある。

a　同意の資格の問題性

同意、合意、無規制〔アノミー〕　共同社会は決して全面的に合意の上に成り立つことはないという考え方から出発して、ここで用いられるアプローチは、個々人間の地位の相異が権力との関係でさまざまな態度を生みだすこと、そして、統治の権利の評価は各人の占める地位によって異なることを強調する。この見方に立つと、ある人物が体制の特権者のうちに数えられるならば、体制の組織は十分彼にとって正当と思われるものとなるであろう。逆に、相手にされない人々はたぶんそのようには考えないことであろう。

さらに、前日に政府の非正当性を告発した人々が、この政府が政策を変え、彼らの要求に好意的に対応するならば、共同社会の他のメンバーの運命がどうであろうと、翌日にはその熱心な支持者となるということも不可能ではない。

これは、同意というものが、公正な判断であるどころか、この議論に従えば、状況の発展と個人の進路とによって多様に変わる、欲求の個人的満足度を示すにすぎないことを意味する。同意をもっぱら利己主義的な、すなわち、傾向として無規制的な概念にしてしまうことによって、この命題は正当性の可能性そのものを疑問視することになる。正当性は実際いかにして、その存立条件の一つである同意行為がたがいに対峙する個別的利益の勝利だけを表現するものであるとすれば、治者と被治者との間の、そして、被治者同士の間の全体的な相互関係の形成のために働くことができるであろうか？

この第一の議論には、被治者は同意する行為と反対する行為について完全に自由に審議し選択する能力をもつということに異論を提起する一群の批判を付け加えることができる。

同意、慎重さ、文化的疎外　それらの反論は二つのカテゴリーに分けることができる。一つは服従に、他は文化的疎外に関わる。

第一の議論は、個々人が政府に対してなす支持はただ単に慎重さに属するという考え方を弁護するところに存する。この観点では、ある個人が、沈黙を守りながら、また時には声高に支持を表明しながら、指導者たちの決定や行動を支持するのは、本当に彼らの利益に沿ったことであるとは言えない。反対に、重要なのは彼自身の直接的利益である、と考えることも可能である。この考え方に従えば、国家の権力とそれが被治者たちのうちに呼び起す恐怖とが、自由に形づくられた賛同という言葉で定義し得る同意とは何ら関係のない態度を彼らにとらせているのである。被治者にとって、法律に適って行動し、治者の命令に服従することは、彼らの安全の条件を守ることである。直接的間接的制裁の脅威の下に引き出されて、被治者によって体制に寄せられる支持は、それゆえ、積極的なものでも、真摯なものでもない。それは慎重さのレヴェルに属する(31)。

個々人の支持が服従であるにすぎないことは、有利な機会、とくに彼らに対して行使される圧力が緩む時が来れば、十分明らかになる。

国家権力が社会生活の全体を覆うようになればなるほど、この批判がますます根拠を強くすることは明らかである。この点で、まずは非民主主義的な、何よりも全体主義的な政治形態を対象としてはいるが、この批判は民主主義体制をも見逃してはいない。後者も、行動のかなり重要な幅を被治者に委ねながらも、威嚇の方法を働かせることを捨ててはいない。こうして、ここでも法律の尊重は、より権威主義的な政治体制におけると同じ名目で、深い確信からではなく、抑圧的手段を避ける配慮から呼び起されることがありうる。そのうえ、国家の重圧、すなわち、その官僚制的アンテナの重要性と、それらの介入領域の多様性とは民主主義的体制において公権力に対する個々人の従属を生みだすことがありうる。この従属は、忠誠の態度を強要する庇護主義的体制と相似たものである。

第二のカテゴリーの反論は文化的疎外に関わる。集団のメンバーは限定された仕方でしか自分たちの生きている世界を評価する能力を発揮し得ないと主張しながら、これは二つの批判を展開する。一つはイデオロギーに基礎をもつものであり、他は現実の自己完結的説明と名づけうるものを告発する。

同意をイデオロギー的社会観の問題としておく命題はわれわれによく知られている。マルクス主義的分析の分野として、それは、同意行為をブルジョアジーの支配とその政治的表現たる代表制民主主義との発現に帰着させる。それは二つの要素から成る。第一に、それは、同意を、自由意思の表現あるいは個人の意志の自律性の表現であるどころか、彼らが生きている疎外状態と不可分のものとして考察する。イデオロギーによる普遍化された愚鈍化の働きによって生みだされた虚偽意識の余りものにしかすぎないので、同意は信頼し得る政治的概念と認められないというわけである。

とは言え、被治者は共同社会全体にとって望ましいことを多少の程度はあっても知らないものだ、と考えているのはマルクス主義者だけではない。この議論はとくに保守主義者によって、何度も繰り返し、きわめてさまざまな形において用いられてきた。こうして、十九世紀を通じて、民主化過程に対する反対派は、民衆の大多数、何よりも労働者は有効な政治的見解を表明できるだけ十分な知的道徳的能力をもたないとする考え方を擁護していた(53)。この見解がマルクス主義者と保守主義者のいずれの側から出るにせよ、また、両者のアプローチの根本的な違いにも関わらず、その効果は同じである。すなわち、個々人は、悪しき本能の支配下にあるのであれ、ブルジョア階級によって操作された世界観に捉えられているのであれ、疎外された状態にある。虚偽意識はよって彼らは、彼らが同意を与えるものと想定されている状況についての正しい評価をもつことを妨げられているのである。

イデオロギーの名による同意の信用失墜の第二の要素は、代表制民主主義の政治的実際に結びつけられる。それは、選挙の枠組みの中で個々人によってもたらされる支持を、ブルジョア的民主主義体制が着実に推進しようとしているイデオロギーにもっぱら対応した形式的常套的参加の表現として描き出す。この条件の下で、同意行為は誠実さと関わる何ものをも意味していない。資本主義国家は、選挙制度に依拠しながら、個々人が制定された政治的ルールを、その妥当性について問うことなく受け入れ、順守することを求める。同意の中心問題は所有者階級の支配の関数として常にあらかじめ確立されているので、重要なのはただ、被治者の受動的支持、すなわち、議論に対して体制が課する制限への従順さを獲得することであるにすぎない。こうして選挙は、被治者がその劣位性を永続化させるような選択に賛同することに役立っているにすぎない。ブルジョアジーは、多数派による抽象的な法律を導入して、自らの特権を危険にさらすようなことは決してない。選挙のメカニズムと同意行為は十分にブルジョア的資本主義のさまざまな正当化形態とその受容の創出とに加わっているのである。

同意を文化的疎外に帰着させるもう一つの批判は政治生活の自己完結的説明に関わる。それは、体制に与えられる支持が他の選択肢をもたない集団的規範を基に確立されている時、同意の資格は何によって成り立っているかを問うところに存する。ある仕方で、同意行為をイデオロギーと同一視することに近い――というのはイデオロギーは同様に現実の限定された一方向的な評価と関わっているから――が、それでもこの批判はそれとは区別される。意見と行動との一定の多元主義を許容するブルジョア的民主主義体制に反対して、この批判はじっさい、多様性を排除する体系的な文化的強制を描き出す。多様性は必然的に無規制的なものと判断される。この点で、集団の組織の自己完結的説明は、本質的な仕方で、差異が許容されない全体への個々人の帰属を称える閉じた全体性として体験される集団の有機体論的概念と結びついている。

法律が絶対的な服従を求めるこの状況は、原始的社会を[54]、それどころか伝統的社会をも特徴づけている。それはまた、明らかにいくつかの特殊性を留保した上でのことであるが、任意的に自らを他の国民社会から切り離し、現実への有機体論的教条的アプローチを発展させている体制、全体主義的体制に関係がある。問題は、この観点において、治者に与えられる支持をどのように見るかということである。それはもっぱら個々人の良心と行動との自立性の動員あるいは隷属化の産物であるのか？

同意と民主的統治　これらの設問の延長線上に同意への究極的批判が現れる。すなわち、同意行為は弁護可能であり、被治者の疎外されていない参与を形成しているという仮説において、この行為は、他の政治形態とは反対に、明白に個々人の選択に基礎をもち、彼らに運動と思想との自由を提供している民主主義的政府だけに限定されてはいないか？[55]　こうして、同意が正当性理論の条件の一つであるとしても、それは民主主義の枠組みの中だけで有効なカテゴリーであると議論を進めるべきでないのか？　どんな場合に、他の政治体制をも統治の権利の観点から研究する可能性は非難されずにすむのか？

b　同意の資格の弁護

同意の資格を否定する議論は、社会的歴史的諸構造およびエリート理論と関連する反論と同様まったく脆弱である。

同意は原理上無規制のものではない　被治者の同意の真正さを、それは彼らの利己主義の表現であるにすぎないという口実によって斥ける反論は二つの考察を呼び起す。第一に、被治者の同意を、共同社会のメンバーに対しエリートが提供する責任を有する物質的および象徴的利益の観点から、これらエリートおよび政治制度の役割を評価する過程以外のものであると想定することは困難である。被治者の同意行為を、それが支持との交換における彼らの利益獲得意欲と不可分であるがゆえに利己主義的であると判断することは、ほとんど説得力のない見方である。利益でなければ、どんな要素の上に被治者の同意は基礎づけられることができるであろうか？　同意とは、自律性の一部を放棄して、それを治者に委ねることである。この放棄が意味をもつのは、それが被治者の利益となり、治者に実現の責任がある代償をもつ時だけである。治者が被治者の支持から利益を得るのは、治者に期待される奉仕、および彼らがそれを果す能力の如何による。したがって、被治者が同意行為において自分たちの個人的満足の水準を考慮に入れるのは当然のことである。誤りは、各人の利害計算のうちに、統治の権利に必要な諸要素の一つであることを認めないような、同意の疑わしい資質の標識を見るところに存する。

他方で、被治者の同意が彼らに分与される利益の評価と不可分であるという事実は、この評価が被治者をたがいに分離させ、定義上、他者の運命の全面的考慮と独立になされるということを意味しはしない。社会的現実は彼ら自身の生活条件が有利になる時全面的に満足のいくものとなる、と考える個々人の傾向を無視することは問題ではない。重要なのは、同意をもたらす治者と政治制度との有効性についての評価のメカニズムは被治者の個別的状況の分析だけに基いているわけでないと認めることである。

じっさい、同意行為の行使は集団の他のメンバーに対する一定の配慮に基いている。この配慮は共同社会の、相互関係の経験の標識であり、この関係の枠組みの中でこそ、被治者は集団全体の中で権利義務の関係において交換を確保する権力を治者に委ねることを受け入れているのである。この態度は純粋な寛大さではない。各人の利益の保持には、他者に向けられた運命も根本的に無視されないということが必要なのである。他者の生活条件の考慮が被治者たちを結びつけている従属関係と比例的であるということに加えて、利益の享受は、静穏のうちに進行していくためには、それらの利益が全員によって尊重されていることを要件とする。このことは、私的利益についても、またより明白な形で公的利益についても当てはまる。じっさい、公的利益は、社会に結集している個々人の間に分有され、また分有可能である限りにおいてのみ存立する。こうして、集団的安全は、各個人の安全がしっかりと保障されていないと確保されない。公共善は各人の安楽さなしには無である。換言すれば、共生の可能性は同意を通じて現れる。そして、同意が表明する共同社会的次元は、無に帰せしめられてはならない。もしそうなれば、集団への帰属感情は解消し、同意の観念自体が意味を失う。

このことは、同意は、厳密に利己主義的な評価に傾斜すればするほど、ますます集団の組織と、同意の源泉である協調精神とに逆行することになるという意味をもつ。要するに、この傾向は社会的政治的紐帯の分断に通ずるのである。

結論として、同意行為が有効であると認めうるために、全員一致は危険なユートピア主義の性質をもつことが明らかであるだけに、合意は普遍的であれと求めることは必要でない。同意行為は集団のレヴェルを、絶対化することなく統合するだけでよいのである。

個々人は審議し同意する能力をもつ　ここでは五つの考察をしておこう。

まず第一に、慎重さは利己主義と同様、同意のもつ資格を失わせない。政治的暴力の存在を否定しないにしても、被治者の服従を原理上従順さに還元することはできない。個々人の慎重さは、彼らの同意がもっぱら彼らの恐怖に由来するということを派生命題としてもつわけではない。

次に、被治者は、知的能力をもっていないから、政治生活のさまざまな側面を明確な仕方で解釈できないという議論に対しては、多様な形態の家父長主義的保守主義の最悪の時代を例示する命題に多くの信頼を寄せることは今日不可能であると答えることにしよう。

さらに、同意はイデオロギー的な側面に影響されると主張する命題に含まれるある程度の真理性に反論しないとしても、同意を政治的現実の誤った見方と体系的に同一視することは避けなければならない。じっさい、そのような同一視は批判的アプローチを、被治者の経験と信念とに対する根源的な不信に基礎をもつ教条的判断にしてしまうことになる(56)。この教条的判断は、必然的に論争的であるだけにいっそう問題的である、というのは、イデオロギーとは常に別のものであるのだから(57)。イデオロギー的分析が伝える生きられた世界と距離をおくというテーマを放棄しないにしても、これを、被治者の意見を彼らの疎外の表現に還元するあまりにきっぱりと善悪二分論的な図式にしてしまうことは避けなければならない。もっぱらこの観点に身をおくことは、最終的に、被治者が理想的状態との関連以外に真の生活をもつことを否認することである。ある論者たちがイデオロギー概念の本質的に軽蔑的な捉え方から一線を画そうと考えたのは、おそらくこの困難を避けるためである(58)。彼らはその際、この概念の批判的機能をただ、個々人ないし集団の客観的状況と結合し(59)、行動と思考との様式を意味空間に刻み込みつつ統合の役割を担う(60)全体的表象体系の諸側面の一つとしてだけ捉えて、それに取り組もうとするのである。

そのうえ、同意行為を、政治的世界の機能のイデオロギー的見方に限定しながら批判することは、自己矛盾的命題を支持することではないだろうか？　というのは、この命題は、それを言明する者が、少なくとも暗示的に、イデオロギーの領域は全体を覆うものではないと認めていることを想定しているからである。彼には何よりも、イデオロギーが彼自身、彼の言説、彼の行動には適用されないということを認めることが必要である(61)……

最後に、原始的であれ、伝統的であれ、現代的であれ、自己完結的社会のメンバーたる被治者が彼らの環境を評価するためにどんな距離感をも発揮しないという事実は、原理上、ここでもまた、同意行為の資格に影響しない。

原始的な、また伝統的な社会を問題としつつ、それを構成する個々人に提供される選択肢のほとんどないことを考慮に入れて、彼らの態度は同意の地位をもつだけの真正の支持でない、とどうして考えるのか？　選択の範囲と内容とは常に所与の共同社会のアイデンティティと関連している時に、被治者の意見は、彼らの判断能力が彼らの属している集団の組織に固有の条件の反響であるにすぎないということを理由に価値のないものだ、とどうして主張するのか？　同意行為は現実の評価メカニズムであり、この現実の働きはこのメカニズムとその評価対象である場との同質性の関係を前提としている。これらの社会の閉鎖性は、そこに生ずる同意のメカニズムを政治関係が理論上基礎をおくことのできる支持として描き出す可能性を排除するものではない、と原理上十分認めなければならない。これに反する命題を擁護し、ピエール・ビルンボームが論じているように(62)、社会規範の全体主義的暴力と同一視することは、さまざまな批判にさらされることになる。というのはこの命題は、定義上原始社会や伝統社会のメンバーが認識していない外的観点を前提しつつ犯している方法論的誤謬を別にして、それらの社会のメンバーが審議と討論との空間を整えていることを忘れているのである(63)。

　組織的宣伝や競合する他の国民文化との関係の切断という手段を通じて、共同社会的経験の有機体論的にして全体主義的な見方の上に構築された現代的な社会的政治的組織における同意の問題は、それに関して、二つの議論を呼び起す。一方で、その端緒において、それどころか長い期間を通じても、全体主義的体制が実際の民衆的支持を確保し得ていることを見失わないことが必要である(64)。こうして、それらの体制がその存立のいくつかの時点において得ている支持を非疎外的な支持と同一視するところまでは進まないとしても、原理上まったく無視してしまうことは難しい。他方で、全体主義的体制において問題となるのは、同意の資格でもなければ、その行使それ自体でもない。じっさい、指導者たちが被治者から受ける支持に大きな重要性を与えているとは言っても(65)、これらの体制は、法の論理ではない論理のうちに自らを刻み込んでいる。被治者は、政治制度やこれの責任を担う人間に支持を寄せたり、拒否したりすることを真に容認されているわけではない。このような行為の領域への立ち入りは彼らに禁じられている。反対に彼らに求められているのは、神秘的結合とおおいに類似した一体化である[66]。指導者に反対する者は排除されるべき敵である。この点で、教馴と抑圧とが融合とテロルという戦争力学の二つの顔である。この力学は同意と法の尊重とに場所を与えるものでない。

同意と政治体制　同意のうちに民主主義に限られた現象しか見ない議論もまたいくつかの反論に出くわす。同意の働きが厳密にそれに限られるのは、同意行為が民主主義的体制の中で中心的役割を果し、そのようなものとして制度化されているからではない。同意は、社会の中で被治者の裁量のうちにおかれた資源を基礎に行使される。同意の存在と機能とが解明されるには、治者と被治者の両者による権利・義務の相互承認に基礎をおいた相互関係の成り立っていることが必要である。同意行為が社会的政治的形態に応じて、すなわちまた、民主主義的政府のさまざまな形態に応じてとる多様な形態を越えて、同意は、個々人間の行為交換を通じて集団的経験を表明する共同社会の基礎にある。要するに、同意は民主主義だけに結びついているわけではない。それは歴史的な局面において実現される[67]。ところで、これに納得することは、一般的に同意を民主主義に限られた現象であるとする考え方に伴っている個人概念の無理解と一線を画することである。この無理解は、フェルディナント・テンニエスによって作り上げられた共同社会と利益社会との両概念の区別[68]のおおいに誇張された結果であると言える。それゆえ、行為者間の相互依存の程度と、社会的政治的統制の厳格さの程度とが集団の形態によって変わるとしても、このことは、テンニエスが示したように、個人は利益社会のうちにだけ存在して、共同社会には不在であるということを意味しはしないことをはっきりとさせることが必要である[69]。個々人の差異は近代社会において顕著であるけれども、前近代社会のメンバーも、彼らなりの仕方で、たがいに十分異なっているのである[70]。

被治者の同意が統治の権利の構成要素をなすということに反対する諸批判に対して示し得る回答は以上のとおり

である。そして、同意の概念に全体として反論することが不可能であると示された範囲において、最後に、回避し得ない問題は政治的主体に関わる。

3　政治的正当性と道徳

正当性の観点からする政治的諸関係の検討は道徳の観点からも同様に批判される。この点で三つの議論が統治の権利との関係における諸々の行動および制度の研究の信用を失わせようとしている。この否認は現実主義の名の下に導かれている。

正当性対現実主義

ここで、統治の権利の資格否定は、まず正当性と政治的事象への道徳的アプローチとの一体化に、次いで道徳の角度からする政治生活の評価基準の決定がもたらす問題性に基礎をおく。最後にそれは、治者と被治者との関係の道徳的分析として捉えられた正当性によって提起される方法論的問題と結びついた面をもつ。

第一章では次のことが論証された。すなわち、治者の決定と行動の法律との合致は、正当的状況について語りうる必要条件であるけれども、十分条件ではないということ。政治的人間の実践を定式化する規則が社会の成員の同意し、遵守する基本的原理に対応していることも同様に重要である。それは、統治の権利が規範的次元と不可分であることを意味する。この権利は、決定権者が共同社会にそのアイデンティティと意味領域とを与える諸価値と諸制約とを考慮に入れることを前提としている。

現実主義に依拠する概念が反論しようとするのは、政治的事柄の処理と基本的原理との間にあるまさにこの結びつきである。こういう見方の中で、この概念は二重の同化を行なう。すなわち、正当性の規範的性格と社会のアイデンティティとの間の関係を無視しながら、それは、統治の権利の指示的側面を政治的現実の道徳化的評価として説明する。さらに、それは、道徳的命令と治者の活動との根源的な分離という命題を主張する。道徳は、政治的現実であるものでなく、そうであるべきものを示す格率と同一視され、存在と当為との間にはどんな連続性も樹立されないので、そのため、治者の権力の具体的様態についてわれわれに何も教えるものとならない。その結果、正当性が道徳との関連で被治者に対し治者がもつ役割を判断するところに存し、他方、道徳は現実の政治の場と何の関係もないとすれば、統治の権利の問題は袋小路にぶつかることになる。すなわち、政治についての正当性の議論と、政治が現実にそうである姿との間に存在する溝を考慮に入れると、政治的事象の展開に対する規範の影響と、治者の現実的実践との間には可能な相互理解の場が存在しないことになるのである。政治は道徳の関心とはかけ離れたそれ固有の関心をもっているから、正当性はその際もはや、権力の現実に対応しない行動指針を外から強制する試みにしかすぎなくなる。現実の政治生活とは疎遠な統治の権利は、それゆえ、政治生活を分析し、理解する役には立たない。

道徳と政治のこの分離は、古典的政治哲学の崩壊の反映であるが、治者の活動と道徳的振舞いとの間の存在論的分裂の定着に通ずる。古代人、とくにアリストテレスにおいては、国は、本性上不完全であり、共同社会に属することなしには十全に自己を実現できない個々人、人間に先立つものであるから(71)、共通善の実現が政治の本質であり、それゆえ、目的である。彼は、全体と部分との間の調和的な相互依存を保証する国の内的な組織の類型を描き出した(72)。

これと反対に、近代人の現実主義は、政治の意味は権力の争いのうちにあると主張する。政治はそれゆえ、道徳との関係における治者の自律性によって表現される。現実主義は、政治にその特質を与えるのは、公共善との関係で治者の決定と行動とを方向づける、すなわち、集団構造のレヴェルに確立された相互性の制度化を目指す目的論でなく、個々人が他者に対する優位を競う枠組みを政治が形成しているという事実である、と考える。政治は、共同社会的レヴェルの和解の探求であるよりはむしろ、競争関係に帰着する戦闘的な企てである。同一集団の内部で、あるいは対外的には国家間で(73)、政治とは対決である。

この点で、道徳と同一視された正当性が、統治の権利の力学に刻み込まれ、集団統合の手段としての役割を果すどころか、当然のこととして、外から付加された要素に止まり、政治的事象の指導のための理想主義的概念の意味合いをもつことは明らかである。それは政治を平和化する試みではあるが、この試みは現実の野蛮状態には対応していない。

こういう見方において、正当性観念は、最善に見ても、治者と被治者の関係と関わりをもたず、最悪の場合には、権力獲得のための正当化戦略の枠組みの中で利用されることになる。そして、道徳的態度と治者の行動との明確な区別に基礎をおく統治の権利の批判は、政治的諸関係の法的定式化に反対して形づくられる反論と結びつく。

また、この思想傾向が法と道徳とを同時に攻撃するのが見られるのも、少なくともこれら二つの領域が同じ一つのメカニズムの二つの側面であり、このメカニズムは個々人を結びつける権利と義務とのネットワークの形成を目指し、そのメカニズムの全員による承認が共同社会の道具とも表現ともなるということを認めるならば、驚くべきことではない。ところで、人々がたがいに調和させようと欲しない、あるいはそれら自体両立不可能な利害関心によって分裂している時、法と道徳とによって実現される妥協のための余地はどこにも存在しない。二つはともに欺瞞的で、幻想的であると判断されているので、相互交換の組織としてのそれらの現実性は無に帰せしめられる。共同社会的関係の欠如した状態で、政治は容赦なき闘いに限定される。それゆえ、冷笑的であること、最悪を避けるために常にそれを考慮に入れ、それにふさわしく他者に対して振る舞うことが現実的なのである(74)。

自分の競争相手の人間に信をおくことはできないと前提する必要に迫られて、人は運命の逆転を避けるためには自分しか当てにするべきでない。競争相手の人間が法と道徳との端的な効果としてわれわれに与えられている部分を認めてくれるだろうと期待するよりはむしろ、われわれは彼らの侵食的行動を見越して、彼らによってもたらされる不確実性や不安定性を縮減できるだけの技術を発展させておくべきである。

換言すれば、滅びたくなければまず相手を殺さなければならないということである。そして、道徳と法は、他者との関係において原理上得られるものは何もないのであるから、政治的現実とまったく関係がないのである。個々人間に相互性は存在しないし、それゆえ、道徳的意味でも法的意味でも正当な所有という地位は保証されていない。肝要なのは最強者であることであり、それがすべてである。政治的諸関係は、生活活動一般と同様に、戦利品から作り出されるだけである。その結果として、道徳および法の観点からする治者と被治者の関係へのアプローチは、現実と合致しないばかりでなく、最終的には弱者の武器ともなる。公共善に訴えながら、それは挫折の状況を認めることである。政治的現実主義の論理的帰結は、正当性との関連における治者と被治者の関係の評価が最後の拠り所、敗者の政治観にしかすぎないということである。道徳と同一化された統治の権利を基にして政治生活の研究への信頼を失わせることを目指すこの第一のタイプの議論に加えて、第二の議論は次のように提起される。すなわち、政治と道徳との間の紐帯の存在、およびこの後者の政治的事象への介入を受け入れるという前提において、正当性の観点からする治者と被治者との関係の検討はきわめて問題的なものとなるということ。実際のところ、道徳と同一化された統治の権利が政治においてある役割を果すとすれば、治者の決定と行動とを評価する基準が確定できなければならない。だが、大きな困難がここに現れる。基準の選択は何を考慮してなされるか、またそれらの基準はどこの見出されるのか？　この点で、提起された反論はともに実行不可能な二つの途を示している。

両者ともに、近代世界に固有の歴史主義的で、非目的論的な志向の範疇に属している(75)。両者はそれゆえ、自然と歴史の二律背反を背景にもっている。第一の途は、普遍的原理に基礎をおく確かな評価基準を求める。この観点において重要なのは、治者の決定と行動とを自然法の立場から、あるいはもしお好みなら、人間性の観念を基にして評価することである。自然法の表現である基準は、道徳の観点から受け入れられ得る全政治の基礎として提示されて、治者の行動を評価し、承認し、あるいは否認することができる。このアプローチは全員の賛同を受けるにはほど遠い。人はこれに何よりも歴史の名において反論し(76)、普遍的原理は現実の歴史的次元と合致しないと述べることになる。この批判は二つの立場を含む。第一は、自然法が人間理性にとって到達可能であり、万人によって承認されると自称する時、歴史はわれわれにそれはそうではない、と主張する立場である。法と正義の捉え方には相当な多様性が現実に存在する。それゆえ、自然法を体現する諸価値によって要求される普遍性と、政治生活の歴史的性格とを調和させることは可能でない。換言すれば、自称普遍的な諸基準と歴史との間に適合関係は存在しない。正義の不変の原理の欠如のゆえに、自然法の存立は不可能である。この欠如のため、政治の道徳的評価を永遠的価値の上に基礎づけようとする試みは無効となる。批判の第二の立場はこの議論から直接に導き出される。それは次のように定式化できる。それらの基準は、究極的に特定の文化の表現であって、その観点を他の社会に強要することを目指すものと見られるだけに、いっそう信頼度が低いということ。歴史的政治的現実から引き出された見方の表現として、それらの基準はこの現実の説明手続きを、ある時期そして特殊な関心に由来する諸原理に限定してしまっている。すなわち、道徳的分析として捉えられた正当性の角度からする政治研究の観念を擁護しようと望むならば、普遍的基準に訴えることを断念する方がよいのである。そのような基準は幻想である。

もう一つの途は、普遍的原理の途と同様に採用することが困難であると思われるものであるが、それとまったく反対の方向をとる。絶対的評価の諸要素を放棄し、現実を歴史的原理を基にしてしか説明しないと決心することで、人は一方において、すなわち、状況適合的な判断基準によって得るものを他方において失ってしまうように思われる。内在的評価の諸要素を選びながら、それらを用いる個人は判定者であるとともに当事者となる。彼には、自分の文化にも他の文化にも真に批判的な説明を与えることが不可能である。そのうえ、歴史に出発点をおく政治状況の評価は修正を必要とするようになる物の見方を擁護することであるということを考慮に入れると、それ自体明日には変化するかもしれない特殊な文脈に依存する手段を確実なものとみなすことは困難であると思われる。内在的基準に依拠しながら世界と現実を超えた諸原理との間の不適合性の問題を回避しようと試みることは、それゆえ、政治への道徳的アプローチを歴史相対主義の限界にさらすことになる。こうして、正当性は政治の道徳的検討として何らかの仕方でその現実的機能と根本的に矛盾しないものであると語ることを受け入れるとしても、満足のいく引照基準を見出すことは不可能である。

政治生活を統治の権利の観点から評価するのに役立つ諸基準の決定に解決を与える試みに向けられた反論は究極的な批判を導き出す。

現実評価の信頼し得る基準を求める近代人の試みのうちに含まれる困難を解決する課題に直面して、社会科学は価値判断を持ち込むことを避けるという命題を発展させた。科学的実証主義を特徴づける中立性の理念が唯一の解決策であるように見えるのは、歴史を超えたところで捉えられた諸要素も、その内部で選択された諸要素も評価のための異論のない原理を提供するとは思われないからである。この観点において、社会的政治的現実の研究は、それを評価することも、それについて判断することも目的とはしない。重要なのはただ、客観的な仕方でそれを理解し、それを動かす法則を可能な限り確立することである。これは、社会科学の構想と、道徳と同一化された正当性の問題性との間に解決困難に思われる緊張をもたらす。統治の権利の主題はまさに政治生活への道徳的アプローチであるという前提においては、それは判断をもたらし、現実の原理との適合の程度を吟味することになる。だが、社会的政治的現象に適用される近代科学の方法はこのような評価のやり方とは逆の方向に進んでいる。というのは、それは現実の働きの記録だけを目的として、立場をとることを拒否しているからである。

正当性——政治への道徳的アプローチのために

正当性の道徳的次元に関わる批判に対する回答として、まず強調されるのは、道徳領域と政治領域とを根源的に分離し、そこから、正当性の命題は十分な仕方で社会の諸現象の説明を与えることはできないと結論づけることはそれらの現象の性質について間違いを犯すことになるという点である。政治活動を権力をめぐる闘争に還元する現実主義的アプローチは本質的要素を見落としている。すなわち、政治活動はもっぱら力関係だけでは規定されないという点である[77]。議論の余地なく、治者と被治者との間、エリート同士の間の関係が非常にしばしば闘争的側面をもち、個人的野心が第一義的役割を果すことを認めないのは無邪気さの証明であろう。体制の違いを越えて、しばしば得々として、また偽善的に、被治者に対して煽動、買収、軽蔑を恣にする指導者の振舞いから、冷笑的態度だけが政治生活の唯一のまともな理解の仕方であると考えるようになるのも、同様に的確なことであろう。それにも関わらず、こうした考察に止まり、治者と被治者の関係の働きを説明するにはこれで十分であると主張するのは、政治の場における規範的次元の役割を深刻に過小評価することである。統治の権利を評価するために引き出された道徳的理念は治者と被治者の関係の諸側面の一つである。このことを納得するためには、道徳はどの点で治者と被治者の関係に内在しているのか、それはどのようにこの関係に関わっているのかを示すことで十分である。このことを明らかにするために、四つの論点を考察することにしよう。

第一に、規範的次元が政治関係の現実的展開とどんな関係ももたないということが本当であるとすれば、当為の命令を考慮に入れることは不可能であろう[78]。じっさい、記述的側面と規定的側面との分離という考え方を採用すると、道徳命令の解明、すなわち、それを構成する格率と規則との起源、内容、適用可能性の説明は不可能となる。

道徳は現実一般、そして、特殊的には政治的現象の現実的機能と関係がないと主張する立場に信をおくことは、個人のレヴェルであれ、共同社会のレヴェルであれ、あるべきことを表明する諸価値がどこから来たかを理解するあらゆる素質を無に帰せしめる。換言すれば、価値論の領域を在るものから推論していくことは不可能であるから、道徳は浮動的な議論となってしまうのである。この条件の下では、いかにして道徳が個々人に対し身近で具体的な共感を与えうるかは見てとれない。

だが、倫理的要求――とくに、社会の直中で相互性の態度に訴えかける法律や規律――は、彼らに疎遠な原理ではない。集団のメンバーは、この集団によって制定された行動準則に完全に従うことは決してなく、もっとも楽観的な仮定においてさえ、それらを十全に反映しない行動をとることもあるけれども、それらに無関心ではない。こうして、彼らが有効な規範を侵害した時に強く感じることのある罪責感は、彼らをそれに結びつけているものの証明となる。個々人が容赦なき闘いでなく、共生と協力との形態をとる時、彼らの間の関係に諸価値が及ぼす影響を考慮に入れることは、同様に、政治的現実と道徳との間の紐帯の存在がない場合には想定できないような結果をもたらす企てとなるであろう[7]。また、個々人間の権利義務関係を定めているはずの格率が尊重されない時、そして、逸脱行為の当事者がその行為を誤りと認めない時、それは、確かな仕方で、それらの格率が表現するとともに擁護している社会の組織に彼らが一体化していない、あるいはもはやしなくなったことであるということに注意しよう。価値論的秩序に対する彼らの拒否は、集団的組織の諸機関が彼らの目からみれば信用失墜したことと並行して進むのである。

第二に、道徳は政治的事象の展開の表明であるだけにいっそう、それとは無縁でない、と議論を進めることができる。行動準則は、無から生ずるどころか、歴史的文脈と不可分である。この文脈の中では、経済的、社会的、文化的――と限定して挙げておくことにするが――な諸側面が権力の諸現象と結合して特定の社会類型を生みだしているのである。こうして、現代フランスの正当性の基準を構成しているいくつかの大原理――そのようなものとして政治家たちの実際行動を導いている――は、旧体制のそれとは同じでない。それらは今日のフランス国家およびそれが占めている地位と不可分である。同様に、われわれの指導者のやり方を教示している規範は、合衆国、それよりもっとはっきりと中国において通用しているそれとは重なり合わない。道徳命令と、それらの命令を内包し、それらによって指針を与えられている集団全体のアイデンティティとの間の連帯性は、それゆえ、これら二つのレヴェルを根源的に分離することが不可能であることを示している。

さらに、倫理的諸規則は、相互性の形態をとって展開する個々人間の諸関係の表現である点で、政治の発現形態の一つである。じっさい、それらの規則がそのような仕方で共同社会のダイナミクスのうちに刻み込まれ、関与していくのは、集団のメンバー間の行動の調整において、また、権利義務の観点からする彼らの諸関係の組織化において、政府が果す役割と結合した上でのことなのである。この見方において、他者を考慮のうちにおく道徳的配慮は、治者も彼らなりの立場で貢献している共同社会の経験の論理と合致している。

第三に、道徳的考慮は政治生活の機能とその歴史とに影響を与え、行為の諸体系の根拠を与える。こうして、治者が命令的地位の確立のために一貫して剥き出しの暴力に頼ることがなくなってからは、彼らの統治計画は倫理に準拠してなされるようになるはずである。この観点から、指導者たちは常に善を望んでいると主張する。権力のマキアヴェッリ的道具的利用さえそのように進む。善への訴えが刻み込まれている権力操作の企てはそれとしてあるとしても、それを越えて、それらの訴えかけは政治における価値の力の証となっている。じっさい、価値論的領域が治者と被治者の関係において適合性も重みもないとすれば、それを呼び起すどんな必要があるだろうか？　そのうえ、政治的な出来事に対する諸価値の影響は、表面的であるどころか、治者と被治者の関係の方向を決定的な仕方で変えることもできる。こうして、フランス大革命の時、あらゆる道徳的問題は重大な政治的争点となった。それらの問題は革命的意識にそれらなりの法則と論理とを教示し、有利な社会学的条件と一緒になって、目標に応じて自らを規定する判断と行動とを呼び起した(80)。

第四に、政治活動は、個々人の行動がその物質的な構成要素に還元されるのでなく、規範的水準を統合する意味づけの必要と不可分の領域を成している。じっさい、あらゆる人間的活動において、行為者は彼らの理念と行動とを、一般的に、またたがいに対立させて、意味の領域に刻み込む。これは、社会的政治的諸関係が、集団のメンバーの相互理解を可能とする諸々の符号を、表象体系の伝達と固定化とによって提供する意味のネットワークの枠組みの中で生みだされ、こうして自らにアイデンティティを与え、あるいはまた、自らの制度との関係を明示するからである。そして、この観点から、それらの関係は諸価値の領域から独立的ではない。それらはこの領域を前提していると強調する根拠さえある。じっさい、行為者の決定と行動との方向は、よい、わるい、あるいは、望ましい、望ましくないと判断されたものとの関係において決められる。これゆえに、政治は人間的現実の領域にあるものとして、ある種の倫理的配慮を内包する意味の世界のうちに場をもつという命題が成り立つのである。

たとえば、組織された社会が持続的に維持され、最低限の結合性を保っていくためには、個々人がこの社会の正当性を信じ、この観点から、社会的事実を厳密に個人的な戦略に優位するものとして評価していることが必要である。ところで、集団への帰属感が意味をもつためには、なおそのメンバーが、彼らの交換は全面的に満足のいく形で規制され、権利と義務とのダイナミクスを表現し、許容する均衡が存在している、と考えていなければならない。それゆえ、行為者間の関係は、道徳的側面と政治的側面とが分離しているのでなく、十分調和的な仕方で結びつけられるような相互性として感じられていることが求められる。

政治においては、社会的現象一般に関わることと同様に、事実のレヴェルと道徳のレヴェルとを絶対的に分離してしまうことはよくない。一方には治者と被治者の諸関係の展開に属する側面があり、他方に、それらの関係とどんな結びつきもなしに、倫理が存在するわけではない。現実はこれら二つの領域をさまざまな程度と形態において重ね合せている。両者は一緒になって、行為者が活動する環境を構成するのに役立っている。政治活動、とくに共同社会のメンバーの活動の調整と指導は、規範的次元に準拠することなしには成り立たないから、そこで、これの正確な叙述を本質的に権力闘争に限定してなすことが可能であると述べるのは誤りである。

そして、たとえ治者と被治者の関係があるべきことの限界を規定する原理の高みにまで必ずしも達していないとしても、だらと言って、価値の領域がその構成要素となっていないということにはならない。それゆえに、正当性の観点からする治者の被治者の関係の研究の有効性に対して、権利、同意、道徳と政治との紐帯の三点を攻撃しながら批判を向ける理論的反駁に応答した後に、今や、方法論的タイプの批判に目を移して、改めて、その限界と矛盾を示すことが可能となる。

二　政治学と正当性

1　正当性との関連における政治研究に対する方法論的反論

今日社会科学、とくに政治学に対し、その本質的諸特性と、統治の権利との関連における政治関係の分析のうちに含まれる諸要素とを与えているさまざまな側面の間には、方法論的レヴェルにおいて対立が存在する。これにはとくに三つの対立点を指摘することができる。第一は説明すべき対象の決定に関わる。第二は事実と価値との分離に関わる。第三は、政治的現実の研究の枠組みの中で生みだされた命題の検証と有効性の問題と結びついている。

正当性理論と政治的目標

正当性の問題によって提起された方法論的困難性は、社会科学を動かしている実証主義的信条と結びついている。この信条は、現実、現実全体、そして現実そのものを説明しようとする意欲に存し、社会的政治的現象の信頼し得る認識にまで到ることを目指す科学的方法への経験的志向を前提としている。この経験的志向は、ケースとフィールドの研究、すなわち、局在的対象に限定したアプローチを特権化する結果をもたらしている。これが、正当性の観点からする政治研究との対立の第一の点である。

特定的分析の領域を決定しようという願望は近代科学の動向に対応している。この願望は、現実について真なる命題を確立する条件を満たすことを目標としている。それは、知の広い領域においてであれ、所与の学問分野の内部においてであれ、研究の増大する専門化に見合っている。この過程は現象のますます繊細かつ複雑な理解への接近を可能にするものであり、この理解に対応して、科学的作業の専門化が増大してくる。これによって政治生活へのさまざまなアプローチが溢れ出ているのが認められる。どのアプローチも自らの有効性を主張し、しばしばたがいにきわめてかけ離れた技法と知識とを活用して、その結果、区別された専門に属する研究者たちは彼ら相互の諸関心の融合する諸要素、彼らにそれでも政治的対象の全体的統一性という命題を擁護させ得る諸要素を見出し難くさせているのである。

科学的方法にたえずいっそう影響を与えているこの分裂に直面して、正当性との関連における治者と被治者の関係の分析も危うい立場におかれている。実際のところ、ここでなされているような統治の権利についての考察は総体的な位置に自らをおいている。多様な分析類型を活用しつつ、正当性の問題化は、今日の政治分析を特徴づけている専門化と対抗して進められる。

正当性、事実、価値

統治の権利は政治的現実の評価と判断との過程と本質的な関係を保っている。正当性について議論することは、治者の決定と行動とを評価することである。この条件において、事実と価値との分離についての論議は統治の権利の問題の中心におかれる。

古代人の政治の捉え方は記述的であるとともに規範的であった。事実と価値、すなわち記述と評価との間の区別ということは彼らの思考領域にとって、全面的にではないが、おおいに疎遠であった。この観点からは、個々人が現実にいかにあるかを理解することは、同時に、彼らはいかにあるべきかを表明することを含んでいる。この教理の中心には、自然と社会とを支配する法則が出てくる本質についての理論が見出される。この伝統の中では、さまざまの自然的ないし社会的現象の間の関係を説明し得る法則と、道徳的ないし政治的法律とを区別する余地はほとんど、あるいはまったくない。

他のすべては近代人によって主張された命題である。事実と価値、科学と道徳的判断、したがって記述的意味での規則と規範的意味での規則との間の対立は、彼らの現実理解の試みの基礎を成す。自然科学の認識モデルの社会科学による採用に直接由来するこの区別から[81]、価値観念は説明の理想型にとって危険であるという結論が出される。この観点においては、認識するとは、価値が従うことを命ずる規範に捉われることなく事実に到達することである。

それどころか、認識とは価値を事実として扱うことである。近代の社会・政治理論のもっとも重要な代表者たち――モンテスキュー[82]、マルクス[83]、デュルケム[84]ら――の両義性の大部分は、彼らが、その思考を事実と価値のはっきりとした区別におきつつ、両者の間の紐帯の維持を完全には否定しなかったことから来ている。彼らは、たとえば、歴史の運動と政治的善とを明確には区別しなかった[85]。それでもこの対立の上に、彼らは彼らの分析方法の科学的野心をはっきりと基礎づけようとしているのである。

事実と価値のこの区別は、社会科学の論理においてきわめて重要な帰結を伴ったものとして、ウェーバーの著作の中心におかれている。彼とともに、存在と当為との分離はありうるもっとも明確な仕方で要求されていると言える。ウェーバーは、事実の価値への絶対的な還元不可能性は必然的に社会科学の価値中立性を伴うと主張した。社会科学は事実と因果性との問題には解答を与えうるが、価値問題には権限がないのである。

ウェーバーは価値の果す役割を強く主張した。彼は、社会科学の目的は諸価値間の関係によって規定され、この関係なしには、関心の焦点、テーマの合理的な選択、該当する事実とそうでない事実との間の弁別の原理は出てこないであろうと述べている[86]。しかしながら、彼は価値間の関係と価値判断の概念との間には根本的な違いがあると考える[87]。ある政策が政治的自由に影響することがありうると指摘しながら、たとえば社会学者は是非の立場は示さない。彼は、対象をその原因から切り離して説明することに満足すべきなのである。これは、社会理論が価値によって提起される深刻な諸問題を解決しないことを意味する。内的矛盾を含まない価値判断を批判することは彼の管轄には属さないのである。

ウェーバーが倫理的に中立な社会科学を選ぶ理由は、彼によれば、目的について間違いのない認識は存在しないからである。そのような知識が可能であるならば、それらの目的にふさわしい手段の探求に従事することで十分であろう。社会科学はこうして、政治の事柄についても有効な価値判断を表明する方向に導かれるであろう。しかし、人間理性によっては解決できないような紛争を生みだす諸要求を掲げる同レヴェルの価値体系の多様性を考慮に入れると、解決は、個人の合理的ではなく、自由な決断に委ねるべきである。

善悪の確実な認識が欠如しているところで、相対立する諸観点の間に根拠のある区別を確立することを認めると、それらの観点をいずれかを選んだり、それらの正しさや誤りを証明することは不可能である。この隘路の前で、中立性と客観性が科学に残された唯一の道となる。

事実と価値との分離という信条は、自然科学と社会科学に共通の遺産の本質的要素として受け入れられてきた。ここから論理的な、さらには心理的な帰結が出てきた。すなわち、社会科学は、いわゆる厳密科学の観点から、固有の科学的能力に関して不安定、あるいは下位の状態にあると感じられるだけにいっそう、自らを部分的かつ相対主義的方法であると考えて、その作業から価値判断をますます排除するよう努めてきたのである。

正当性と検証

この書物で展開してきた統治の権利の問題提起と社会科学および政治科学において現在多数派である方法論的志向との間の第三の対立点は提起された命題の妥当性に関わる。

客観性の名において、人は、正当性の研究に全体的意義を与える資格を否定し、これに価値判断を復権させる研究の権利を認めない。客観性の命令は、現実のもっとも厳密な分析に奉仕する。この目的が達成され得るのは、分析の結果がテストされた時、それゆえ、命題の反証と結びついた検証の手続きの後においてのみである。これは、すでに論及した二つの方法論的反論がここで、この書物で展開した正当性の問題提起が誤りでないと主張させることができるような新しい批判において効力をもつことを意味する。吟味される対象は局部的なものではない。狭く限定された現象が認定するようなタイプの経験的検証を活用することを許さないと、対象は判定するのが困難である。このことにさらに、価値判断の当否は、それらが常に対立関係にあることから、論証不可能であるという事情が付け加わる。正当性の観点からする政治研究は検証可能であると考えられないから、これが政治生活に関わるメカニズムの有効な見方を示し得ると言うことは不可能である。

ここで提起された分析が、社会科学および政治科学において現在多数派である方法論的特質とまったく一致しないまま十分に有効であると論証すること、これがこの章の最後の節の目的である。

2　正当性研究の弁護と実証主義に伴う難問

上述の三つの方法論的反論を順次検討していこう。

相対主義および事実と価値との分離

実証主義の支持者によって事実と価値との間に求められる分離には二重の不都合がある。すなわち、それは、規範的秩序における断念の態度を伴うとともに、それ自身とも首尾一貫しないのである。

ウェーバーとともに、ある価値論的体系の他の体系に対する優位を合理的に論証することは不可能であると主張することは、どの点においてある状況が他の状況よりも望ましいかを説明するために有効な議論をもつことはできないと述べるのに等しい。中立性と客観性の概念は、諸価値との関係において無関心の形態をとる傾向をもつ。それは、諸価値の間には優劣の差はないということを認めることになる(8)。こうして、実証主義の立場をとる研究者たちは、正当性の要求を支える根拠についてしかるべき判断を下すことを控えることになる。この立場からの研究は、真に統治の権利を体現している政治組織ではなく、知覚的な事柄にしかすぎない不確定な正当性をもっている体制だけを対象とするような方法において理解されるものである(8)。科学の命令の名においてなされる価値論的領域の同様な平板化の結果は、最小の差異しか存在しないような諸規範集合に関わる時、あまりにも感動性を欠く。根源的に対立した世界観が対峙している時には、これとは違ったことになる。この場合、事実と価値との分裂は二重の否定的結果をもつ。

まず第一に、中立性論者の議論は、よいこと、悪いことを認識する点で完全な無能力を示している。この時、政治状況を真理の基礎の上に立っていかにして告発できるのか？　あるべきことについての真正の認識がなく、同等の規範的システムが多数存在するだけであるという場合、また、これらのシステムとの関連でわれわれのなす選択が合理的でない程度において、そこには恣意が支配する。権力のある種の行使形態が本質的に闘わねばならぬ受け入れ難い様相を呈している、と根拠のある表現で説明できるような議論に訴えることができない場合(90)、人は、たとえばファシズムやナチズムに反対する権利を自ら主張することはできない。こうして、中立性という学問的理想に含意されている価値論的秩序の欠如は、意図したことではないとしても(91)、奨励すべき諸価値と、伝播を阻止しなければならない諸価値との間に根拠のある区別を確立することを不可能にさせる。

学問的配慮において規範的領域と現実との区別を求めることは、政治思想の去勢をもたらす(92)。この状態は、精神のミュンヒエン〔宥和主義〕(93)の危険に通ずる。上の区別は、その信奉者がしばしば内心においては、その弁護を引き受けることを拒否する価値論的集合の優越性を信じているだけにいっそう問題的である。

このような態度は二つの論評を呼び起す。第一に、もっとも憤慨に値するような実際行動に相対主義的含意をもって取り組むことは、そのような行動を実際に非難しないということを意味しはしない。第二に、大抵の場合、この態度をとる人々は、公式道徳とその権威主義的理解という観念に共感していると非難されることからしっかりと身を守ろうとする(94)。しかし何よりも、彼らは、自分たちが支持する諸価値を他の諸文化に対する攻撃性をもつという非難から守り、こうしてさまざまな伝統を育成することを望んでいる。

事実と価値との分離の第二の否定的結果である相対主義は、文化的帝国主義に対する闘いの最良の武器とはならない。それは逆の結果を生みだすことさえある。この現象については二つの議論がなされる。

第一に、ある社会の歴史を、一般的文脈の中におき、過去および現在の諸文明の流れの中で描き出しつつ相対化することとは、その成員のうちに、彼ら自身の生活に対して一定の距離を生みだすことに寄与する。この距離は、彼らの存在条件の歴史性に力点がおかれる以前に彼らの行動を支配していた伝統の力から彼らを切り離す働きをもつ。この意味で、相対主義は、生きられた世界と、歴史的多元性の角度からするその研究との間の断絶と同義である。それは、人々がその生活環境の中で本能的に一体化している時には疑問とする余地のない実際行動を抑圧することに通じているのである(95)。

第二に、相対主義的アプローチが諸文化の多様性の認識と擁護とに根本的に役立つためには、価値論的対等性が客観的性格をもっていることが必要であろう。他の集団の選択が自分たちのそれと質的に同等であると述べることは、それもまた客観的によいものであるということを意味しているはずである。だが、相対主義が、諸々の規範体系の間の選好は純粋に偶然的に判断されるということを理由に、禁じているのはまさにこの種の命題である。それゆえ、気質からにせよ、利害関心からにせよ、所与の社会の破壊を決めるような個人や集団に正当的に反対する根拠となるものを想像することは難しい。この社会の表明する価値が恣意的であるとすれば、この社会の絶滅に対して何の名において抗議することができるか(96)？

客観性との関連で定義された価値論的考慮を拒否すると、相対主義者は罠にはまってしまうことになる。あらゆる選択肢を等価であるとみなす配慮と並行して、彼は他の諸選択の無視を道徳的に非難することを認めようとする。しかし、これは彼の議論の前提と矛盾する。一つの恣意的観点を非難することは、最終的にまったく同様に恣意的である。

これら二つの否定的結果の他に、相対主義はさらに別の問題に直面しなければならない。すなわち、その首尾不一貫性は自己反駁の現象をもたらす。

価値論的客観性を排除すると、相対主義は、それが擁護しようと努める命題と斉合的であることを妨げる悪循環に陥る。それは、同じ一つの困難さの二つの顔である二重の難問の姿によって示すことができる。一方で、一般的に、ある命題を表明する主体が、信頼し得ると主張することの有効性を少なくとも信じている程度において、真理の意味と内容との相対主義的説明は、この例しか挙げないとして、この概念の明白に非相対主義的な理解を要求することになる。自分自身の議論へのこの賛同条項は付帯的に大きな不都合を含んでいる。すなわち、相対主義の真理性を主張することは相対主義的でないというところに帰着するのである。それゆえ、相対主義はここで自己反駁の過程の虜になっている。他方で、その脆弱性は、ある規範体系の選好が根拠をもちえず、合理的でない方向性だけを導き出すとすれば、真理の価値はそれ自体恣意的となるだけに、いっそう大きなものとなる。レイモン・アロンは、ウェーバーの思想の行き詰まりを検討して、決断の偶然性の強調は学問的命題の普遍性という観念の攻撃になると確言した時、この困難性を強調していた(97)。

しかし、難問が露わになるのを可能にするのは、相対主義の否定的結果と内的な首尾不一貫性とのレヴェルにおいてだけではない。社会科学の実践それ自体を見る時、事実と価値との分離はもはや説得力をもたなくなっている。

学問的実践と事実と価値との分離

はっきりと実証主義的かつ経験的アプローチをとる研究者たちが、客観性と中立性という方法論的理想に対応し、立場をとることなく現象を説明している、と主張しても無駄である(98)。実際にはそれとは違った風に進んでいる。彼らは、自分たちの研究からあらゆる価値判断を排除していると主張するけれども、その影響を免れてはいない。これと反対の主張をするのは、意図の表明を現実と混同し、現に進行している研究を正しく見ていないことを意味する。

まず、社会科学の領域においては、価値判断の外に出るのでなければ救いはない〔「教会の外に救いなし」のもじり〕という考え方に反対することが必要である。研究者たちは、あるレヴェルにおいて現象の記述と説明のうちに価値判断を取り込むのでなければ、彼らの仕事の質自体を危険にさらすことになるであろう。こうして、民主的体制と独裁的体制とを区別するものを示し得ない政治学者は、間違いなく、そして当然のこととして、政治状況の最低限度に満足のいく理解を与ええないことになるであろう。あるいはまた、指導者たちの人格や行動に興味をもって、ウィンストン・チャーチルとアドルフ・ヒトラー、ヨセフ・スターリンとシャルル・ドゴールを同列に並べる者、あるいは、もっぱら権力に関心を抱く政治家と、自国の繁栄に心を砕く政治家との間にどんな区別も認めないような者は、立場をとらないという口実においてすべてを混同することに終わるであろう。

確かに、彼はその仕事を学問的観点からも間違って行っていると言えるであろう。

もしこれらの判別的な比較が価値判断に基いていることが認められるならば、社会科学・政治科学の研究者は、彼らが眼差しを向ける行動と思想との領域に諸価値が内在している時、それらを除去してしまうことはできないということが承認されるべきである(99)。

次に、分析すべき対象の構成の手続きにおいて、事実しか視野に入れない科学と価値判断との分離は、おおいに幻想的な側面をもつ。ただ一つの例だけを挙げるとすれば、エミール・デュルケムの仕事において、彼のアカデミックな活動は社会的事実を物として説明し、それらを外側から研究して、もっとも客観的で、可能な限り捉われない記述を提供するという配慮によって常に進められていたということに言及するのが適切であろう(100)。この学問的作業と並行して、彼の時代の社会に関わる具体的問題はごく初期の頃から彼の強い関心事となっていた(101)。彼はそのうえ、生涯を通じて、それらの事柄について自らの見解を表明することをやめなかった。この点で、彼の知的生産に一つの区別を立ててみるのは興味深いことであろう。すなわち、たとえば、幸福、そして幸福な存在の条件を描き出しているテキスト——社会哲学に結びつくであろうテキスト——と、法則や方法の言語を用いながら、本来的な社会の科学に属すると言えるテキストとの間に性質上の差異が存在すると考えてみることができるのである。最初のものは、認識の社会学的歴史に属する素材として扱われるであろう。それらはデュルケムの信条、さらには歴史的文脈との関連において研究されるであろう。第二のものは、逆に、現在において生きた研究を導くための、堅固で、常に有効な知識として保持されるであろう。

事実と価値判断とのこの二分法は、しかしながら、デュルケムの科学的方法の実際とは対応していない。彼においては、もっとも厳密な、そして、外見上価値論的次元からもっとも独立した方法論的規則は、社会正義に対する著者の強い関心、そしてより根本的には、彼の人間学と関係づけられる程度においてのみ、その意味を見出すのである。彼は、理論的問題を実践的課題から注意深く区別するよう主張していたけれども(102)、二つのレヴェルを絶対的に切り離すことはできなかった。この状況は、彼が科学としての社会学についてもっていた有用な概念(103)と、そこから帰結する両義性とによって有利にされていたが、明らかにエミール・デュルケムに固有のものではない。それは、そのような区別を主張する社会現象の分析の全体に影響している(104)。

正当性と命題の妥当性

われわれは、正当性の問題提起に向けられ得る方法論的反論の第三のものが学問的成果の統御の命令に関係することを見た。これに対し三つの議論を対置させよう。

治者と被治者の関係の厳密に経験的かつ実証主義的な理解の様式は、諸価値を考慮に入れることを拒否して、説明すべき場の性質の一部しか考慮に入れないことを自らに課す。ここに第一の誤りがある。

そのうえ、政治における規範的側面の大きな役割の承認は、社会の機能について提示された命題を検証し得ることを妨げるものではない。反対に、それは、社会的政治的現実の信頼し得る記述に肉づけを与えることに寄与する。

事実と価値との二分法の枠組み内部でなされる研究――立場をとらないという配慮において、個々人が自分たちの考え方と生き方とに与えている深い意味づけを避けて通ることに帰着する研究――と対立して、正当性の問題提起の角度からする政治分析は、結果の検証の技術的諸様式を断念することなく、治者と被治者の関係の現実的な力学および論理と結びつけながら、それらを完成させ、拡充する。

最後に、分析すべき対象の決定の観点からにせよ、いくつかの専門科学の協力の実行という観点からにせよ、政治的事象への全面的アプローチは、満足を与え、かつ検証可能な命題を仕上げることの障碍とはならない。じっさい、時間的空間的に限定された状況のさまざまな側面を解明するところに存する選択は、観察者に開かれている唯一の途ではない。経験的研究だけを称揚し、政治的機能のより一般的な概念を構成することに努める理論的営為全体に不信の目を向けるのは、所与のものについての神話と、現象の核心への特権的接近の幻想とに屈していることである。さらに、上の一般的概念と同義である一定程度の抽象化は、現実から切り離されているがゆえに検証不能な命題を生みだすことに満足するということを意味してはいない。それは、フィールド・ワークの場合のように、現実の独自性と密度とにその関心を限定することはないけれども、それでも、歴史的現実とどんな繋がりももたない、想像力に任せた論議になってしまうことは許されない。

本書で定式化されているような政治的正当性へのアプローチに異論を唱える理論的方法論的反論を解明し、それらの限界と矛盾とを示した後、今や肝要な課題は、これらの討論や論争が諸々の社会と学問との歴史のうちにどのように刻み込まれているかを明らかにすることである。

第三章

近代性、社会科学の合理性、正当性

近代社会の歴史と、社会科学におけるその分析の歴史は、正当性問題への取り組みを両義的なものにしている。その歴史は、正当性問題から真正な意味を剥ぎ取り、治者と被治者の間の関係を真に評価するための条件を確立する可能性を奪ってしまった。このことは社会科学の基礎にある哲学の症状であると同時に、近代性が発展し、自らを歴史的に省みてきた仕方の症状でもある。

このことを示すために、まず科学主義が社会的事実の分析に及ぼした影響を検討すべきであろう。次に啓蒙主義の諸思想をみてみることで、歴史と集団生活の組織形態についての研究の中で、科学的諸理念と諸価値とがいかに調停されてきたかを明らかにする。最後に、近代合理性と結びついた企図が自らへと反転することで、社会的現実についての科学的分析と規範的次元との分離を生みだしたことが示されるであろう。この分離こそが、判断力という視角からの正当性へのアプローチを非常に困難にしているのである。

一　科学主義と社会的政治的現象の分析

自然科学による現実の分析は、近代的な社会研究に深い刻印を残している。それは準拠点に、さらにはパラダイムにさえなった。十七世紀に始まった科学革命の結果、社会的事実への科学的アプローチはかなりの程度、自然科学からその方法論的な方向性を借用することで形成された。

1　科学革命と物理的現実

現実についての科学的分析の出現は、自然についての目的論的な理解の放棄という、より巨大な事態の一環として生じた。この目的論的理解こそ、古典古代、とくにアリストテレスが中世に伝えた考え方を決定している。現実を内側から、すなわち、諸存在の内的発展の原理から分析することを放棄することで、自然現象を数学的に調べられた諸関係の網の目の中で検討することが発展可能となった(1)。十七世紀の科学運動によって引き起こされた変容を象徴するのは、コスモスの破壊と空間の幾何学化である。その第一の側面は、一つの完成され秩序づけられた全体として理解されるような世界——空間的構造が諸価値の序列を体現している世界——の消滅と、それが無限な宇宙に取って代わられることであった。この無限な宇宙は、もはや自然の名におけるいかなる確固とした分類をも含まず、ただその諸部分において宇宙を支配する法則の同一性のみによって結びつけられている。第二の要素は、空間についてのアリストテレス的な理解を、ユークリッド幾何学に属する理解と代替することである。この代替によって、この後、空間の次元を世界の実際の場と構造的に同一視することが可能になった(2)。

ひとたび物の本質に属する原因の追究を放棄するやいなや、近代物理学は一つのメカニズムの展開を説明する法則発見への意志によって特徴づけられるようになった。自然現象は、この法則の規則性によって証明される秩序に従う。したがって、この革命から生じた科学は、自然の数学化と、経験と実験のそれに劣らず体系的な価値づけを、恒常的に追求するようになった(3)。観察によって立証されない限り仮定にとどまる因果関係を明らかにし、モデル化することが重要なのである。

科学的分析の目的は、一連の出来事を同一の論理に従う関連したエピソードとする必然的諸関係を引き出すことである。自然科学において絶対の前提である、現実とそれを観察する主体との間の分離は、このような条件においては、経験による検証の過程によってのみ克服され得る。それによってこの両極の間の和解も可能になるのである(4)。

この転換の初期には、法則は神の創造物として援用された。しかし、新しい物理学によって、造物主としての神の観念は無為な神の観念へと不可逆に変わっていった。この動きはついには神の不用さえ主張するに至った。ピエール・シモン・ラプラスの決定論についての学説と、その逸話——神がその体系において果す役割をナポレオンから問われて、神は必要ないと答えた——が、そのことを示している(5)。

このような認識の秩序における転倒は——存在と当為を密接に結びつけるアリストテレス的な構想に代わることで——価値・完成・調和・意味もしくは目的という諸理念への科学的思考の疑念をもたらした。この転倒は最終的には、存在の完全な価値下落、および価値論の領域と事実の領域との分離をもたらした(6)。

2　自然科学から社会科学へ

世界についての古い見方に対する近代科学の勝利によって、理論知と実践知との間の編成と関係は根底的に変化した。現実についての新しいタイプの説明は、諸現象を理解する最善の方法として受け取られた。またその用途は物理的現実に限定されず異なった領域に及び、人間の行動を分析しようとする観察者によって目標とされた(7)。社会科学は社会や政治の問題について分析するのに、自然についての科学的研究を手本とし、同等の厳密さに達しようと努力したのである。

社会的データの説明における科学主義は、近代政治思想が展開することになる知的雰囲気の中心的要素となった(8)。精神的あるいは政治的物理学と呼ばれたものを実行に移した例を二つだけ言及するならば(9)、トマス・ホッブズとモンテスキューの場合をあげれば十分である。両者は、新しい科学的知見に基くことで社会の問題への古典的なアプローチと手を切ろうとする明白な野心を、それぞれの仕方でもっていた。

ホッブズは早くも十七世紀半ばに、個々人の態度を、人間・社会・国家についての科学の素材とするような理論を打ち立てた。数学的方法を政治に適用することは、彼の目には、政治についての認識がはじめて合理的な知の部門の地位にまで昇格したことを意味した。彼によれば、人間性の法則を正確に理解するにつれて、理性の視点から満足のいく集団生活の組織の条件を決定的に打ち立てることも可能になる[10]。

トマス・ホッブズは、人間の目的との関係で定義された古い自然法の観念を保持しようと試みてはいるが、自然法を人間的完成の理念から切り離している。自然法が実践的価値をもつために、彼は個々人の現実の行動から自然法を引きだし、主体の欲求のうちに根を下ろさせるのである。数学的証明の原理に従ってこれらの欲求を知ることが必要であり、数学的証明こそ、情念から完全に切り離されているがゆえに、もっとも合理的な科学的分析となる。じっさい、個々人の間の関係の真の原因の説明は、情念的な起源をもつ意見によってぼやけてしまう[11]。ところで、数学はもっとも強力な動機、すなわち人を行動に駆り立て、死への恐怖、つまり自己保存の欲望が基礎にあるメカニズムを明るみに出すような動機の解明を可能にする方法論の代表例である。したがって、ホッブズを伝統と再び結びつける紐帯の力がいかに大きいとしても[12]、また彼の近代科学の手法の利用にどれだけ限界と不整合があったとしても[13]、彼の努力は、政治思想を科学の発展の上に据えたものとして銘記するのにふさわしい。

モンテスキューが抱いたのも同じ意図であった。すなわち、自然研究において生じた科学革命に基いて、社会についての科学的理論を構築することであった。治者と被治者の関係およびその歴史が一つの学問の対象となりうるためには、政治的現象を説明するのに超越的秩序から論理を借りることを断念すべきであると彼には思われた。パスカル風の護教論の誘惑と、自らの掟を押しつけようとする神学および道徳の主張を駆逐しなければならなかった。

今後は政治的視点から判断すること、すなわち政治現象を一つの自律的領域として判断することが重要であった。この領域の科学的分析は、それに固有の原理を明らかにすることによって、必然性と合理性を発見することを目的とする。

この任務をうまく果すため、モンテスキューは法の概念を刷新し、それを古い意味、すなわち、宗教と道徳の宇宙に属する命令と目的の理念から区別する[14]。彼はニュートン革命からの延長線上に法の概念を刻み込むのである。もっとも一般的な語義において、すなわち事物の本性に由来する必然的関係として定義される場合[15]、法は物理的世界にのみ限定されるものではない。法はその作用の範囲を諸存在全体にまで広げ[16]、政治や歴史という素材を扱うようになる。その場合、自然領域においてそうであるように、その多様性を統一性において考え、その変化を一つの恒常性において考えるに足るようにする何かが、人間の諸制度自体からも引きだせるということが前提になっている[17]。別の言い方をすれば、法は理念の秩序に所属しない。法は現象との内在的な関係を失わない。研究と比較の試行錯誤によって諸事実から引きだした法は、発見時においては仮説としての性格をもつ。それが原理としての地位を獲得するのは、収集された異なる数多くのデータによって一度検証された後でしかない[18]。

モンテスキューのやり方は、直接の実験こそしないものの、彼の分析分野における機能の規則性を探究するのに、経験科学的な態度を取り入れていた。彼は、事実の可能な限りの収集、そしてそこから法を引きだすための観察を重視したことで、近代政治学の真の創設者とみなされることになった。新しい科学の要請に調和するような社会考察を準備するという企図を、モンテスキューがホッブズその他と共有したとしても、実際にはその分析対象は厳密には同一でなかった。彼は直接の先駆者たちの抽象化に反対することを宣言し、彼らが社会の本質の理論を実現しようとしたとして非難した。彼自身としては、世界中の諸民族すべての慣習と法を検討することで、具体的な人間諸社会の科学を作りたいと願ったのである[19]。

両者を隔てる諸要素にも関わらず、トマス・ホッブズとモンテスキューは、彼らに固有な様式において、自然科学が人間的現象の理解にもたらす衝撃の前触れとなり、それを例示したのであった。この衝撃波によってもたらされたのが、社会的政治的諸問題についての近代的な説明の発展であった。この科学主義との結びつきは直接的でも普遍的でもなかったが、近代の基本的構成要素の一つとして認められていった[20]。人間の行動の真の分析は、物理学のように、外からの客観的記述によってもたらされるとする考えが次第に広まっていった。このような分析は、主観的次元の先入見や目的論的考察から自由であろうとする研究から生まれる。情報を集め処理し、その相関を明らかにし、仮説やモデルや経験的に検証可能な一般化を打ち立てることから成り立つ。動きのある現実の働きを明らかにする、内在的法則を発見することこそが目的となったのである。

もちろん、この科学主義の影響が画一的な仕方で現れたわけでもないし、同質的な展開を生みだしたわけでもない。十七世紀と今日の間に、社会現象へのアプローチは著しく進化した。社会科学の歴史に対する物理学の影響は、数多くの論争を生みだしながら、学問分野によって多様に現れた。この多様性については、二つのことを言っておく必要がある。

まず第一に、とくに十九世紀後半以降、日々次第に実証的な科学知の認識と同一視されるに至った科学主義の名の下に、社会科学は諸専門領域へと分化していくが[21]、それぞれの領域での発展には不均等が現れて来た。確かに、経験的規則性について、仮説を証明することから出発して法則を作り上げる法則定立的研究はすでに自然の理論的記述という領域を大幅に越え、心理学・経済学・社会学、そして政治学の分野にまで広まっていた。しかし、各学問分野での具体的帰結はさまざまであった。物理学と構造的に同じように人間的諸現象を理解しようとする考えが、もっともうまく達成されたのは、社会的あるいは非社会的心理学においてであった[22]。心理学は、まだ素描的でしかなかったとしても、科学的統一性というテーマに近づいていった[23]。それに対して、経済研究は計量経済学に属するもの以外、仮説的な行動基準を前提とする規範分析の学問モデルに従っていた(24)。社会学的諸業績の大部分においても、行動理論の機能や構造の枠組みにとどまり、その行動理論は意図や動機の表現活動として再構成することはできなかった(25)。最後に政治の分野では、大学での研究の多くは歴史学的性格をまとい、包括的レヴェルの主張を打ち立てようとはしなかった。

第二に、疑問をはらんだ結果と、自然のモデルをそれを拒む対象へと適用しようとする科学的実践に内在する疑いのために、科学主義は達成すべき目的や野心について、同意を生むには程遠かった。可能な研究のさまざまな方向をめぐって、社会科学の各学問分野において、学派間の頻繁で激しい論争がなされた。ある人々は、資料の収集技術の洗練に没頭し、限られた範囲内の経験的一般化に止まることこそが本質的目的であると考えた。それとは反対に、非常に踏み込んだ理論化のみが現象の解明を可能にすると主張した人々もいた。さらには、これら二つの傾向の間の妥協を生むような研究の道を奨めるものもあった(26)。社会的諸事実の研究への科学主義の影響に伴う諸論争を等しく解明することで、社会の領域において競い合う科学概念のさまざまな分類が提示されてきた。レイモン・ブドンはそのような著者の一人である。彼によれば、科学概念は三つに分けられる。経験主義的プログラム、法則定立的かつ形式的プログラム、あるいは仮説演繹的なプログラムである(27)。

さまざまな視点の相違をはらんでいるにも関わらず、社会的諸事実へ取り組むのに、その条件が自然分析によって全体的に決定されるような説明様式を模範とすることに関しては、誰もが合意した(28)。個別の形態において、また専門領域、思想学派、および科学外的文脈——社会生活における現象の検討が実現され発展するのはそこにおいてである——に応じて、物理的世界の研究に由来する理解様式は、社会科学が活用する説明範疇に刻印を残した。それが生みだした断絶は、主要な思想的諸潮流を構成することになった。この見方からすると、諸社会科学の発展と信頼の度合いは、自然の事象の記述における方法論の選択に応じてはかられることになる。その選択に関して、社会科学には厳密性が欠け、対象がうまく限定されていないとみなした人々は、その無能力を最善の場合には成熟によって解決され得る若気の過ち、最悪の場合には社会科学の疑似科学的地位の印であるとした。

このように、物理的現象の説明様式を採用することで、社会科学は正当な科学的知識において周辺に追いやられるという危険に直面した。社会科学は知の円環の弱点とみなされ、堅固な科学のむきだしの優越的な態度を生みだすという危険を冒したのである。

人間的事象への科学主義的アプローチは、主として十九世紀以来、正当性の問題を極度に問題をはらんだ形で提起することになる知的・歴史的過程の一部であった。とはいえ、政治の分析の「科学化」[29]は、科学的合理性と価値の次元の分離を、はじめから引き起こしたわけではない。現実の研究の二つの水準の間に共棲とでも呼ぶべきものが存在していたのである。自然科学によって彫琢された科学性への顧慮によって、研究者は、対象に関与せずに社会現象を分析する必要がある、という理念を強いられたのは否定できない。だとしても、実際のところ初期には、科学的記述と価値論的構想との間の断絶は明らかなものではなかった。著述家と専門分野ごとに形態と程度はさまざまであるが、新たな思考の領域は当初、完全に神や道徳を無視することができなかった。これらの要素の一つ、いや二つともを考慮に入れざるを得なかったのである。

この点から見れば、トマス・ホッブズやモンテスキューのような思想家が、自然科学の論理に基く社会理論という系譜の端緒となったとしても、その歩みは両義的な現実を免れえなかった。ホッブズが宗教意識と決裂したことに異論を挟むことが難しいとしても[30]、彼は自然宗教に合理的な知識は存在せず[31]、神性に関わる実定的信仰は、それが国家に対して役に立つ程度に応じて評価、または批判されるべきであるとした以上[32]、その政治へのアプローチは純粋に科学的なものではない。そのアプローチは道徳に属したままである。ホッブズが科学への関心をもつようになったのは、この道徳的顧慮のためであったということは、レオ・シュトラウスによって明らかにされている[33]。

モンテスキューはと言えば、彼があげる諸事例の大半は、神学や道徳がその掟を命じようとする野心を排除する方向に向かっている。しかしながら、その事実にも関わらず、彼の書きぶりには根底において躊躇がある。その躊躇は、法―秩序の背後にある科学の規準がなくなってしまったことに関わる[34]。法―秩序は単に宗教的道徳的価値の表現であるばかりでなく[35]、世界の非常に明確な政治的組織に対応するものであり、モンテスキューはこの世界の政治的組織がぐらついているのを再び基礎づけようとしたのである[36]。

言い方を換えれば、社会生活の近代的分析の最初の一歩が、客観性という理念の視座においてなされたとしても、古い考え方との結びつきは完全に断たれることはなかった。記述的レヴェルと規範的レヴェルとの対照は完全に明確とはなっていなかったのである。社会科学の発展と近代の歴史をともに特徴づける、合理化と批判的距離化の過程の一翼を担っているにも関わらず、社会的政治的現象の研究における科学主義の開始は、科学的合理性と道徳的判断との間に決定的な断絶を生みださなかった。

二　啓蒙的知性の企図の中の科学、理性、政治

科学の論理と、人間と政治の歴史を理性と権利に基礎づける可能性との間に断絶が生じたのは、啓蒙的知性の枠組みにおいてではなかった。むしろその逆である。科学のための闘いは、道徳と社会生活の発展のための闘争と相伴なって進んだ。啓蒙的知性の主題における主要な要素は、科学の視点と実践理性の視点の一致を説明するものである。この点から見ると、コンドルセの考察は象徴的である。

1 啓蒙運動の中の科学と実践理性

啓蒙的知性の世界像は同質的ではない。啓蒙期に属する著者や著作は、いかなる相違もみせない一枚岩的な全体を形作っているわけではない。むしろ反対に、啓蒙的精神はいかなる思想的差異も排除しなかった。各国の状況の違いによって生みだされた差異以外にも(37)、思想家たちの間には常に不一致があった(38)。同じ一つの作品の中で、色合いに差があり、しばしば矛盾した諸立場が、隣り合わさってさえいた。

たとえばルソーは、啓蒙的知性においてすでに十分に確立された傾向に逆らい、歴史や進歩を信頼しなかった。文明の効用よりむしろ悪徳にあえてこだわった彼は、人間の知的技術的発展を創世記が語るところの堕罪に等しいものとして描き出している。彼はこの発展を文字通り分解運動の過程にすぎず、この過程における一歩一歩の前進は、そのまま堕落の増大に対応しているとした(39)。ルソーには誘惑があった。良心にとって重要なのは歴史の次元とそれが自らのいる時代との間に有する固有の結びつきである、とされた時期にあって、救いを歴史の中そして歴史によって見出すのではなく、歴史の外に見出し、歴史の束縛――しかしながら、その後不可避になっていく――を無視しようとすることであった。このようにして、ルソーはジャン＝ジャックになった。すなわち世の流れに脅かされ、自らの孤独な純潔の内的確信の中に幸福を追い求める、よき魂の導き手となったのである。

しかしながら、ルソーの著作にはこの方向性とはまったく別に、彼を啓蒙的知性の構図と結びつけるような方向性もある。じっさい、彼は進歩が否定的な帰結をもたらすことを強調しつつ、自然状態から遠ざかってしまった社会が、そこに戻ることはできないことも認めている。現状においては、芸術・学問が社会的調和の解体を助長し加速させているとしても、芸術・学問をより良い目的のために利用することを妨げる原理もない。単にそれを徳に役立たせれば良いだけである(40)。

自然的世界との調和を見出し得るのは、文化を完成させること、したがって脱自然化をさらに推し進めることによってである。人間の才の成果であるこの第二の自然は、本能の均衡などではなく、合理的に啓蒙され、原始的な蛮人のあずかり知らぬ道徳的感情によって維持されている。ルソーの歴史に関する悲観は、人間は本来善であるとする人間学的楽観によって相殺される。こうした見地において、彼は自然の求めに調和して生きるための理性を十分に獲得するように人間を教育することは可能であるとした。

社会的政治的構造から否定的側面を除去していく中で、相対的に幸福な生活に達する可能性——確かにわずかではあるし、機械的発展や人間を救済する恩寵を引き合いに出すには不確かではあるにせよ——がある(41)。それが可能性にすぎないにせよ、自然と文化の対立は、漸進的運動の中で解消され得る。

ジャン＝ジャック・ルソーの例は、啓蒙的知性を解釈しようとするとき注意すべきことをよく示している。このことを指摘したうえで、科学の視点と実践理性の視点が啓蒙的知性の問題設定において収斂することを説明する主要要因に触れることにしよう。

一七八四年、イマニュエル・カントが、おそらくは手にし得るもっとも満足すべき啓蒙の定義を提示している。

　啓蒙とは何か。人間が自分の未成年状態から抜けでることであり、この状態は彼自身にその責めがある。未成年とは、他人の指導がなければ、自分自身の悟性を使用し得ない状態である。未成年にとどまっているのは彼自身に責めがある。というのは、その原因は、悟性が欠けているためではなくて、むしろ他人の指導がなくても自分自身の悟性を敢えて使用しようとする決意と勇気とを欠くところにあるからである。それだから「敢えて賢こかれ」、「自分自身の悟性を使用する勇気を持て」——これがすなわち啓蒙の標語である(42)。

カントに従えば、啓蒙は個人を解放するために働き、無知の闇の支配を終わらせ、存在の条件を改善することを欲する。その射程は実践の次元に及ぶ。このような見地から、この新しい思想は、闘いの道具を鍛え、その理想を現実に変えることに没頭したのであった。知的立場は行動へと転換されるが、あくまで一般的原理に従い、理論的基準に従って判断された。このように、十八世紀以上に理想と生との間の完全な調和をみたことはおそらくなく、このあり方こそ啓蒙文化にアイデンティティと力を与えたのである(43)。

したがって、科学が人格の解放の過程における本質的な役割を担ったとしても驚くべきではない。人間の疎外の起源は個々人が自らや現実に対して抱いた、誤った知識、迷信、混濁の重荷に見出されるとされたことによって、科学の歩みは解放の運動において決定的な役割を担うことになった。解放を可能にするには、確実な知の総体を生みだし増大させること、およびそれを最大多数の人間に対して普及させることが重要であった。言い換えれば、現象のよりよき理解に達する必要があった。

啓蒙的知性の論理においては、知識愛はそれによってもたらされる具体的利益と切り離せないとされたが、啓蒙的知性の論理を奮い立たせたこの企図は、自然と社会に等しく関わるものであった。物理学が自然的現実についての誤った考えから個々人を解放するのに貢献したように、社会の科学的分析は個々人に社会的政治的世界についての確たる言明を与えることで、彼らの境遇を改善した。しかしながら啓蒙的知性が優先したのは、社会的政治的問題であった。この優先にはいくつかの理由がある。まず、十八世紀においては、自然研究はかなり進んでおり、ニュートン革命の道筋を進み続けるしかなかった。次に、社会的事実への合理的アプローチは生まれたばかりであり、その発展は急務であった。さらに、啓蒙の哲学者にとって(44)、社会問題は特別の注意に値した。物理学から方法を借用し、それを社会的政治的現象の解明に適用することで、その方法の十全の意義と、それゆえそれが含意する実践的次元とが意識されるようになった。

啓蒙の社会的理念が告発したのは、教条と迷信の客観的同盟者であり、合理的精神の普及を妨げた諸制度であった。この文脈において、科学的活動の政治化、および社会生活における伝統的組織への異議申し立ては、戦略的な重要性をもつようになった。この異議申し立てはほんの少し前までは、自然的事象の新しい科学によって提起された神学的論争において周辺的地位にとどまっていた。知識のための闘いはこの後、科学的原理・理念との一致を可能にする、より良き社会のための戦いとともに進んでいった。

啓蒙的知性によって擁護された科学概念を特徴づけるのは、批判的暴露の働きであるが、この批判的暴露の活動は、理論のレヴェルと実践のレヴェルをはっきりと区別しないことに示され、諸価値体系には理性が内在しているという理念に依拠している。この本質的要素ゆえに、啓蒙的知性の主題において、社会現象の科学的分析と道徳との間の一致を記述し説明することが可能になったのである。

啓蒙的知性の枠組みにおいて、理性は理論的実践的諸問題にその影響力を広げた。自らの権威以外のいかなる権威にも従うことのない理性は、純粋な知に関わる問題だけではなく、それまでは信仰あるいは厳格な服従の領域に属していた諸問題にまで、発言するようになった。理性は没価値的な研究の道具ではない。その逆である。理性とは価値論的選択に基く態度決定を想定する、認識形態の一つである。このように見ると、科学とは理性の表現であり戦闘力であるため、社会的政治的現象への科学的アプローチと道徳の間には、社会的事実の理解と実践の間と同様、結びつきがある。

一方において、科学的合理性は現実の理論的分析を導く役割を担う。世界についての真の知を生みだすことに努める方法の実施は、経験を支えとする。というのも、現実の認識とはまた事実の集積であるとされたからである。科学的研究は、有効な言明を定式化し、そうすることで現象についての満足のゆく理解に到達するための方法論的手段として、理性を利用した。しかしながら他方、この第一の局面と不可分ではあるが、科学的合理性が用いられたのは理論の分野においてだけではなかった。それが介入する領域は、社会の働きの、価値的な判断をまったく抜いた単純な記述にとどまらない。無知と教条主義に立ち向かうことで、啓蒙的合理主義は戦闘的なトーンをもち、実践の領域に規則を定めることになる。啓蒙的知性は、社会的政治的問題について示された真実を現実化しようと願った。彼らの科学観が演出した理性の理念は、個人を日々の行動と生活においても教育しようとした。事実についての合理的知識をもちうるように、価値についても学問としての属性をもつような知が存在する。このような知の名において、啓蒙的知性は変革を訴えたのである。

したがって、真理を知るとは、善きものを知るだけでなくそれを欲することである。このように見たとき、道徳と歴史におけるその発展は、二つの不可分の仕方において科学の対象となった。まず第一に、科学は善き価値の発展に寄与するからである。社会現象の科学的分析は、単に知識の喜びであるだけでなく、人間を疎外から解放するのを助ける。生活条件を改良する推進力の一部となることで、科学的分析は、自らの母胎でもある正義の精神を勝利させ、生活システムの中に制度化させるのに貢献する(45)。次に、啓蒙の科学を支えた理性概念からは、道徳が導き出されるからである。道徳とは主観的行動基準の総体ではない。合理的な根拠、科学による根拠をもつ。したがって、道徳は科学的研究を通じて理性の実現と結びついて、漸進的に実現され得る。

このことを念頭に置いてこそ、進歩の理念は解釈されるべきである。この理念においては、歴史の発展には累積的な方向性があるとされるが、それは必ずしもヘーゲル主義やマルクス主義の形態をとるとは限らない、科学の合理的な力と同一視された未来への信仰という形態をとる。歴史は上向きに続いていくというモデルには、この望ましい発展を他の諸国民にも共有させるべきであるという理念も含まれる。この普及の理念こそ、すべての諸国民がその権利を有するところの自由を実現しようとする意志を示す。フランス革命によって現出された出来事がなかば神秘的に噴出する中で、フランス革命がそのメッセージを国境を越えて輸出し、革命の普遍的有効性を強調しようとしたのも、そのためである(46)。

統一的に理解された理性、すなわち同時に理論的でも実践的でもある理性の理解に基き、啓蒙的知性の科学的方法は、価値との関係においていかなる中立性も標榜しなかった。反対に、知とはすなわち、解放の過程に関与し、参加することであった。科学と道徳は理性の概念において合致し、協力したのである。

2　コンドルセにおける理論的ならびに実践的知識

科学的視点と価値的視点の一致を代表的に示しているのは、コンドルセの思想である。『進歩に関する歴史的展望の素描』がそれを示している(47)。この作品は一七九三年、劇的な出来事の圧力の下、危険にたえずおびやかされながら書かれたものであり、さらに一七九四年三月の彼の死の直前のものではあるが、決して状況の産物ではない(48)。この作品は心にあり続けた問いについて著者がゆっくりと成熟させた思考の成果であり、そのことはそのテクストを貫く力強い息吹が証言している。

『進歩に関する歴史的展望の素描』において、合理的知識のモデルは自然についての数学的科学によってもたらされる。コンドルセは人類史がその起源からたどっていく発展の連続する諸段階に言及した後に、近代を検討する。彼の分類において、近代は第八、とくに第九の時期に関わる。彼はここで自然現象についての科学的研究を、知一般のパラダイムとして提示する(49)。観察、実験、計算こそ、自然の秘密を発見するのに物理学に許された三つの道具であると考えた彼は、科学はこれらを体系的に用いることで、現実についての認識を、スコラ哲学における諸見解の対立を越えたものとする方法を打ち立てたとした。

自然現象の説明において生じた革新を記述した後、コンドルセはそれが学問全体に及ぼす影響を強調する。物理学の方法論の諸手段を用いることが、いかにしてさまざまな専門分野にまで拡大していくかを示すのである[50]。化学、植物学、解剖学に続き、新しい規準は道徳的政治的な技芸や研究にまで、すぐに影響を及ぼす。進歩のダイナミズムの枠組みの中で、抽象的考察はもっとも具体的なものの実現を増大させ、またその逆も生じた。またこのダイナミズムにおいて、異なった諸科学はたえず相互から学んでいく。物理学の方法論上の選択可能性の普及は、このダイナミズムに寄与することで、次第に多くの個人の琴線に触れていくようになる。要するに、合理的知は理論的科学と実践的科学をともにつき動かしていったのである。

コンドルセが科学と価値の問題を結びつけている関係において注目すべきなのは、彼が近代科学の歴史およびその伝播をモデルに、人類の発展の歴史を捉えていることである。すなわち科学の特性と科学がもたらす恩恵こそ歴史的に望ましいものであるとする、合理化の過程として捉えているのである。言い方を換えれば、善とその漸進的実現は、理性を代表する科学の現れであるゆえに、科学的に認識し得る。このことは四つの仕方で示される。

第一に、科学の視点に立つコンドルセにとって、完成の理念とは累積的なダイナミズムである。この運動の方向性は、古代の、とくにアリストテレスにおいてのように、前もって目的論的に導かれておらず、無限である[51]。

第二に、進歩とは学習の能力と結びついたメカニズムであるとするコンドルセは、あらゆる面での無知に対して科学は教育の機能と責任を有し、公教育の任務を遂行する義務があると主張した。科学は、自らの基礎であると同時に理念でもある諸原理を、教育の諸手続きを媒介に、最大多数の個人が成熟と自律性へ到達するための導きにする義務をもつのである。

第三に、コンドルセは啓蒙の理念によって、進歩に関する科学的理念を、科学は人間の道徳的完成に寄与するという確信と結びつけようとした。権威、とくに反動的教会によって代表される権威に対する理性の闘いにおいて、彼は科学的合理性によって、規範的次元の諸問題に満足のいく解答を与え得ることを期待した。価値についての過ちは、誤った哲学、それ自体自然現象についての誤った理解に依拠する哲学によって説明される。反対に、実践の領域において真なるものを生みだすのは、物理学的な真理によってである(52)。コンドルセは、道徳科学は自然科学と等しい水準の正確さと信頼性を獲得できると主張した。さらに、自然科学と接することで、個人の感受性と倫理的判断力はおおいに改善されるとした。

第四に、科学的精神の発達、およびその探究領域を実践の世界にまで広げること、さらに人間が合理的に自己決定できるようになることは、単一の運動となり、最終的には集団の生活形態の改良をもたらす要因になる。その際には、個々人によって生みだされた進歩も政治的に組織化されるに至る(53)。

理性の理念は分割されず、人間の本性と物理的自然とに等しく適用される――したがってその間にはいかなる本質的な違いも存在しない――ゆえに、たとえば化学的な事実は、道徳的政治的問題に関わる事実と等しく数学化することができることは明らかである。人はそれらについて合理的な知識を得られるのである。したがって、コンドルセが主張するような科学の理解は、この場合だけをとりあげてみても、個々人が社会化する際の規範の役割を説明するだけにとどまらない。それは判断をも表明する。実践領域において真なる言明をなすということは、諸価値が理性と合致しているかを確認し、望ましいことを望ましくないことから識別することでもある。道徳の分析と科学の分析とが分離していないため、科学の進歩は全体的な進歩という視座において位置づけられ得る。全体的な進歩とはすなわち、合理化の過程によって真理と善の漸進的な達成を作りだす歴史の方向性のことである。

歴史的現象の展開は、物理的人間的自然の諸要素の理解と実現の増大を示している。その限りで、この運動の普遍的側面が諸社会全体へと伝播していくことこそが本質的である、とコンドルセが判断したとしても驚くべきではない。じっさい、彼にとって、地球の表面から誤った意識を取り去り、科学と正義が無知と専制に勝利するため働くことこそが肝心であった。彼はさらに進み、啓蒙的知性によって擁護され、科学的・道徳的・政治的進歩と同一視されたヨーロッパ文明のモデルこそが、他の諸国民がまだそれと自覚せずに、実は渇望している諸原理を示していると強調したのである。彼にとって、それら諸国民にその原理を啓蒙することが重要であった。

　しかし、この美しい体系にも関わらず、理性の統一性や物理的現実と人間的現実の統一性という主張は、十九世紀はじめには解体したのも事実である。今後、正当性という主題に対して申し立てられる異議は、近代の亢進という文脈において理解しなければならない。

三　近代のラディカリズム、社会科学、正当性

　啓蒙的知性の企図の中心にあった、科学的分析と実践的次元の一致は、十九世紀には告発の対象となり始める。この争いの結果、正当性についての両義的な考え方が生まれた。諸価値の序列の現実性と、理性に基く判断の基準の存在とが疑われることになっていく過程を説明するには、以下のように議論を進めるのがよいであろう。根源化され、絶対的に実現されるとされた啓蒙の諸原理の普及は、社会の発展というレヴェルにおいて、それに伴う社会科学の歴史においてと同様、信頼性の危機を引き起こした。そこに見出されるのは、近代の根本的理念に影響を与える方向転換である。

　このメカニズムは、科学と道徳的政治的善の領域との結びつきの拒絶、さらに一般的な視点からは、世界の脱魔術化されたヴィジョンに行き着く。この脱魔術化は三つの仕方において現れる。すなわち普遍化・解放・合理化の諸現象に関わる。この三つの現象は不可分のものであるが、ここでは別々に検討することにしたい。

1　啓蒙的普遍主義の普及と諸国民間の衝突

啓蒙的知性の企図における、科学の活動と価値の次元との関係を分析することで、思想家たちが闘っていたのは、すべての国民に適用可能なモデルを打ち立てるためであったことがわかる。啓蒙的知性が自らの願いとした個人的・集団的生活形態は、より高度な文化にあるとされた。この形態こそ、人間の共同体の完成の度合いを測る単位となった。

すべての民族は真理や自由の理念にあこがれる。したがって、その中でもっとも先進的民族こそが、もっとも遅れた民族を正しい方向へと発展するよう気を配らねばならない。啓蒙のさまざまな諸社会への拡大が、真の福祉の普及と同一視される。しかし世界の意味を体現し、自らの原理をすべての個人と国に採用させることにこそ進歩の確かな証を見出そうとするこの願いは、発展していく中で、視座の転換をもたらした。啓蒙の諸価値が普及するにつれて、普遍化のダイナミズムは反転し、むしろ文化の多様性と視点の多元性との主張に行き着いたのである。この現象は二つの補完的な側面を含む過程によって生じた。理性の名において一つの行動指針を課そうとする、啓蒙された文化圏の拡大につれて、啓蒙の諸理念は、さまざまな時間の幅と形態とにおいてではあるが、単独性や特殊性の権利を訴えるための武器として用いられるようになったのである。このメカニズムを説明するのに、二つの例があげられる。第一はヨーロッパ・モデルと非ヨーロッパ社会との関係に、第二はドイツの歴史学派に関係する。

近代西洋と非ヨーロッパ社会との関係に対する、啓蒙の普遍主義の影響は、二重の運動を引き起こした。一方において、啓蒙の普遍主義は、植民地化の企てとともに、ヨーロッパの、世界の他の部分に対する優越意識を生みだした。啓蒙的知性から生じた進歩の観念は、後進的と判断された諸民族の犠牲の下になされた征服活動を、多かれ少なかれ偽善的な仕方で正当化するのに用いられた。西洋人の攻撃的な利他主義によって彼らの組織構造を破壊された諸民族は、生き抜くためには学習せざるを得ないが、彼らにとってはなじみのない生活形態を余儀なくされた(54)。さらに、啓蒙の哲学者たちによって擁護された歴史の段階的な理解は、十九世紀の間におけるさまざまな進化理論の出現を促進した(55)。このように見ると、進化論とはあえて一線を画そうとしたもっとも進歩主義的な思想家たちもまた、そこから完全に免れてはいない。マルセル・モースとエミール・デュルケムの場合がそれを示している。モースは進歩の名の下になされた植民地化に真に反対しなかったし(56)、デュルケムも進化論的な実証主義社会学のもっとも厳しい批判者であったにも関わらず、その主張から完全に距離をとることはなかった(57)。

しかしながら他方、帝国主義や新植民地主義によって受け継がれることで今日なお精神と実践を深く決定している優越感情と相並んで、啓蒙のメッセージは同様に、ヨーロッパ・モデルとは異なった文化の存在の権利を認めることにも寄与している。このように見た時、ヨーロッパ・モデルは、中国・ロシア・インドの文明と同格の、人類学的諸類型の中の一つとして捉えられる。ヨーロッパ・モデルは真と善を体現しているとの口実の下に、自分は何ら不都合なしに、出会った諸民族に自らの価値体系を押しつけることを許されるというような特権的地位には立っていない。では、啓蒙の普遍化の現象によって、人間の共同体のさまざまな諸形態が考慮されるようになったとすると、それはなぜであろうか。それは、合理的諸原理の実現をさまざまな諸社会に拡大しようとしたとき、非西洋社会の個別の特徴を認めることの拒絶が、完全に消えないまでも、状況の転換をもたらしたからである。啓蒙の諸理念、とくに自由と個人の尊重という理念に忠実であることによって、固有の文化の独自性を考慮に入れるべきであるとの感情が発展したのである。この変化は、ヨーロッパ文明と、それとは隔たった社会との関係の再調整を促した。この再調整の枠組みの中で、社会組織の諸形態の正当な多元性が強調された。さまざまな諸社会によって示される価値体系間の序列の問題が提起され、ある人々は近代西洋世界を頂点とする段階論に基く社会分析を拒絶するようになった[58]。

この視座の逆転は、部分的には、啓蒙的知性の企図において科学の活動を道徳的政治的規範の総体の拡大と結びつけていたつながりを断つことにもなった。理論と実践との区別の欠如に代わって、中立性の方法論的要請という、社会現象の研究に関わる科学の新しい信仰箇条が現れたのである。

啓蒙的知性から生じた二つの道、すなわち一方はヨーロッパ文化の優越性を疑わず、他方は諸社会の多様性を正しく認めようとした、この二つの道の間にあった緊張の産物であるこの信仰箇条は、文明の多様性を認識への顧慮と調和させようと努めた。この信仰箇条は、啓蒙的知性において科学の原動力であった道徳的野心を放棄することで、科学知への信念を体現しようとしたのであった。またこの信仰箇条は相対主義の道を切り開くことにもなった。この危険がマックス・ウェーバーの方法論的考察とともにどのように顕在化したかを理解するには、まずドイツ・ナショナリズムが、部分的にではあれ、いかにして啓蒙的知性から生まれてきたか、そして啓蒙の普遍主義におけるドイツ歴史学派の刻印がいかに世界観の違いの主張へと導いたかを分析することが重要である。

フリードリヒ・マイネッケは、一八〇〇年ごろドイツにナショナリズムが生まれてきた文脈を分析して、次のように指摘している。ドイツ・ナショナリズムは当初、外国権力の従属下におかれまいとする意志の産物であるとともに、啓蒙の諸原理によって生じた深い印象、それによってもたらされた強力なエネルギーの再生の結果であった。この際の外国とはフランスであり、いかなる障害もフランスを止められないと思われていた[59]。ドイツの国民意識の発展がとくに啓蒙の諸理念、そしてそれらの同時代のヨーロッパ政治への具体的な普及の結果であることについては、議論の余地はない。啓蒙の諸理念は、ドイツ語圏において国民感情を結晶化させるのに寄与した。こうしてたとえば自由や自決の価値は、プログラムとしての国民概念への取り組みを可能にする道具となった。フランス革命の生みだす摩擦がどのようなものであれ、それらの価値の実現は可能であるばかりでなく、君主制では呼び起こすことのできないような活力と熱狂をも生みだすことが示された。そのうえ、この諸原理の真理の保有者かつ擁護者として現れた、革命的そしてナポレオン的なフランスの拡張主義的ダイナミズムによって、ドイツには敵が与えられた。この敵を追い払うには、改革と近代政治のいくつかの特徴を取り入れることによって、相手の力と同じ水準に上昇するしかないことが確信された(60)。言い方を換えれば、啓蒙の諸理念の拡大によって、ドイツ人は、その中で人民と国家とが強力に統合される一つの実体を構築する野心をもつようになった。そこにおいて自己を主張することこそが、国民が主権者となったことを示すであろう。

しかしながら、別の要因もある。たとえばドイツ人は先行する政治組織の枠内において、自己意識を十分にもたなかったため、国民理念の強化の過程は全面的なナショナリズムへと向かった(61)。フランスの集団的アイデンティティの形成は本質的に、十九世紀にはすでに確立されていた。これは対内的にも(62)、また揺るぎない認知を受けていて、自らの存在の権利を疑うことはなかった対外関係においても、そうである。ドイツではそうではなかった。この時期、国民に向かってのドイツの主張は、まだ非常に脆弱であった。対外面と同様、対内面でも、法治国家と民主主義という普遍主義的な価値志向と、国民意識を明確にする特殊主義との間に平衡がとれないまま、ドイツ的主張が発展していった。同時に、ドイツ・ナショナリズムは、自由の諸理念、とくにブルジョアジーによって権利として築き上げられた、個人に関わる自由の諸理念を犠牲にすることによって国民統一を実現したのであり、外国人への不信を愛国心と同一視するようになった。

プロイセン国家はドイツ語圏において短期間での統一を確保する切り札とみなされた(63)。プロイセン国家は、さまざまな諸地域の割拠主義と国際環境における敵意に打ち克つのに役立った。自由主義者たちが民主的改革の要求において譲歩するようになり(64)、あるいは彼らの要求をプロイセンに強いることができなくなるにつれ(65)、国民理念はプロイセンの権威主義的組織によって代表される国家神話との融合を余儀なくされるとともに、集団的意識の確立は、市民社会の国家利益へのすり寄り、すなわち市民社会の消失を認める方向へのすり寄りにつながっていった(66)。

政治的近代化は、国家と一体化した官僚的合理性の採用にとどまった(67)。民主主義の、とくに権利において平等な市民によって形成される人民の主権を示す民主主義の諸価値の制度化は排除された。政治的近代化の行き着いたのは、国家がすべてであり、利害の不一致は司法の媒介によって解決され得る対立としては決して取り上げられず、むしろ衝突や対決として続くような状況であった。対外的にも対内的にも事態は同じであった。政治当局への反対は不忠や裏切りの行為とみなされたからである(68)。対外面に関しては、外国人に理解されていないという印象から、とげとげしさ、恨み、攻撃性の態度が生まれた。この態度に加わったのが、国家万能へと還元されてしまった国民意識の形成によって、ドイツと他のヨーロッパとの関係において対抗的な性格が目立つようになったという事実であった。そのような状況の中、国家諸制度と同一視された集団的アイデンティティや集団的個性という概念から、新しい歴史観が生まれた。この歴史観は、国家制度が自己決定し、自らの法律にしたがって自由に行動する権利を承認した(69)。要するに、このような国民へのアプローチは、権力政治に道を開いたのである。

十九世紀のドイツ歴史学派は啓蒙の普遍主義の発達に貢献した。この学派は世界中の、また世界についての、国々によって異なる視点を強調する運動に加わり、この主張はドイツの現実において独自の方向性をとるようになった。じっさい、ドイツに歴史学派が生まれたのは、一方で啓蒙主義が非常に重視した自然法論の拒否、およびそれがもたらしたフランス革命のような動乱の拒否と表裏一体をなしている。またドイツ歴史学派は、伝統に中心的位置を与えることで、啓蒙主義が訴えた断絶の承認を拒否した。現在を、現在とつながったものとして生きられている過去から断絶させることを拒否したのである。個々人と諸民族が、歴史的認識を媒介に、自らの根を内省的に再び自らのものとすることによって、道を見出していくことを願ったのである。ドイツ歴史学派にとって重要であったのは、個人の生と社会の生を、自らに固有の原理と実践の総体の展開の中に位置づけることであった。

しかしながら他方で、このようにして生まれたドイツ歴史学派は、啓蒙の諸理念によって手ほどきをうけた、ドイツ国民としての自己意識を確立する過程の当事者でもあった(70)。人間は歴史的に承認された価値の共同体に根をおろすことによって、自らの時代に適応すべく考えたり、行動できるようになる。そのように考えることで、国民意識を打ち立て、個人を集団へと同一化させることに貢献したのである。ドイツに特殊な状況において、歴史学派は啓蒙の諸理念の普遍主義を逆転させることによって、これを継承し、根源化させたのである。この点からすれば、ドイツ歴史学派は個人や社会の生のさまざまな側面がもつ根底的に歴史的な性格を強調することで、現実についての歴史主義的な理解を発展させるのに一役買ったが、この考え方は現象についての非合理主義的で相対主義的なアプローチという形態をとったのである(71)。

したがって、歴史に根をおろすことの重要性を強調し、それが個人的・集団的アイデンティティの思考・選択・行為の決定に重大な影響を及ぼすことを主張することによって、ドイツ歴史学派は、以下の二つの議論を擁護したのである。決定や行為がなされる際に、歴史的な根をもつことが考慮される限りにおいて、まず第一に明らかになるのはそれらが理性の助言に基いていないことである。とられた方向性は、客観的あるいは理論的な確信を示すものではなく、またそれに依拠してもおらず、状況の産物であり(72)、歴史の地平がもつ限界によって限定されたままである。

次に、歴史的構造の表現でもなければ、その結果でもないような世界観をもつことはできない以上、どのように振舞うべきか、何を欲するべきかを、すべての人に妥当する形では言うことができないことになる。むしろ逆に、立場の多様性と独自性が至上の価値をもつと信じられた。この信念によって、個人あるいは集団に発するものであれ、過去もしくは今日の社会と文明に関わるものであれ、さまざまな視座は等価であることが承認されるようになった。ドイツ歴史学派は、人間の条件の歴史性の重みと、いかなる理性も裁定したり序列化できない諸実体の相対性とを、同時に主張したのである。

もしマックス・ウェーバーが啓蒙の普遍主義とその根源化が引き起こす逆転のメカニズムを永続化するだけで満足していたなら、おそらくは文化と意見の多様さを考慮にいれつつも、相対主義の危険に身をさらさずにいられたであろう。しかしながら、この時期のドイツの歴史的状況、すなわち、対内的にも対外的にも、政治生活には調停の局面より紛争の局面が多く、理念をめぐる論争が歴史学派による方向づけによって強く影響されていたという環境において、彼の歩みは異なったものになっていった。

考えようとした諸問題に対して、確かに彼は独自の解答を定式化した。とはいえドイツに固有な文化的世界は、高まりゆく実証主義への傾向とあいまって、社会学的な合理主義を拒絶させる方向に彼をつき動かした(73)。すなわち彼は、現実についての、理性の視角から何がよくて何が悪いかを説明するような知識を拒絶したのである。この点から見ると彼はデュルケムとは異なる。デュルケムは社会学的合理主義の傑出した代表者として、客観性と中立性を単なる方法論的指針とみなし、科学的理論と規範的に望ましいものとの間に紐帯が存在すると確信していた。この紐帯によって、個人と集団の間の視点の相対性はある方法論的次元、すなわち絶対的な相対主義にはつながらず、むしろ未来についてのある種の楽観、またこの未来の建設にあたって社会学に帰せられるべき役割についての、ある種の楽観を可能にする方法論的次元に限定されたのである。これに対しウェーバーは、事実と価値の分離こそが全面的であるべきとし、相対主義の流れや膨張に対しては何らの堅固な防波堤ももたないような科学観のために奮闘した。諸々の価値論的体系間の紛争にみちた関係は、正しさを示す基準によっては解決されえない。科学的な基準として役立つような原理にたよることは、それ以上に不可能である。立場の多様性と、それらが引き起こす対立は、神々の闘争の様相を呈した。競い合う神々たちの間で、誰も理性によって自己決定することはできない。

各人が誇る真理は論証不可能であることから、マックス・ウェーバーは科学のとる規範的に中立な態度こそが最小悪の解決をもたらすと考えた。恣意的な価値判断を基礎に他人の賛同を得ようとする意志にまつわる行き過ぎから科学知を守りつつ、視点の多元性を尊重するためには、それが最善の方法であった(74)。恣意的な価値判断を排除することで、科学的観点は誰にも自らを押しつけないし、何人にも服従しない。

科学がもたらす知識を守ることを願いつつ、対立の解消不可能性を主張する前提にあったのは、社会現象についての客観的なアプローチを可能にすることで、科学を価値論的な対立から免れさせることであった(75)。科学の活動を、合理的には評価し得ないような要求から切り離そうとしたウェーバーは、正義の要請と調和する選択がなされるように、序列づけの観念をさまざまな価値体系から導きだす必要はないと主張したのである。

どれだけ長所があったにせよ、ウェーバーの歩みは科学的分析の地位を脆弱化し、絶対的な相対主義という大きな危険にさらさせることとなった。科学への信念が、道理ある理性(76)、すなわち単に道具的なだけではない理性の概念との結びつきを失うにつれて、科学的真理は科学に属さない意見表明とほとんど同じくらい基礎づけの弱いものとなったように思われる。中立性という方法論条項は相対主義的なニヒリズム、すなわちある選好は他のいかなる選好とも同じように受容されなければならないとする議論に対してまったく無防備であった。決定の偶然性という主張の結果、科学の活動は脱魔術化された拠りどころとなったが、その効用は同じように脱魔術化された世界において、非常に不確かで問題の残るものであった。その影響は政治的正当性の観念において、非常に明白である。このように見たとき、政治的正当性の観念は真の統治の権利に合致した権力行使の条件を決定する規範にはなりえない。この観念は単なる信念、あるものがその状況において正当性をもっているという意見であるにすぎなくなる。

このように、価値の次元と科学との間の結びつきが啓蒙的知性の企図を特徴づけていたとすると、この結びつきはその原理の普遍化を徹底させる運動をも引き起こした。この運動は今度は理論の領域と実践の領域とを分離させ、マックス・ウェーバーはこの分離を断固として要求した。このメカニズムの帰結は、ウェーバーの方法的考察が今日社会科学の分野でパラダイムの役目を果しているだけに、より目につく。研究者の大半は、社会学的合理主義よりは、ウェーバーの立場に賛成している。統治の権利という問題に対して反論がなされるのも、またそれらの反論の弱点も、とくにこの論理のうちにある。

2　正当性と、解放の要求のいくつかのパラドクス

個人の解放に付与された価値、とくに啓蒙的知性に端を発する個人の解放に付与された価値は、フランス革命によって一般的なものとなった。この価値は十八世紀の終わり以来、民主政治の象徴にして中心的原動力となった。治者と被治者の関係においてもこの価値が具体化することで、正当性というテーマが正面に現れることになった。しかしながら、その現れ方は、ある見方によれば反生産的なものであることが最終的には明らかになった。

政治生活の働きが基本的には個人の解放の観念と等しいとされた時、すなわち、個人の権利を尊重し、よりいっそう実現していくことこそが、治者と被治者の間の正当な関係の樹立において重要な役割を果すようになって以来、統治の権利につながる要請を満たすための条件は、達成することが著しく困難なものとなった。正当性問題について視座の転換が生じたのである。

個人の解放に関わる啓蒙の諸原理の発展によって、根源化のメカニズムが始まった。このメカニズムの中で、啓蒙の諸原理は正しい政治を決定するのに寄与することで、根本的地位に立ったばかりではなく、それに加えて、はっきりとわかる諸作用を伴わなければならなかった。価値の水準を現実の水準と合致させようとする流れの中で個人の解放も追求されたのではあるが、この流れは失敗を運命づけられていた。本質的な規範を全面的に達成すること

は、実際には不可能であるからである。この結果、社会的政治的諸関係に法的な角度からアプローチすることは信頼を失なうことになった。これらの根本的原理を実現しようとする諸制度ばかりでなく、権利の観念そのものまでも否認された。法的次元は、体現することを期待された価値を現実化できないゆえに、諸行為者の間の関係の規制形式として根本的に批判されるべきであるとされ、信用を失墜させたのである。

十九世紀の初め以来、マルクス主義の影響の下に、法的次元は社会的政治的正義のために働くとする考えが拒絶されるようになるが、この拒絶は何よりも以上のような意味において解釈することができよう。マルクス主義における個人の解放の企図は、体系的であろうとした。この企図は、代議制民主主義によって作られた法治国家を完全に形式的なものと判断し、これとはっきりと一線を画そうとした。法治国家において代議制は絶対的なものとみなされた。その基礎にあったのは、解放の諸理念であり、それらの諸理念こそが、完全に、かつ一刻も早く実現されるべき歴史の意味の表現にして目的であった。しかし現実が想定された究極目的を十分に達成することはないため、型にはまった法律活動ばかりでなく、法一般が無効とされてしまったのである。啓蒙的知性に源を発し、マルクス主義の論理によってその限界まで達した個人解放の願望のために、正当性の問題は貶められることになってしまった。

近代の民主制の枠内において、個人の諸権利とそれを満たすべき必要性の承認は、超越的宗教や伝統からの解放の運動にも同様に作用するものであるだけに、よりいっそう、主体解放の願望は状況の転換を引き起こすことになった。このため、人間共同体の自己意識は、自らがどれだけ自律的に行動できるかによって決まるようになり、主体が自らの存在や自らが生きる環境に対してもつ責任感情も変化するようになった。この過程の一つの帰結として、政治的諸制度に向けられる圧力が高まり、それらのもつ正当性の問題性に関心が向けられるようになった。じっさい、この新しい状況において、個人は事態の流れに自らも参加できるという感情をもつようになった。これを経験することは、自らの責任と、また同様に共同体の他の部分に課せられる責任を自覚することでもある。

伝統的社会において、治者が責任をもつ事柄は、自然の神秘に対する個人の無力さの感情によって、最小限化されていた。この感情によって個々人のもつ、宗教や伝統についての感覚は強固なものとなり、しばしばこの感情が明確な序列の次元と結びついて、治者もすべてのことを解決できるわけではないと、被治者も考えるようになった。その結果、治者は被治者の非難に体系的にさらされることはなかった。これとは逆に、世界に張り巡らされた近代性の支配力、および個人の諸権利に認められた優越性によって、近代民主制においては、政治指導者に対するコントロールと彼らの責任とが強調されることになった。指導者は集団に影響を与える事柄すべてにまで責任を負うわけでなく、また出来事に介入する権力は無際限でないと認められるとしても、彼らの統治の権利の承認が常に宙づりになるよう、指導者はその決定と行為との責任を全面的に問われるのである。

近代民主政治の発展は同時に国家に課せられた任務の増大をもたらす。まさにそれだけいっそう、近代民主政治の働きに付与された責任は、諸制度の正当性を常に問題としていく。この展望の中で、国家は異議申し立てのための選り抜きの標的となる。国ごとに国家領域による介入操作に認められる幅が違っているにせよ、近代民主制における国家は次のような結果を導くほどの重みをもつ。すなわち、政治的諸機関の権限とその責任の範囲とが、同時にそれらの脆弱な面にもなるということである。政治的諸制度に付与された使命が増大するにつれて、それらに対してなされ得る批判も増大する。国家の任務とされるサーヴィスがたどる増大曲線と比例して、争点の政治化も進んだ。この現象が、北米においてはヨーロッパほどには正当性が中心問題にならないことの説明となるというのは、部分的には正しい(7)。アメリカ合衆国において、国家諸制度の役割は伝統的に制限されており、正当性は大西洋の反対側ほどには論争を引き起こさなかったのである。

最後に、近代社会と社会科学との歴史の全体を一目で見渡せるよう、合理化のテーマに言及するのがよいだろう。正当性の問題に向けられた批判もこの歴史の中に含まれる。

3　合理化、魔術からの解放、正当性

合理化は啓蒙的知性の諸理念の発展と根源化との運動の、第三の要素である。しかしながら、この合理化は、これらの理念を反転させることで、正当性の問題の重要度をおとしめる、両義的なアプローチを許す方向に導いた。

すでに見たように、啓蒙的知性の企図における理論の領域と実践の領域との結びつきは、統一的理性の諸力への無限の信頼において現れた。この統一的理性は、とくに伝統や宗教によって代表される、無媒介で誤った知から個人を解放することで実現されるとみなされた。この展望の中での目的は、偏見から解放されるために、個人が自分と自分のいる環境に対して、距離をおいた見方ができるようになることであり、制御するよりむしろ受容することであった。それでも、事実と価値とを和解させるのに寄与するとみなされたこのメカニズムが、逆の結果を生みだしたことには変わりはない。

理論的、倫理的そして政治的な認識の成功が現実の合理的発展を明らかにし、祝福することにつながるような透明な世界への発展は、すぐに限界にぶつかった。逆に行き着いたのは魔術から解放された世界であり、その中では科学的に基礎づけられた規範を打ち立てることは不可能であった。啓蒙の楽観主義は社会現象の研究に取って代わられた。この研究は社会現象を合理化として、言い換えると、理性的基礎づけの理念から切り離されたものとして説明した。

啓蒙的知性の諸原理が引き起こした認識の力学は、期待された目的を達成しなかった。社会科学による現実の分析の発展は、社会問題に対する合理的な角度からのアプローチを打ち立てるには程遠く、十八世紀に提起された方向性と縁を切ることになる。啓蒙的知性の企図において、研究と知の論理は、合理性の理念によって導かれていて、

この理念からすべての意味と限定づけを受ける。しかしながら、社会現象を常により完全でより根底的な仕方で解明しようとする野心によって、科学活動に帰せられる解放の価値は反転し、所期の目的と断絶するに至る状況が生じた。理性の世界との関係における科学の自律化が生みだされたのである。合理化問題が理性の探求に取って代わった。

認識への関心が個人を解放しようとする願望と完全に分離しているわけではないにせよ、知の生産は、それ自体で自足するメカニズムを作動させ、かつては知の生産を当為の表明と結びつけていた紐帯を断つ傾向がある(8)。集団的次元と個人レヴェルのいずれにおいても、態度と思考は、規範の領域との直接的な関係において研究されることはない。強調されるのは、個人や社会が所与の文化や状況の中で発展していく仕方を、理性の見地から評価することなしに説明できる、説得力ある記述的図式を打ち立てることである。

個人や社会が自らを位置づける真理の諸価値に決定を下すよりも、個人や社会がどのように行動するかを説明することが問題であった。したがって、行動の熱情にかられた個人的・集団的主体のレヴェルである、実践的関与のレヴェルには立ち入らず、関与の目的を理性の価値的序列に従ってはっきりと分析することも斥け、ひたすら解明すべき現象を生みだす諸要因の連続を再構成しなければならない。この際、世界への行為者の実存的な関わりによる理解には批判的立場をとり、出来事の論理を復元することを目指し、距離を置いた再構成こそをよしとする、社会的政治的現実の記述こそが、参照された。個人が自らの行為を正当化するためにもちだす理由については、真の評価は存在しない。

したがって、現象を説明するとは、歴史を枠組みとして、従属的諸要素の網の目の中でこれらの現象を研究することに等しい。このように見ると、解明の作業とは、社会における人間の生活の諸局面の経過をたどり、彼らの実践がなされるさまざまな諸領域を検討し、とくに経済、政治、社会、文化そして心理の諸分野に重点をおくこととなる。合理化という意味における認識の方向づけは、理性からの分離のメカニズムを促す説明のらせん的進行をもたらす。

およそ研究の関心を引くのは原因とアプローチの方法であるが、現実の歴史的分析において、これらの原因と方法が無限に増大する可能性が出てきたことに、この分離の最初の現れが生じた。各要因は、再構成すべきパズルの一かけらかもしれない。研究者のエネルギーの大部分はデータの収集に当てられた。このことが確かに研究者の目を、集められた情報の実践的な意味からそむけさせた。

その後、歴史的視座においてものを見ようとする運動は、特定の対象に限定されるどころか、個人の生活の構成要素のすべてに適用されることが明らかになった。啓蒙的知性の力学の源泉であり、かつ知の試みを正当化する役割を確かに果した諸価値も、この運動によってたちまち取り込まれてしまった。とくに啓蒙のヒューマニズムの中心テーマであった真理と理性という理念までも歴史化してしまうことで、この歩みが危険にさらしたのは啓蒙的知性の企図そのものであった。真理と理性という理念は、日常的現実の他の部分と同水準まで、すなわち内在性の水準まで引き下げられ、判断基準かつ目的としての資格を有していたかつての特権的地位を奪われることになった。認識を通じての解放の現象は、一つの過程に変容していく。そこでは、学ぶこととは何より自己と世界から距離をおくことであり、和解への期待に疑問が投げかけられるようになった。

歴史的アプローチが、合理的問題設定の道具的次元への還元と不可分になるにつれて、知の理念の根源化は現実を合理化として説明する方向へと向かった。じっさい、諸々の出来事を歴史的展望のうちにおくことは、それらを偶然性にさらすことを意味した。このようにして、出来事は必然的な発展の産物ではなく、むしろ各人の決定と行為の結果であることを示すような媒介変数が導入される。

近代社会は自らのアイデンティティを自覚するにつれ、よりいっそう環境のコントロールによって、日々自らを定義するようになり、この動きと平行して、社会科学の領域において、現象を意味づける価値を殊更に——もっぱらというわけではないにせよ——規範的判断と結びつけて検討するのは適切でないとする主張が広まった。むしろ重要なのは、諸現象を分析する際に、個人が活用する戦略に集中することである。換言すれば、諸価値を積極的に考慮した人間の選択や行動の領域を気にかけるより、その領域が関与している手段的メカニズムを説明することが目的とされたのである。

たとえばマックス・ウェーバーにおいては、このようなアプローチが、志向性との関わりにおける行動の研究と対応している。社会学の目的は、何が善あるいは悪かを言うことではなく、個人の行動の原因にある意図を、彼らが直面する状況に応じて再構成することである。マルクスはといえば、ある集団の構成員間の関係を、階級闘争、すなわち権力を目指す個々人間の手段的闘争から説明することで、その理論を打ち立てたが、法や道徳に対する自らの批判が価値論的な基礎の上に立っていたことを、はっきりとは認めなかった。こうした見方において、そうと決して明示的に認知されることのないまま、社会の問題は判断されていったのである。分析が人間のとる態度の論理を記述するにあたって、合理化が舞台の前面に据えられる一方、価値判断は十分になされることはなかった。

このように、正当性の概念に対してなされた批判は、それがいかに主張していようとも、社会と行動の発展、さらにはこの両者を近代性の枠組みの中で分析することと結びついた、ある体系的な世界理解の一環であった。

今やこの考察をよりいっそう進めるべきである。これまでに明らかにした諸要素の上に立ち、正当性との関連で政治現象を信頼し得るように説明するには、以下の問いに満足のいく答えを与えなければならないことを示す必要がある。何が正当で何がそうでないかを決めるための基準の表現として理解された、統治の権利というテーマを放棄することなしに、いかに個人的並びに集団的な諸視点の多元性を尊重するか。推奨される選択が恣意に陥るのを防ぎつつ、どの程度紛争を説明し得るか。変化に満ちた世界の中で、どのように正しく判断していくか、あるいは相対主義やニヒリズムから距離をとりながら、いかに現実の歴史的次元を考慮に入れるか。以下の章では、これらの問いに答えがあること、正当性の真の可能性、換言すれば正義という角度からの政治生活の評価は、その答えにかかっていることを示していきたい。

第四章　社会科学、歴史性、真理

社会科学がその対象の歴史性を解釈する方法を見れば、社会科学の説明の手続きにおいて何が正当・不当かを言明する価値判断に頼ることについて両義性があること、それどころか価値判断に頼ることが排除されていることを、部分的には説明してくれる。この状況から抜け出すためには、社会的政治的現象の歴史的性格を適当ではない仕方で説明し、治者と被治者の関係についての研究における真理の地位について否定的な帰結をもたらす科学観から離れるべきである。

事実、社会科学が判断と価値の次元を組み入れていないとすれば、それはとりわけ、社会科学による現象の歴史的側面についての記述が、善についての不幸な意識を示しているからである。社会についての科学的分析が整合的に政治倫理や統治の権利という主題に取りかかれないのは、社会的事実の歴史性についての適当ではない見方と関係がある。

この無能力の現れ方に三通りある。第一に、社会についての研究が、厳密に自然科学の説明的論理を取り入れることとである。この場合、社会的政治的諸問題をその特性に合致しない分析に服させることになる。ところがこの特性を考慮に入れることこそ、治者と被治者の関係を正当性の角度から研究することにしかるべき地位が与えるための条件の一つなのである。

第二に、指導者と被指導者の間の関係の展開に固有な歴史的性格を考えることにこだわりつつ、それを科学的要請と折り合せようとした理論——マルクス、ウェーバーやその影響を受けた人たちにおけるような——もまた、その対象の歴史性をよりよく尊重することに成功したわけではなかった。というのも、それらの理論はとりわけ法からその実質を取り除き、法の役割を過小評価することになってしまったからである。

第三に、このように社会科学が政治における善の問いを十分に扱うことができなかったことは、社会科学における近代理解と切り離しては考えられない。この理解は、近代世界の歴史化の再帰的な過程について、現実についての科学的な記述と絶対的なものへのノスタルジーとを結びつける解釈を示した。しかしその結果、正当性という主題は、その意味と透徹した批判的影響力を失う代償を払って初めて中心的位置を認められることになったのである。

一 法則定立の誘惑と、社会的事実の歴史的側面

社会科学が自らの分野の特性を説明できないことを示すには、社会的現象の歴史性によって引き起こされる価値論的次元を解明し得ない説明装置を用いていることを強調すべきである。議論を進めるために、三つの軸に沿って考察を組み立てることにしたい。まず第一に、自然科学の影響を受け、法則を打ち立てようとする野心によって突き動かされた、社会的事実の記述について触れる。次にこの種のアプローチと社会的政治的事実の歴史的次元との間の断絶に関係する、この研究プログラムの挫折について検討する。最後に、このような精神においてこそ、実践的真理への顧慮は排除され、ひたすら方法論的関心への専念に取って代わられることになったことを証明する。

1 社会科学における法則研究の症候群

自然の事実についての科学的研究に対して社会科学が負っている部分の大きさを象徴する要素があるとすれば、それは自然現象を説明するのに用いられる法則と等しい法則を見つけようとする意志である。この意志こそが、社会科学の自己像、すなわち自らの活動のあるがままの、かつあるべき姿として抱いている像を決定するとされる(1)。

このような見方において、社会科学の目的は、その有効性が経験的に検証された法則を定式化することであり、

全般的射程をもつ言明を打ち立てることにある。このような意志のもっとも熱烈な擁護者を、科学的活動の統一性に好意的な著述家たちに見出せる。十九世紀のオーギュスト・コントやジョン・ステュアート・ミルに続いて(2)、今日では論理実証主義の影響下にある思想家たちがこの主張に好意的であり(3)、さらにはさまざまなスタイルにおいてカール・ポパー、カール・ヘンペルやエルネスト・ナーゲルの科学的認識論や方法論についての著作がその証言をしている。

この最後に挙げた人々はじっさい、社会科学の進歩は、社会科学と自然科学の分析との間の類似性を認め、発展させることと結びついていると考えている。彼らの主張によれば、現実についてのこの二つの種類の研究それぞれの概念と手法にも関わらず(4)、また自然的事実の分析を社会科学のある専門分野、とくに歴史において適用しようとして突き当たる限界にも関わらず(5)、両者の方法は全体的には同種のものである。両者は認識の同じ論理に属するのである(6)。社会現象の科学的分析の目的は、社会現象を因果関係において捉え、解明の枠組みとして構想された一般法則に包括することである。社会科学の営みは、発見された規則性に始まる現実の演繹、すなわち事実を仮説－演繹的諸関係の中に組み入れるという形をとる。この仮説－演繹的諸関係こそ、理論と実践との間の技術的あるいは道具的な関係を決定する予見能力を示し、社会現象の分析を集団のために用いることを正当化するのである。

2　法則定立のプログラムの挫折と、社会的事実の歴史性

しかしながら、社会的事実の科学的分析がもつ法則定立に向けての野心は、挫折を運命づけられたものであった。実際のところ、得られた結果は、科学的分析が自然現象から引き出したものと同様の規則性を定式化し得るものではなかった(7)。この限界は方法の選択に内在するものである。なぜなら普遍的な使命をもつ命題を作ろうとする願

望と、歴史性に根ざした対象の特殊性との間には、断絶があったからである。

社会的事実の分析の活動範囲のありようそのものが、体系的法則の定式化に適していない。ポパーの用語を用いれば、理論的な社会科学と歴史的な社会科学との間に伝統的に現存する切断に反対するなら、そのことは容易に理解し得る(8)。この分離によって示されるのは、前者の目的が時間と場所の考慮に無関心な一般化をするのに対し、後者は正確に文脈に位置づけられた現象を検討するということである。この区別は緩和されるべきである。恒常的な規則を見出そうとする経済学者、社会学者、あるいは政治学者の活動に刻まれた形式化の水準では、その規則性もまた歴史に属する現実に向きあっていることを隠しきれない。研究の方向づけと理念を、解明すべき事実の本性と混同し、後者は根本的に歴史的領域とは無縁であると結論づけるべきではない。

社会的事実のさまざまな分析様式はすべて歴史的なものである。その対象は、本質的構成要素として、歴史的な次元を有する。その間に存在する区別は認識の水準に属するもので、存在様式とは関わらない。したがって歴史を他の社会科学と分離させる根本的切断、すなわち社会科学に自らがより科学的であると信じさせた二分法の理念に反対することが必要である。なぜなら歴史家が法則定立の野心の実現において出会う困難は、経済学・政治学・社会学の法則を調べる研究者においても同じであるからである。すなわち全般的射程をもつ言明を生みだすことができないのは、法則定立の企図が社会科学における事実の歴史的側面に適応できないこと、とくに価値の役割を満足のいく形で説明し得ないことと不可分なのである。

社会的領域において恒常的な妥当性を有する条件規則を打ち立てようとするプログラムが成功するには、このような方向づけが社会的領域の歴史的特性と両立可能でなければならない。ところが事実は明白にそれと異なる。法則を打ち立てようとする経済学者、社会学者、政治学者の状況は、自然科学の領域で展開している科学者の状況とは、非常に異なっている。じっさい、ニュートン物理学の厳密な決定論、あるいは最近の科学的研究によって明るみに出された相対的に開かれた決定論の枠組みにおいても(9)、観察者は現象を説明するのに、否定し難い決定能力をもった言明をする。今日の物理学が現象の展開において一部予見不可能性を認めるにしても、だからといって偶然性についての科学があり、この偶然性が計算可能な制限の範囲内にあることを示すのを妨げない(10)。

社会的政治的現象ではそうはいかない。そこから引き出された因果関係は、必然的な関係を示すものではない。歴史的決定論の構成要素では、あらかじめ決められた条件に従って、来るべき状況を予言することはできない。実際のところ、その歴史性によって、社会的事実は決して二度と同じくは起こらない独特な位相の中にある。したがって、社会的事実を結びつける諸因果関係は、物理理論の階層化された法則のようには、たがいに説明がつかない(11)。社会的研究の領域を構成する諸現象はあまりに多様な現実を形作っているので、それらの現象が一部をなす現実の決定過程は恒常的な結果を生みださず、一般的法則も打ち立てられない。それゆえ事態の全体性の中から絶対的な決定的役割をもつ要因を分離しようと欲することは、あきらめた方がいい(12)。

歴史の領域においては、個別の結果から恒久的で自動的な演繹をなすことを可能にする十分条件は存在しない。この領域において見出せるのはアプリオリの因果関係ではなく、ただ特殊な状況を示す条件的な関係のみである。確かに目標をもとうとする精神の自然的傾向と、科学性の規則に同意しようとする意志ゆえに、事実の展開様式を前もって正確に明らかにするような決定的条件の体系を探究することは奨励される。しかしながら、この種の決定性への理論的関心があるからといって、その決定性が社会的現象の歴史的側面に関わるわけではない。この場合、経験面と、恒常的要素に依拠しようとする知的傾向とが両立する、いかなる根本的理由も存在しない。

人間的現実の移ろいやすい性格に対して、社会科学が位置づけようとしている法則が示すのは、細分化された一側面である。事実の単なる歴史的記述と比べると、包括的な射程を有する規則性は、より優越した知識に開かれているように見える。というのも、その抽象化の目的は大きな集合を見渡し、空間的―時間的に決定された文脈に限定されない説明能力を保証することにあるからである。しかしながら、その利点は真のものではない。その規則性が拡張されるにつれて、不正確さと不確かさも大きくなるし、有効範囲も実践的には常に不適切である[13]。一つもしくはいくつかの要因を切り離し、それに絶対的な因果性の地位を与えることで普遍的であると称する規則性も、社会的現象の複雑性を説明しようとしてその不能を露にする。不当な前提に依拠した、過度な一般化となるのである。社会変動の理論から一例を借りると、もしある場合において、社会諸階級の存在が紛争を引き起こすとしても、マルクス主義が主張するように、すべての状況において階級が必然的に敵対関係を生みだすとは限らないのである[14]。

統計学によって、社会科学は包括的な射程をもった法則をつくりあげることが可能だと考え得るようになった。統計学はまさしく、研究者の手にある不完全な情報を最大限に活用することを目的としていることから、体系的な決定性と規則性との存在を主張することを求められた。たとえば、このような見方に立ったデュルケムにとって、自殺率の持続性は集団のもつ巨大な力を証明するものであり、物理－化学的エネルギーと同様に実在的なこの力は、外から個人を行動へと駆り立てることによって、個人を自殺へと追いつめる必然的な効力をもつものとされた[15]。ピエール・ブルデューもまた、統計学に盲目的に従うこと、あるいは統計学を科学的アリバイとして用いることには警戒的であるが[16]、理論仮説の検証過程においては統計学に主導的な位置を与えている[17]。彼は統計学を利用することで、諸要因の網の目の構造的な因果性——彼が直線的思考の直接的な決定論と呼ぶものとは一線を画し、かつそれには還元できないが[18]、法則としての価値をもつ——の重要性を明らかにした[19]。しかしながら統計学的アプローチに付与されたこの役割は、社会的領域において規則を定めるものとしてわれわれを納得させるには、決定的な脆弱さを示している。

社会科学の領域において統計学の貴重な助けがあることは否定しないが、統計学は法則を打ち立てるのに真に役立つことはないことを認めるべきである。実際のところ、統計学が免れないのは、恒常的原因を引き離す必要性と社会的政治的現象との間にある矛盾である。自然研究においては、少なくとも自然科学の地位が歴史性の特性によって著しく影響されることがない限り[20]、分析対象の属性に関わる不確かさは多数の観察とともに軽減し、統計学への依拠を決め手とすることができる。これに対し、社会的領域において一般的規則を作り出すのに統計学を用いることは、二つの困難につまずくことになる。

まず第一に、統計学は偶然の重要性を見誤る。統計学はさまざまな起源に由来する決定の錯綜を過小評価するのである。現実を構成する流れは無限に錯綜しているため、出来事の展開に影響する諸特徴を前もって記述することはできない。観察者が社会現象の歴史的生成の問いを包括的に定式化し、統計学の手法を用いて即座には見えてこないものを明示しようとするとき、彼は統計学の手法が明らかにし、巨視的に表現するはずの、ある固有な決定論を前提にしている。彼が忘れている、あるいは思い出さないようにしているのは、社会的政治的事実は、自らの加わっている状況と密接に関わり、偶然的な因果性になるような諸要因から生じうるということである。というのも、これら諸要因は、状況によっては予想し得ない形で物事の流れに影響を与える、分岐する連続性に属しているからである。

観察された諸要因を十分に明確にすることはできるが、それら諸要因では法則を示したことにはならない。さらに数の多さによる証明力が（数字の操作による[21]）虚偽の構成や一般化に基くものではないとしても、決定論それ自体が可変的なデータの蓄積の結果にすぎないかもしれない。確かにこのような見方において、巨視的な次元において捉えられた事実が明らかにする発展の一貫性は、偶然には還元できないものがある。しかし、だからといって偶然性の重要性がなくなったわけではない。たとえば、歴史的変化は内在的な連続性の内に含まれるものでなく、それに先立つ計算が何らの痕跡も残していない革新や、古くから打ち立てられた平衡を覆す要因の結果であるかもしれない[22]。社会的事実の領域において法則を作ろうとする研究者が、自ずと数の多さの効能に没頭するにも関わらず、出来事はその歴史性ゆえに、統計学も一役買っているような単純な過程のイメージには収まらない。必然性が直ちに現実であるというわけではなく、統計学は偶然的原因を補なっているというより無視している。

第二に、統計学を用いることで、個人の役割を戯画化することの中心的問題点が明らかになる。統計学が主体の影響や意義を見出すのは、主体の行動の総計のレヴェルにおいてである。個々に見た個人の行動は、因果性の力学において非常に偶然的であるにすぎない。このように見たとき、個々人が自らの行為に託した意図は、その実態と合致していない。したがって、統計学によって主体に割り振られた位置が示しているのは、主体がそれぞれに有する世界との関わりとは区別される、ある歴史の流れがあって、主体はそれに属しているということである。しかしながら、個人は統計学的アプローチによって隔離された機能に閉じ込められてはいない。

個々人は、総計としてのみ一貫性と重要性をもつだけの受動的な主体ではなく、むしろ、自ら出来事の流れを方向づけていく。彼らは偶然性の源泉なのである。彼らの態度は外的かつ先行する諸原因の単なる結果ではなく、決断の産物でもある。この決断こそ、無視できない熟慮の自由の大きさを示している。この決断が現実化することで新しい諸要因が導入されるが、それらはその結果を完全には見通せないものであり、さらには主体の戦略として目的を他人の目に不透明なままにしておこうとすることもあるので、予想できたりできなかったりする[23]。各人は個人の生活の地平の中で行動するが、社会の活動領域の展開はこの個人の生活の地平にかかっている。個々人の世界への関わりが作り上げる寄与なしには、継続や変化といった人間的活動の領域の働きは生じないであろう。

現実の歴史的生成における個々人の役割に関して、統計学が示す無理解は、歴史－社会的領域において全般的な射程をもつ規則性を打ち立てようとする意志の特徴である。恒常的なものを引き出すためには、形式化の試みに逆らう個別性の妥当性を最小限にしか認めない、さらにはまったく認めないことが必要となる。このような見方において、現実に対する各人の介入可能性が隠蔽されることは容易にわかる。それにも関わらず、人間的事実の領域において法則を作り上げようとする関心と、この領域のありようとの間には隔たりがある。歴史において社会的政治的現象を生みだしていく個々人の役割は、社会科学においてアプリオリな規則を打ち立てることの障害になっている。

人間の態度において、そしてまたその結果としての社会的事実の展開において、価値が占めている位置について、社会科学に与えられた研究プログラムが説明をなし得ない限り、個々人は規則性を打ち立てようとする意志の障害となっていく。

3 人間行動における諸価値と、法則の研究

主体の行動の源泉には意図が見出されるが、この意図は単なる主観的な動機の表れではない。確かに個人の活動には対応する目標があり、その目標は、個人が自己を確認し、その行動を意味づけうる生き方を打ち立てることを目指す。しかしながら、この意図のメカニズムが存在するのも、間主観的次元に包摂され、またそれと妥協することによってのみである。この間主観的次元は社会の母胎として、個人のアイデンティティ形成と個人が現実との間に維持する関係の形成とに等しく寄与する。このような視点からすれば、個々人がその企図を具体化する環境を認識するには、所与の文脈において可能な行動を決める集団による拘束を考慮に入れなくてはならない。少なくとも相対的に安定して同質的な組織に関していえば、この拘束によって、社会活動のさまざまな領域において、集団性の技術的境界、文化的限界および各個人が占める位置が決まる。

この拘束はまた、共同体の内外の世界の諸相を解釈する仕方に示される意味の領域を決定し、選択の序列化によってさまざまなタイプの活動の上に刻印を残す。言い換えれば、個人の行動力は、集合的な環境において具体化すべき生の構想を見通していく中で展開していくために、実効的な規範と無関係でない力学の一部をなす。主体が成長

していくのは、人間や物との関わりにおいて価値論的次元が参照点となり指針となる世界の中においてである。このような枠組みの中においてこそ、主体の行動は意味を持ち、出来事に影響を及ぼし、社会の歴史の原因ともなっていく。

だが、法則の研究を選択する社会科学は、個々人の行動のこのような構造およびその含意を説明するにあたって無力さを露呈する。目標およびそれに伴う方法論的立場が、個々人の活動とそこで規範的側面が果す役割によって示される社会的事実の歴史性と調和しないのである。この背反は二つの仕方で表される。

その第一は、法則を研究する社会科学が依拠する因果関係の説明様式と関係がある。この説明様式が関心をもつのは、本質的に外から見た個人である。志向性の水準、したがって個々人の活動が展開する際に作用する意味や価値の領域は無視されることになる。恒常的に有効な規則を探究する社会的事実の研究は、主体の行動を経験的に観察し得る一連の出来事として取り扱う。その際、この研究は、主体が多かれ少なかれ認めた意図や、この意図が価値論的領域との間に有する紐帯を考慮に入れない因果関係の観念を元に進められる。この研究は行為を単純な原因—結果の機械論によって分析している[24]。

しかしながらこのような因果関係の解明の観念は驚くべきものではない。じっさい、価値の次元は、自然現象を説明する分析類型においてはなかなか扱いにくい。経験を極度に形式化することで、社会的事実についてのこの型のアプローチは、偶然性の問題につまづくだけではなく、以下の困難にもぶつかる。その多様性と変化しやすい性質ゆえに、価値を境界がしっかりと定められた研究の対象にするのは容易ではない。まして自然現象の分析において存在するのと同レヴェルの真理を証明するのは、さらに容易ではない[25]。したがって、ある人々は、個々人の活動の構造の特性によって生じる問題に立ち向かい、それに解答を与えるよりもむしろ、自然現象と比べて個々人の活動に特有な特徴を考慮に入れない因果性の研究を発展させることで、障害を迂回しようとするのである。

主体の行動の因果性についてのこのような解釈は、自然科学の分析に発する認識の様式を社会問題の領域に取り入れることの、当然の結果でもありまたその手段でもある。この借用の過程によって、価値の問題は真の考慮からはずされるだけである[26]。個人の活動における、またその結果として歴史的現実の生成における、価値の役割についての第二の背反は、まさしくここにある。事実、自然現象の科学的説明のプログラムこそを知のパラダイムとすることで、人は価値に固有の属性、また社会現象の歴史性におけるその役割を認めずにいる[27]。社会科学の研究者は、自らが賛成している現実認識の確証形式を断念するよりむしろ、この場合、価値は科学的合理性の基準には合わず、したがって価値との関係において立場決定することはできないと考える方を選ぶのである。そこから帰結するのは、価値論に関わらないこと、さらには一切口出ししないことである。個々人の活動の展開における、そしてさらに大きくは歴史的事実の生成における価値の位置は、科学の祭壇の犠牲になるのである。

このような分析が価値論的分野への参照を完全には排除しないときでも、人間の活動によって示された諸価値について判断を下そうとしないのも、この価値論からの撤退のためである。この分析は人間の信念についての一覧表を作り、それらを包摂する解釈枠組によってその変遷を明らかにすることに自己限定することで、それらの信念に対して、少なくとも理論的には賛成か反対かの意見を述べまいとする。ここに真理という理念の移動が見られる。認識の目標は、個人が価値基準に従っていかに考え、行動するかを明らかにすることではなく、行動の評価なしに彼らが世界の中でどのように位置づけられるかを記述することにある。このような方向性によって、方法論的な要因により大きな注意が払われることになる。知を練り上げる方法についての考慮が占める位置が大きくなるほど、価値の次元を問題化するような分析形式は排除される。

方法上の規則に従うべきであることには異を唱えないが、方法論の氾濫とそのとる形態は、ここでは社会的事実の評価の放棄と不可分であるように見える。さらに態度決定なしに現象を説明することに自足する研究においては、妥当性確認の過程こそが、信頼すべき知識を生みだすにあたって決定的な役割をもつ。この研究が擁護するテーゼによれば、ある命題の信憑性は科学的論理の確認手続きにかかっている。したがって現実についての真の言説は、価値判断を排除し、起こったことをただ確認するにとどまる。方法のメカニズムの使命は、この確認が現実に対して正確であり、科学性の命令に合致しているかを評価することにある。

したがって、政治的領域の機能分析における真理は、善の理念に無関心なままであろうとする。その真理は科学と同等の方法論的諸条件に合致し、個々人の信念や行動に対して中立的な説明をなすような記述であろうとする。人が科学的方法にしたがって確実に知りうるものを表現し、またそれを決定するような、妥当性を確認する過程の実証的な結果こそが、真理と同一視される。実践理性の排除を承認し、検証過程に関心を持ち、理論的真理を産み出す際に検証過程に大きな役割を与えることで、同時に価値は非合理だという考えを確認しているのである。

このように考える研究者は、権利に基づけられているものとそうでないものとについての考察を統合しつつ、治者と被治者との関係を検討することを、自らに禁じているのである。したがって、政治における正義や諸制度の正当性という問題は、真に問われないままである。責任、財の配分、歴史的共同体における権利と義務の評価基準といった問題を真剣に捉えるアプローチに依拠し、治者と被治者の関係の構成を分析することで、正当性についての真の理解が得られる。それなのにこのような理解は排除され、科学思想の索引に置かれたままである。

今日なお、社会科学のかなりの部分が法則定立の野心に屈しているが、このように考えてみると、この野心が社会的事実の歴史性についていかに誤った解釈を示しているかがわかる。この誤った解釈によって、価値、およびその結果として正当性の問題が満足のいくように扱われずにいる。しかしながら、正当性問題が適切に問われていないのは、人間的事実の歴史性に関する第二の誤解のせいでもある。

二　歴史の科学、法、正当性

ある種の社会理論は社会的政治的事実を分析するにあたって、その歴史的次元における特性を尊重するように努めている。しかしながら、尊重しているといっても、実際には統治の権利の概念を、その根底にある理念と反するように考えてしまっている。歴史へのマルクス的およびウェーバー的なアプローチがそうであり、そのような特徴が、この面における両アプローチの象徴かつ典型となっている。現象の歴史性をまったく異なる研究の構想において分析しているにも関わらず、両者はともにその歴史への視点を正義や権利の思想と調停させようと試みている。しかしながら、両者の抱く歴史構想は、それぞれの仕方において、価値を満足な仕方において扱うことを妨げている。そのため両者は正当性を合法性に還元するという危険を冒している。この二つの水準を区別しなかったために、統治の権利の妥当性を評価し、判断する可能性は消えてしまったのである。

1　歴史の科学および歴史の意味との対比における正当性の問題――マルクスの場合

社会的政治的現象へのマルクスの研究は、純粋に「科学主義的」なアプローチよりむしろ歴史的事実に固有の諸性格を解釈することを意識していた。とはいえ、マルクスの研究が「科学主義」と完全に異なるわけではない。両者が一致する合流点が多数存在することの証拠となるいくつかの要素がある。マルクスが伝統的な哲学の分析方法を放棄して経験的分析をとった際に、自然についての科学的説明の魅力が果した役割には疑いがない。彼はイギリスの政治経済学との頻繁な接触によって、個人主義的方法への関心を高めていたし[28]、また現実の豊かさが、彼がそこから引き出そうとした学説上の枠組みを凌駕しているという事実を無視することは、彼の教養が許さなかったはずである。それにも関わらず、自然科学の彼への影響は大きく、とくに社会学は主体の動機を考えずに済ますことができると考えるに至ったばかりでなく、個人やその主観性を考慮に入れてはならないと考えるに至った。

歴史が従う法則を見つけようとするマルクスの関心は、その自然科学との類似にも関わらず、価値の水準と関わりをもたないどころか、むしろそれと不可分であった。現実についての技術的かつ具体的なデータを集めるということ以上に、知識は解放であるとする関心に導かれていたのである。真と善についての知と実行は、一致すべきものであった。しかしながら、マルクスの歴史的世界の理解の仕方は、社会現象の歴史性の誤解へと導くものであった。その結果、価値論の次元を引き受け、社会的政治的な正義の問いに、またそれゆえ正当性の問いに解決をもたらそうとする彼の意志は、挫折に至ったのである。

この過程を理解するためには、マルクスが歴史学をどのように理解していたかを示してみればよい。マルクスの歩みには、自然科学においていわれる法則と同じタイプの法則を打ち立てようとする努力が確かに見られる。この視点からいえば、マルクス主義の歩みが明らかにしようとしたのは、ある出来事が起こるのはいかなる理由によるのか、それが新たに生じるのに不可欠な要素は何であったのかを説明し得る諸要因であった。それでも、この種の条件的な規定が、マルクスが歴史の動態を解明するのに頼りにした唯一の方法であったわけではない。彼において、現象を説明しようとする意志は、単一の経験科学の基準によって決められた知識のプログラムとは合致していなかった。彼はより広い視野に立ち、歴史的規則性の細かい特徴を歴史を一般的に包摂する法則と結びつけようとした。人間の歴史を一つの総体として構想することが問題であったのである[29]。

『資本論』第一巻には[30]、商品、交換、価値、資本、剰余価値、剰余価値率、絶対的剰余価値、相対的剰余価値、

賃金といった経済学の基礎概念についての厳密な定義を目的としたテキストがある。これらの概念を彫琢することで行き着いたのは、所与の時期の一定期間中の事実の間の関係を説明する、法則定立的な規定であった。とくに剰余価値と労働力の価値との間の大小関係における変化を律する三つの法則の場合がそうである(31)。しかしながら、読者がこの三つの法則の十全な意味をわかるためには、この法則があるメカニズムと不可分であることを知らなければならない。そのメカニズムとは、ブルジョアおよびプロレタリア階級の形成とその対立関係のような一般的な歴史の発展に関わり、ある社会組織体系、この場合でいえば資本主義の生成、活力、発展と死を明らかにし、それが人間の目的かつ実現としての共産主義という、他の上位の裁き手によって取って代わられることを説明しようとするものである。

したがってマルクスが利用した出来事の歴史性についての理論においては、経験的な規則性の真理が現象の推移を目的論的に理解することと一体になる。科学的予測は歴史の予言と溶け合うのである。その目的は、未来の方向性とその中身を総体的に示すことである。厳密に実証的な枠組みにおいて法則を打ち立てるのとは正反対に、マルクス主義は条件的な規則性を絶対的な法則と結びつけることによって(32)、歴史の包括的哲学の位置にたつ。このようにしてマルクスは社会的政治的正義の問題を引き受け、それに決定的な解答を与えようと考えた。善が必然的に到来するとする歴史の一般的な決定論の理念を擁護することで、マルクスは人間的事柄の領域における真理の問題に、独断的な解答を与えたのである。それゆえに、このような正義と制度の正当性の問題の解決の仕方は、袋小路に行き当たることになったのである。

じっさい、マルクスによって練り上げられた歴史性の理解は、ある形態の厳密な決定論を不幸な帰結へと導いた。この決定論が示したのは、出来事、とくに生産様式とその継承順序のレヴェルにおける出来事の忠実な記述だけではなく(33)、個々人の役割と偶発性とに関わることであった。『資本論』の作者とその信奉者が(34)、彼らの世界観の信憑性を保持しようとして情報を捏造したのはそのためである。

そのうえ、マルクスの予言が現実化されたのは、社会的政治的正義の問題を権威主義的に扱うことによってであった。確かに実現されるはずの包括的な歴史の意味の存在を示すことで、カール・マルクスは歴史において働く理性という理念を擁護した。未来は善を産出するよう秘かに整えられていると彼は主張した。彼によれば、個々人は自らが参加する歴史の究極の意味を知ることなしに行動していることになる。ここには事実と価値の同一視がある。歴史的発展についてのヘーゲル的な枠組みを自らのものとし、それに科学の威信をまとわせることによって、マルクス主義は内在的な道徳的合理性を選んだのである。この合理性のうちにおいては、善は個々人間の討論によって明らかにされるという理念は放棄された。まさしくこの点にこそ、歴史における正義という観念に対してマルクスのもつ主要な難点がある。この難点こそ、正の実現に貢献しようとする意志をくつがえすことになるのである。

もちろんここで、『資本論』の著者が人間の運命を改善しようと思っていたことや、そのために彼が注ぎ込んだ膨大なエネルギーと鋭い知性に異を唱えることが問題なのではない。マルクスが闘ったのは組織的に排除された境遇に苦しむ人々のためであった。マルクスが、政治的闘争という形式ゆえに、真理と暴力との独占を要求することはやむをえない、と期待し考えることの科学的な保障を彼らに与えるべく努めたのも、彼らのこの境遇ゆえであったということは明らかであろう。であるにも関わらず、彼は証明に励むあまり、反対の結果を手にすることになったことに変わりはない。当為の命題に必然性という形式を与えようとしたために、個々人のおかれた立場は微妙になり、彼らに委ねられる良心と行動の自由は狭くて大きな危険をもったものとなってしまった。自分たちは正しく、また正しいことは何があろうと実現されるであろうという確信をもつことで、個々人は次の選択を迫られた。すなわち、彼らは歴史に自発的に協力し服従するか、それともまた、出来事の流れがその目的にたどり着く前にそれを変えてしまい、それに伴う危険を冒すかである。

正義の理念が絶対的に決定された力学に属するものとなるにつれて、その実現は真の議論によって形成される合意を経なくなっていく。それどころか、歴史的真理を保有すると称する者の独占的な論理が生まれ、その結果、単に何が善であるかについてを構成していく過程から真の対話がなくなるばかりでなく、真の対話はむしろこの過程と対立関係になってしまう。歴史の一般的な意味と直接的に結びついているという保証は、その名に値するような討論を不要なものにしてしまうばかりでなく、不一致には正当な根拠がないとする主張を含んでいる。不一致は必要ならば力によって修正し、理性へと導くべき、逸脱となってしまった。

このような世界において、異なった意見や疑いの表明はどうして許容されるか。言い方を換えると、完成された科学の視座に立つことで、マルクス主義的な歴史理解は批判の実践の価値を下落させてしまった。したがって司法の領域に対してこのような立場がもたらした帰結には、驚かされない。

現象は歴史の総体を覆う厳密な決定論の視角から説明される。その結果もたらされるのは、人間的事象の政治的な取り扱いから可能な限り独立した評価の条件を練り上げるものとして理解される法の消滅である。

制度や統治者がこのような世界理解に依拠する場合、それら制度や統治者に異議が申し立てられる時には、公認された歴史的メッセージも問題とされざるを得ない。歴史の運動が保有するとされる真理は決定的な性格をもつが、この性格の結果として、自らを真理の解釈者とし、それゆえ、自らはその真理の手段であり奉仕者でしかないとする国家の法律への完全な服従が要求されることになる。歴史の意味を体現しているとの主張ゆえに、個々人は革命的諸決定機関が発した法的陳述を批判することはできない。この機関は必然的に正しいがゆえに、その正当性が問われることはない。政治的現実は歴史の一般的目的と一致すればするほど絶対的に合理的であるとされ、合法性と正当性の間には違いがなくなる。しかしながら、すでに見たように、この距離を維持することこそが、治者がその義務を履行する仕方を真に問いただすための本質的な要素の一つなのである。この距離なしには、個々人は公的権力に対して訴えるすべての手段を奪われることになる。

このように統治の権利を法律へと還元してしまうことは、三重の過程と不可分であるだけに、ますます人間を貧しくしてしまう。

第一に、法と道徳はそれらがブルジョア民主主義を覆う様式と同一視され、だからこそひとまとめに非難されることになった。このような視点からすると、各人の私的存在の範囲内での幸福に配慮する使命をもつものとして定義される法的手続きは、根本的な優先事項ではなくなる。重要なのは歴史に同調することであり、歴史は普遍的な幸福の実現を目指しているのであって、それに由来する各個人の日常生活における不幸には関心をもたない(35)。

第二に、このことは目的と手段の関係という問題を提起する。というのも、歴史の目的は絶対的な性格を持っており、どのような方法であれそれが究極的目的に資するものであるならば認めてしまうからである。このような方向づけは、一九一七年十月のロシア革命によって意味づけられ、そこからマルクス主義を自称する政治体制も成立した。敵対的な環境の中で勝利するため、共産主義者たちは仮借ない実践を選んだが、この実践は歴史の目的論的理解によって正当化されたとする、プロレタリア独裁の論理によるものであった。

第三に、善の達成という虚構の名の下に法の理念さえ信用を失墜させるが(36)、この虚構が行き着くのは悪夢のような分裂病的世界の成立であった。この世界において、一般的な解放と歴史の目的の実現は、指導者の病的で腐敗した想像力の中にしか存在しない。

しかしながら、正当性と合法性を厳密に同一視する教条的な傾斜をもったのが、マルクス主義理論だけでないことも言っておこう。統治の権利を合法性と同一視することの危険が現れるのは、権力にある個々人が絶対主義的な態度をとり、何が善であるかについての知を一方的に引き受けると宣言し、いかなる代償を払ってでもそれを強制しようと欲する時である。この危険は右であれ左であれ、イデオロギーを利用して究極目的を我がものとする政治体制すべてに関係している。この究極目的は民族、国民、あるいはプロレタリア階級のものであれ、その優越性ゆえに、個々人が公権力と一線を画そうとする権利を体系的に放棄せざるを得なくする(37)。

このようにして、一般的な歴史的必然性の名の下に、法的なるものが政治的なるものへと解消することによって傷つけられるのは、権力を代表する諸制度への反逆者たちだけであることは明らかである。このことは国家を制御するリーダーには関係がない。彼らは合法性の囚人とはならない。彼らはその気分や時の要請次第で、合法性を適用したり、変更したり、あるいは違反する。じっさい、彼らは自分が真理との結びつきを保持しているとして、大衆の前で自己正当化することが許される。また、彼らが個人崇拝によってカリスマ的・預言者的人物の地位へと上昇することも、このように考えれば説明可能である。彼らは歴史の声とされ、厳密に言えば人間のものではないゆえに恣意的ではない、一つの意志の現れであるとされるのである。

したがって、彼らは歴史の法則を表現するとともにそれを保証するとされ、人間の法律の上位に立つことになる。彼らは自らが歴史の計画の手段であると主張し、普通の人には自然と意識されることのない歴史の計画を、知りかつ実現の手助けをしているとする。もちろん、たどられる方向性が常軌を逸するほど、誤ることなき首長の神話が持ち出されることになる。かくして持ち出された神話は、歴史的意味の幻想の場を作り上げ、その歴史的意味の下、合法性の問題を処理するさまざまな方法が正当化される。だとすれば、首長に対して捧げられた偶像崇拝の熱情が崩れ落ち、彼と歴史との間の特権的な関係の存在への信念が力を失ったとき、社会組織の全体もまた崩壊する。目的論的な視座によって生みだされる出来事の流れは、その時点まで賛えられるか、少なくともすべて受け入れられてきたが、突然不条理で支持し難いものであることが明らかになってしまうのである。

マルクス主義の歴史理論を動かしてきたのは、歴史の進歩を実現しようとする野心である。もちろんこのような考え方は他のアプローチも活気づけたが、マルクス主義思想においてこそ他に例を見ないほど、信念としての力をもつに至った。じっさい、一面において、マルクスの歴史的必然性の命題は、科学的な研究を活用した合理主義的な構想の枠組みの中で発展させられたものであり、その著作の知的な深遠さは持続的な感銘を与えている。他面、議論の中心は、解放の計画である。この議論が依拠するのは、ブルジョア的法における自由と自由を脅かすものに関する考察である。この分析における洞察力も完全には無視し得ない(38)。それでもやはり、マルクス主義が人間的現象の歴史性を適切に考慮しなかったことに変わりはない。その有害な帰結は、正当性と法律の関係に関することに見出せる。マルクス主義理論は、政治的・社会的・経済的な分化の全面的な廃絶および、善の絶対的な実現に専念することで、常に動いている歴史の動きと矛盾をきたした。この理論が行き着いた先は逆説的な状況であった。すなわち、現実と理念との間の距離をなくすことが願われながらも常に現実化せず、この距離をなくそうとしたために、かえって治者の統治の権利について、独立した立場から問う可能性が失われてしまったのである。したがって、このような方向性をとるならば、歴史の動態の中心における合法性と正当性のメカニズムの意義を過少に評価することになる。

マックス・ウェーバーが免れようとしたのは、まさしくこのような歴史性の教条的な理解によって引き起こされた困難であった。だが彼の歴史学は新たな問題を生みだし、やはり政治的正義についての真の思想を形成することを妨げることになる。

2　ウェーバー的歴史観における正当性の問題

ウェーバーは、歴史に明白に認められる必然的な目的を与えていない。彼は歴史的唯物論に対して、とくに資本主義の理解において負うものがあることは否定しないが、出来事の展開がある包括的な計画の中に含まれていると考えることは拒絶した(39)。この確信は目的の普遍的な序列の存在を否定していることに本質的な形で現れており、これがウェーバーの作品の中心的側面となっている。

じっさい、マックス・ウェーバーにとって、歴史の流れに一般的な必然の形式はなかった。人間は相容れない諸価値の中から選択をせざるを得ないと考えた彼は、個々人・諸文化はたがいに対抗しあい、諸視点の間で合理的に決断することや、自らもそこに加わっている展開が前もって決まった方向をたどると主張することはできないとする命題を擁護した。その結果、ある個人や集団を集団の一部もしくは全体の利益のために犠牲にすることを正当化するものはない。目的についての根源的な不確かさの結果、共通善の観念を厳密に決定することもできない。ウェーバーにおいて、学問は個人の生き方を決められないし、社会がいかに組織されるべきかを教えることもできないし、人類にその未来を確実に知らせられないし、ましてや不可避の未来を革命的に実現しようと戦うこともできない。

究極の価値と目的に関するこの曖昧さは、学問的実践の水準において明らかに現れる。目標は、歴史に必然的な意味があるということを擁護することでも、またそれを証明することでもない。理念型というウェーバー的な範疇は、包括的な目的を拒絶していることの重要な現れの一つである。じっさい、ウェーバーが社会科学の使命としたのは、個々人の信念と行動の諸体系を理解可能にすると同時に、現象が起こっていく順序を明らかにすることであった。現実を因果的に説明すると同時に全体的に解釈するために、彼は歴史学と社会学を結び合せた。彼によれば、歴史学の目的は、ある出来事の起源にあるさまざまな先行要因の役割を明らかにし、個別の行動、構造、そして存在を文化的な意義をもつものとして解明することにある。社会学は経験的な諸事実が整理される一般的な分類を定式化しようとする。

ウェーバーは、この二つの学問分野の間に提携と補完の関係を認め、また作り出そうとした(40)。理念型という概念が位置するのも、このような視座においてである。

理念型とは、一つまたはいくつかの視点を一方的に強調したり、孤立しばらばらで離散的な、その数も可変的な多くの出来事を結び合せることによって得られる知的構築物である。観察者がこれらを整理することで、まとまりのある思想的図式を作るのである[41]。概念的に純粋な理念型は、現実とは決して正確には合致しない。それは一つの空想であり、観察者の務めは各個別的事例において、現実がどれだけこの空想と近づいているか、あるいは遠ざかっているかを決めることである[42]。この点で理念型は、理論から経験的現実を演繹し、歴史の目的の論理の中に経験的現実を埋め込もうとする思弁的な幻想を批判することを想定している。理念型は現実を部分的に捉えたものであり、そのために理念型によって生みだされた理解や因果関係には、細分化され開かれているという特徴がある。理念型は発見のための単なる道具であり、それに現象の多様性と豊かさが還元されることはない。

さらに、これを補足するように、理念型の概念は、静態的な分析が動態的な研究と対立しているように、ウェーバーの社会学がマルクスの社会学と対立しているわけではないことを示している。ウェーバーはある展開、たとえば中世社会から資本主義への移行の歴史的必然性を証明しようとは欲しないものの、発展の理念型を組み立て得ることは完全に認めている[43]。このような視座から、彼は歴史の現実と理念型を比較することによって、社会とその変容についての知識を拡大しようとした。したがって、ウェーバーにとって近代資本主義は、解明され念入りに限定された歴史的過程の必然的な産物ではない。それは多くの要素から成る大部分偶然的な帰結なのである。

要するに、理念型は隠された実体を指し示すものでもなければ、歴史の目的論的性格を表すものでもない。したがって、ウェーバーの歴史理解とマルクス主義的な歴史アプローチを隔てるものは、社会学的な分析の中身にあるのではなく、科学的な概念の地位にあるのである[44]。理念型の概念によって、マックス・ウェーバーは認識と現実の間の距離を維持しようとした。経験的世界を規範的に説明することで、事実を当為によって評価することが可能になるが、彼はこのような説明を拒んだのである。目的の問題が開かれたものになるにつれて、科学は本質的に変化の中に置かれ、現実の不確定性を閉じ込めることができなくなった(45)。

究極的な目的や価値をめぐるこのような不確かさの現れは、ウェーバーの科学的実践において本質的な、価値判断と価値関係の概念の間の区別にも見出される。ウェーバーは科学の有効性を救うための手段としてこの二つの概念を提示した。この両概念によって、彼は価値の非合理性と関わる困難を乗り越え、かつ価値が表す領域をあえて考慮の対象からはずさずにすむことを期待したのである(46)。

彼によれば、価値判断は最重要な道徳的主張であり、個人を深く関与させる態度決定であって(47)、他人はそれに同意する義務を負わない。何よりも守るべきものであれ、異なった視点に従属させたり犠牲にすべきものであれ、価値判断が示すものを各人は価値として認める権利をもつ。このような価値判断は、ある人にとって根源的なものとして考えられるだろうが、他人にとっては重要ではないかもしれない。たとえば、ある人は人間の平等の理念については妥協できないと主張するが、別の人は平等の理念は本質的でないばかりか、自然に反し良くない結果を引き起こすと考えている。

ウェーバーの論理においては、価値判断は個人的で主観的なものである。したがって証明可能な科学的真理の表明では決してない。だとすれば、個別の目的に対して普遍的妥当性をもつ科学は、価値論の次元を含む対象を研究させられるたびに問題に突き当たる。

この困難を乗り越えるためにマックス・ウェーバーが示した解答は、科学の活動から価値判断を除去することであり、科学は価値関係であるとする主張を擁護することであった(48)。彼の方法論的な仕掛けは、客観的な選別と構成の手法を作り上げた(49)。したがって、ウェーバーによれば、社会学は次のように考えねばならない。前と同じ例をあげるとすれば、平等の理念とは、個々人が常にその主題をめぐって争い相対立する領域に対応している。社会学はこの論争に加わるのではなく、平等の理念を、分析すべき現実領域を秩序づける手助けの手段にして、論争を関連づけその目録を作るにとどまる。

平等の概念について当てはまることは、自由、あるいは他のいかなる価値についても同様である。このようにして、ウェーバーは、価値論の水準を考慮に入れなければ検討し得ない問題を扱うことを自らに禁ずることなしに、出口のない議論への関与を回避しようとしたのである。

文化の科学における解釈メカニズムにおいて、価値関係は決定的な手続きである。価値判断と価値関係との区別は、科学の営為の可能性を保ちつつ、目的をめぐる不確かさの問題を解決することを目的としている。しかしながら、仮にウェーバーが理念型の概念を用い、価値関係という理念に頼ることで、マルクス主義な歴史的発展の理解がさらされた陥し穴に陥らずに済んだとしても、彼の歴史学が同じくらい重大な困難を引き起こすことは回避できなかった。

確かにウェーバーのアプローチは、現実を不可避的な意味の現れとしての理性と同一視することを回避することで、マルクスから始まった歴史解釈の教条主義を確かに免れた。しかしながら、ウェーバー的アプローチは逆の傾向に陥ってしまった。善について権威的な裁定をすることを拒絶するとして、実は歴史の領域において価値論的な視点を満足に示せないことを隠していたのである。人間的現象を判断することなしに説明することを自らの目標とするウェーバーは、それらが内包する価値の次元にもっぱら間接的に、薄まった形で取り組もうとした。価値論に対し一貫して関与しないということは、個人の実際の体験と合致しない。それ以上に、このような原理的な断絶の非妥協的な性格が、現実を説明すると主張する研究者にとって非常に問題であった。さらに、人間が思考し行動する意図や意味の地平を、態度決定することなしに解明しようという野心を持ったウェーバーは、もはや蛮族の勝利に反対する立場にはなかった[93]。なぜなら価値論的な序列をもった現実を認めないことで、価値に対して距離をとることは可能になったものの、そのために諸価値の中のいくつかに沿って決定を下したり、それを他の価値に対して擁護することができなくなったからである。

ウェーバー的な枠組みにおいて、価値に関する中立の命題によって、価値論に関わらないことを表明しつつ、視点の複数性を守るメカニズムであろうとする手続きが生みだされた。この価値中立の観念が科学の営みにおいて中心的位置を占めたのも、マックス・ウェーバーが科学の営みこそが意見の多様性を尊重する任務を果すとしたからである。しかしながら、彼は中立的な科学的記述の要請が前提とする、普遍的共同体の価値を強調することはなかった。そのため、中立条項は、そこに含まれる寛容の論理に依拠することで、個々人と諸文化の間に相互理解を薦めるという価値論的な方向性を保持することも可能だったのに、彼はその可能性を放棄してしまった。中立条項はヒューマニズムの次元なしには考えられないにも関わらず、彼は両者を明示的に結びつけることをせず、むしろヒューマニズムを暴力の有効性に反対する真の力を欠いた不毛な形式主義としたのである。

このような、科学の営みおよびそれに附随する科学的真理の概念は、控えめでなければならないとする理解は、ウェーバーの歴史観の一環をなすものである。この理解は、合理化過程において彼が科学に割り当てた位置と分担に見合っている。自らが本質的に依拠する諸価値に対してさえ理解をもたない科学は、ウェーバーによって人間が次第に現実性と歴史性を獲得していくものとして分析された歴史的展開の中に位置づけられた。そのような歴史的展開に伴って、根本的地位に立たんとする価値論的所与に対する不信が増大する。この不信は近代世界において最高潮に達した。この点において、ウェーバーの中立性解釈と、それが引き起こした魔術からの解放は、法の領域における法実証主義の進展、および近代における正当性の基準としての合法的秩序の確立に対する診断を反映しているのである。

マックス・ウェーバーは、具体的な歴史を一般的な科学的法則へと還元することを拒んだが、だからといって包括的な歴史像自体を排除したわけではない。彼は彼なりの仕方で、普遍的な歴史を構想し、西洋の生成の独自性を説明しようという野心をもっていた。このような視座において、彼は社会の発展は必然的なものではないが、かといって恣意的でもないと考え、合理化過程こそが歴史の発展において中心的な機能を果しているとした。この合理化過程こそ、彼が解明せんとした対象であると同時に、出来事の流れを解釈するのに利用した説明図式でもあった(51)。これを理解するには、行為形態についてのウェーバー的な分類を出発点にするのがよい。

この分類は理念型に対応するものであり、理念型は現実を汲み尽くせない。このこと一つをとってみても、この分類を改良したりより豊かにし得るということには反対しないとしつつ(52)、マックス・ウェーバーは、論理的に相互に区別される行為の四類型を用いる(53)。

a　目的合理的行為。これが目指すのは有効性であり、手段と目的の間にある一致を探ることを想定している。

b　価値合理的行為。これは逆に価値論的水準を絶対的に優先することを求める。価値論的水準とは倫理的、美的、宗教的構想の表明であったりするが、これが結果の如何を問わず行為を決定する。

c　感情的行為。これは直接的な意識の状態や、主体の気分、所与の環境におけるその感情的反応によって指示される。

d　伝統的行為。これは長い実践によって根づいた反応に単に従っている、習慣、慣習、信念によって規定される。

この行為諸形態を体験の歴史的全体にまで拡張することで観察者が直面するのは、個々人と現実および個々人同士の関係において可能な広範な構想や取り決めを包括する、世界のさまざまな作用や表象の体系である。

この分類の理念的な性質を考慮に入れた上でウェーバーが指摘するところでは、研究対象となる状況や社会において、現実には、たとえ一つの行為形態が他に優位するときですら、さまざまな度合いで行為諸形態が結合している。さらに、諸形態の一つが優位しているとしても、後退したままでいる他の形態が将来的にも復活しないとは限らない。

しかしながら、ウェーバーは行為の合理化が、行動能力の正常な発展につながることも示唆している(54)。彼はこの類型論の普遍的価値を主張することで、方法論の範囲内にとどまらず、この類型論が動的側面を含むと主張した。このことが意味するのは、合理化が社会的行為の論理的帰結であるということである。この社会的行為の実行を通して、合理化は次第に明らかになっていく。

ウェーバーはある行いが行為となるためには、主体がそれに主観的な意味を込めなければならないと指摘するが、そのときに彼が強調したいと思っているのはこの点なのである。彼は社会的行為を、個人によってこめられた意味に従って他人の行動と関係をもつ行為であり、したがって、その展開もこの関係によって方向づけられるとした(55)。

このように見ると、ある目的——価値的に定義された目的のような——によって決定された合理的行為は、完全にウェーバー的な行為の理念の性質をもつように見える。というのも、それらの行為はそれぞれの仕方で熟考と意識的な意図とによって特徴づけられるからである。それに対し、伝統的行為と感情的行為は、無意識的な側面をもつために厳密には行為には属さない。これらは行為と観察可能な単なる規則性との境界線上にある(56)。したがってウェーバーによれば、個人と現実の対決が増大し、個々人の間の接触も自然と増えるにつれ、機械的な反応が反省的な意味のある行為へと移行していくとしても、驚くことではない。個々人は、彼らが出会う具体的状況に応じて、自らのイニシアチブをとるようになるほど、伝統と感情の圧力から解放され、次第に自分自身で考えるようになっていく。

この点において、社会的行為の合理化が次第に優越するようになるにつれ、個人の責任と自律への訴えと一体になっていく傾向がある。さらに、合理性の強制は他でも存在したが、これが極限にまで推し進められたのは西洋だけで、それもとくに資本主義の枠内においてだけであった(57)。

しかしながらこの過程は、個人の現実の解放を保証するものではなかった。じっさいマックス・ウェーバーは、自律的な個人という理念、および合理化がそのような個人にもたらす寄与を、それらが発展した合理化という文脈から切り離して解釈しようとした。

第一に、主体が自己の行為の目的を決定する能力をもつことが、自律の観念の前提であることをウェーバーは認める。しかしながら、彼はこの決定能力は普遍的規則に自発的に従うような意志の現れではないと主張する。価値体系の選択は結局のところ恣意的で偶然的なままである。したがって個人の自律は、行為の目的を当然のこととして決める客観的あるいは実践的な理性とは無関係である。

第二に、合理化の過程は確かに人間の経験の各分野およびそれぞれの価値論的全体に関係するが、まず作用するのは行為形態と世界観の内的整合性とに対してである[58]。その結果として、合理化過程は厳密に道具的な合理性の拡大と区別するのが難しい。道具的な合理性を定義するにあたっては、手段と目的の関係の役割が大きくなっていくが、そこには価値の問題は入ってこない。したがって、合理化過程は最終的には自律と敵対し、元々は決定であったものを運命に変えてしまうのである[59]。

したがって、マックス・ウェーバーによって描かれた合理化の運動は、価値論的に十分な基礎づけと反省を欠いたものとなる傾向をもち、したがって生みだされた近代化の流れは、個人の解放を保証するものでなかった。価値的な基礎は排除され、そのことによって個人の自由になる範囲に否定的な効果がもたらされたが、これらはウェーバーの政治的支配と法の社会学にも現れている。

ウェーバーの政治思想の中心的な争点は、正当な命令という問題にある。論理的には、行為類型の一般的分類に、正当性に関する権威の関係の理念型のリストが対応するはずである。しかしながら、レイモン・アロンが強調するように[60]、行為類型は四つあるのに対して、この一覧には正当な権力の三つの純粋型しか載っていない。

マックス・ウェーバーは、政治的正当性は次の属性を備えうると考える[61]。まず合理的側面があり、これは決定された規則と統治者が指示を出す権利との合法性への信念に依拠している。次に伝統的次元があり、これは遠い昔からの伝統への聖性の感情と、命令する個人が伝統を引き合いに出すことによって享受する承認とに基礎づけられている。最後にカリスマ的性格があり、これはある人物の例外的あるいは模範的資質への崇拝に立脚する。この資質は啓示された、あるいはその人物に発する規範的な模範あるいは命令とされる。

この分類を見て、二つの類型論の間の不一致が、価値合理的な行為に相当する権力関係がないことによるものであることは容易に確認できる。

結果として生じる問題は、価値合理的な行為と支配との間の非常に特殊な関係に関わっている(62)。この問題が物語っているのが、政治を超越的な基準の上に打ち立てようとするすべての試みに対するウェーバーの懐疑的態度である。絶対的に正当な水準、政治の領域の否定的側面に優位する水準を明確化することで(63)、価値合理性が歴史における解放の重要な役割を演じる可能性をもつことを彼は明確に認めている。彼は価値合理性が特定の歴史的時期のものではないとし、価値合理性がとくに普遍的体系に鼓吹された政治的行為を基礎づけることを認めた。またある状況において、価値合理性が指導者の行為権力を単に形式的にではなく実質的に制限する原理となることも承認する。とくに自然法の場合がそうであり(64)、彼が主張するところでは、それは価値合理性に立脚する正当性のもっとも純粋な型であり(65)、かつ確信に基く厳密な倫理としてのキリスト教理解のもっとも純粋な型である(66)。それにも関わらず、彼が主張したのは、社会生活の領域において価値の普遍性を主張しても必ず挫折に終わるということであった。このことは二通りの仕方で示される。

一方で、価値的に態度決定することで、互いの非妥協性を緩和して妥協に達することができなくなる。また価値的な態度決定は一度なされると、政治の領域から行為のジレンマと政治的領域が用いる支配の重みとを取り除き、この領域を完全に支配しようという野心をもつようになる。そうであるからこそ、態度決定は一つの幻想に堕してしまうのである。この幻想が依拠しているのは、一連の権利要求の絶対化であり、政治的秩序に固有な一貫性を無視している。このように見ると、価値的な態度決定――たとえば、福音主義的な道徳に従った統治法を打ち立てようとする意志に立脚するもの、あるいは啓蒙的知性に発する政治的合理主義の視点から社会を調和的に再建しようとするもの[67]――は誤りを犯し、人間をもてあそぶのである。価値的な態度決定をすることで、政治的行為に固有な特徴に決着をつけ、政治的支配を廃止し、全体的な社会調和を実現することが可能であると誤って信じるようになってしまうのだ[68]。さらに悪いことに、価値的な態度決定は、危険な神秘化を代表している。暴力をなくすのに貢献するどころか、異なった生活形態の存在と、それらの複数性に見合った道徳を生みだすことによってそれらを尊重する必要性とを承認することを拒否する絶対主義を実現したのである[69]。したがってこの絶対主義は、その実施がもたらす帰結に意を払うことはなかった。この絶対主義は、目的が手段を正当化するという論理の一環であり、螺旋的に暴力への依存を昂進させていった。

他方、このような状況に加えて、さまざまな価値体系が普遍性を主張することによって、価値体系間に非両立的な関係が生じ、対立へと駆り立てられることになった。このような状況から生じる紛争は、価値体系の深化によってエスカレートするほど、解決が困難になり、理想主義者が政治生活を従わせたいとした超政治的な公理はすべて不信にさらされることになった。その結果、価値に対する懐疑主義が生まれ、純粋な道具主義の拡大に有利に働いた。純粋な道具主義が用いた行為は、価値的決定とは一線を画するとみなされる対象の実現へと向かっていった。

マックス・ウェーバーの考えでは、価値合理性は歴史において無視し難い重要性をもつが、厳密な意味での正当な支配の形式を打ち立てることはない。価値合理性は政治的行為の特性を尊重しないのである。価値合理性は暴力を批判しながらこれを避けられず、追求した普遍的実現には到達できない。

ウェーバーの法社会学、とくに近代世界における正当性問題がそこで占める位置は、このような視座から理解しなければならない。法実証主義、およびウェーバーが法実証主義に与えた役割といえば、方法論と科学的認識論との領域において中立性がもつ地位の、法の領域における意義を考えずにはいられない。確かにウェーバーが目指したのは、政治的行為の矛盾を解決することであり、彼の目には、価値合理性あるいは確信的倫理を体系的に適用することでもたらされると思われた暴力から人間を救い出すことであった。しかしながら彼の分析の脆弱性は、科学的中立性の理解においてあばかれた脆弱性に相等しい。

ウェーバーの法社会学は、法的分野における合理化の現象を、この場合、啓示によるゆえ非合理であるカリスマ的側面から、とくに演繹的に厳密な規則と近代社会において増大する手続き的技術によって示される合理的側面に至るまで分析している。この点で近代自然法の研究が格好の事例を与える。

まず自然法は、支配者への依存を減らすことで個人の解放を促進する。自然法は権威主義的な権力の判断の専制を制限し、その基礎を掘り崩すのである。その代わりに、自然法は立法的な合理主義、あるいはコモン・ローとさえ結びつくことで、多様な形態の特殊法を次第に破壊することに一役買う。そのことによって、抽象的な規範の発展を促し、社会の官僚化のメカニズムを容易にしたのである。

さらに、政治的な近代の開始以来、民主主義と自由主義の原理は両義的であり、この両義性は悪化していくばかりであった。法の前の平等の理念は行政的手続きの合理的かつ形式的な客観性を必要とした。それにも関わらず、貧しい大衆は彼らの利益を守るため、あるいは彼らの物質的状況を富裕階級のものと調整するために、局部的な介入をたえず求めた。自然法の発展はある程度、このような実質的な正義の要請を次第に組みこんでいった。しかしながら、ウェーバーによれば、社会主義はこの点に関して絶対的な亀裂を生みだした。とくに所有権の起源を各人の労働に求め、相続、独占、契約によるものではないとし、そして終末論的な世界観を示すことで、社会主義は実質的な権利との間に乗り越えがたい溝を生みだす形式的な権利の批判をした。この断層を乗り越えられなかったために、自然法のすべての超法律的原理は衰退し、自己破壊へと至った。

さらに、マックス・ウェーバーによれば、オーギュスト・コントの進化論、有機体的発展の歴史主義的理論、および国家の権力と利益をめぐる現実主義的理論があいまって、価値の根源的役割の信用を損なうにつれて、この役割への信念も失われていった(70)。

いずれにせよ、かくして近代政治の運命は実現した。法的規則の源泉にある価値に関する懐疑主義は、指導者の放埒に対する歯止めとなる自然法の理念を排除してしまった。もはや性急な実践に反対して、上位の価値に訴えることはできない。したがって、自然法の解体は、道具的合理性の拡大と法的権威への実質的な服従の増大と切っても切り離せない(71)。法的権威はもはや上位の原理を参照することで自己正当化する必要はなくなった。制度が自分の選択と行為に法としての性格を与えるには、それらに法律の形式を与えさえすればいい。言い換えれば、ここに見られるのは、政治的理性が合法性と一体化し、正当性は法律へと還元されたということである。

ウェーバーは法実証主義の勝利をこのように解明し、法的秩序を正当なるものについての最終の基準に据える運動に賛成した。であるにも関わらず、彼は正義の要請を放棄するつもりではなかった。まさにその逆である。彼にとって、価値は非合理的なもので、相対立する諸価値の間の争いは解決不能であり、暴力を引き起こす。したがって、実定法が価値論的に関わらないことは、人と人の間の合意と協調の可能性を保持するための一方法であった。正当性を、価値とは一線を画す合法性と同列に置く法的構想によって、相容れない要求が対立することによる危険を未然に防ぐのである。

この際、このような方針でさえ価値論的な態度決定であることを認めないわけにはいかないことに注意しておこう。力の無制御な支配を避けようと願うことは、暴力をできる限り制限しようとする価値を選ぶことに等しい。これこそ、ウェーバーの真の政治的人間のイメージが示すものでもある。心条倫理を責任倫理に統合し、引き起こした行為の帰結に配慮するゆえに責任倫理をより上位のものとみなすことで[72]、真の政治的人間は客観的な決定を下す。この決定は、ある目的を達成するために、価値の領域を考慮に入れずになされる、適切な技術的手段の立証ではない。この決定はむしろ、政治的行為における価値を考慮に入れることを想定している[73]。言い換えれば、形式的な法が最小限価値論的に関わる限りで、価値の名の下にのみ行われる政治が孕む危険に対抗し得るのである。

しかしながら、マックス・ウェーバーは諸価値論体系の非合理性と非両立性という命題を、本質的に重要なものであるとする。したがって彼の著述の中で、形式的な法の役割はほとんど敷衍されない。価値の非合理性と非両立性の命題に代わる確固とした代替案となるにはあまりに萌芽的なままにとどまっているのである。したがって、法実証主義についても、科学的方法に適用された中立性についてのウェーバー解釈と同様である。このような状況では、寛容の理念を擁護する力は非常に弱いままである。

真の政治家の倫理として必要なのが、究極的動機と自らの行為がもたらし得る帰結について、合理的に責任をとることであるのは真実である。したがって、真の政治家の倫理は暴力とはあらゆる点で正反対のものである。同様に、ウェーバーの見方では、政治的自由の保護、さらには人間の尊厳の保護は、近代の解放の遺産である制度と実践——たとえば、法治国家、政府のコントロール、政治生活の公開性のような——の存続に完全に依存している。ウェーバーによって示された、近代の政治的合理性への批判が、権力政治への完全な従属を伴うものではないことも明らかである[74]。この批判は主として、政治を聖化しようとする見方に反対するものであり、ウェーバーによれば政治に聖性を認めるのは語義矛盾であった[75]。しかしながら、他方でウェーバーは、寛容について配慮することを可能にする要素を思考するための手段を、自分に与えなかった。近代政治のアポリアについての彼の分析は、民主主義についての堅固な擁護を打ち立てることができなかった。民主主義を基礎づける価値について満足な考察をなし得なかったことは、理性の角度から政治的選択の基礎を価値におくことを拒絶したことと符合する。

価値論的機能が本質的に信用を失ったため、実定法は実践的真理の表現となりえなかった。実定法は政治的領域において操作の賭け金となったが、この操作に対して実際のところ無防備であった。マックス・ウェーバーは、確信に基く政治の悪弊を避けようとして、実定法を価値論的レヴェルから切り離したが、法実証主義に期待した調停者の役割は、場合によっては裏切られ、濫用されて、何のやましさも覚えない私欲を利することになった。このような危険に対して、法実証主義は、合理的な基礎となる諸価値、それゆえ非難すべき行為の告発を可能にする諸価値に訴えることができなかったのである。

国家による正当な暴力の独占は、客観的とされる原理や基準によって制限されることがなかった。それゆえ、暴力に対して実定法は、自らが真であるとの確信をもって対抗することもできなかった。

このように、被治者が頼れるものは微弱であった。人間の尊厳を尊重する真の政治家によって幸運にも指導されることぐらいしか、期待できなかった。

ウェーバーは法実証主義にこだわることで、正当な法律と革命的合理性を同一視してしまったマルクス主義の危険を回避し得たのだとしても、それに劣らぬ欠陥を引き起こしがちであった。またウェーバーは唯物論者の行き詰まりと、その恐怖政治への流れを回避しようとして、近代実定法を実践理性についての豊かで一貫した考慮に基礎づけようとは決してしなかった。そのために、彼の構想した法実証主義は、民主主義的な寛容理念に十分な保証を与えることができなかった。単に公布されたというだけで、ある共同体の構成員が認める価値と対応していないような法律は、尊敬されることはない。

さらに、近代の形式的な法はすべての価値論的な内容から自由であるという主張は、原因と結果を取り違えたことによる明らかな誤りである。合法性が正当性の証拠となるためには、形式的法自体が支配の体系に包摂され、さらに支配の体系も全体として正当化されなければならないことは明らかではなかろうか。

結局、法が容易に操作され、犯されるような道具にならずにすむためには、価値による法の規定という問題設定が必要なのである。。したがって、法は与えられた環境と時間において、真理と正義の諸原理を示し、また活気づけるものであることを、信頼し得る仕方で示すことが必要である。

言い換えれば、統治の権利が実質的領域から独立した手続きに属するものであるとされ、制定された規則としての法的性格から評価されるならば、合法性と正当性との間の距離はなくなってしまう。政治的現実を批判的に検討することを可能にする、正当性という問題設定も消滅してしまう。法実証主義が行き着く先は、ウェーバーが政治生活の非教条的な分析を定式化することで回避しようとしたものに他ならない。合法性への服従を隠れ蓑に、治者は罰を免れ、被治者は疎外されるという危険がそれである。

合理的な判断の条件を提供しないために、法の概念それ自体が、政治に関わると否とに関わらず、その意味を失ってしまう。このような法実証主義についてのウェーバーの考えは、彼が科学的に受容し得る価値関係の観念と、受容し得ない価値判断の観念との間になした区別と完全に一致している。同じように、単なる信念として定義された、正当性観念全体への彼のアプローチとも合致している。科学、法、政治の領域において、価値に立脚した有効性を確証することは断念しなければならないのである。

確かにウェーバーはそのヒューマニズムゆえ、価値に対して純然たる無関心の態度に陥ることはなかった。しかしながら、彼の実定法理解は、時として生じる法律の権威主義的な行使に対する防御にならなかった[76]。正当性の手続き的性格と、政治的行為における一定程度の暴力の不可避性とについての彼の主張に加えて、立憲主義的な議会制国家と国民投票型のリーダーシップとの結びつきを妥当とし、偉大な民主主義的原理を国民的権力の利益に服従させようとする主張を併せて考えれば、以上のことはなおさら顕著になる[77]。確かに、この議論が定式化された知的状況の影響を軽視してはならないし、また当時のドイツで、一方には急進化した大衆と、他方における秩序派の間で展開した対立の重大さを軽視するわけにもいかない。

しかしながら、環境がそのようなものであったにせよ、正当性を合法性に近づけようとするウェーバーの傾向が正当化してしまった帰結の重大さは、軽視できない。カール・シュミットの著作がそれを証言している。シュミットの理論の折衷的性格や、それとウェーバーの理論を隔てる違いがどうであれ、シュミットの理論はウェーバーの理論との間にある連続的な関係を有する。政治的法についてシュミットが発展させた構想は、法律の形式的な能力が正当な状況を作り上げるとする、この年長者による考察によって鼓舞されたものかもしれない[78]。

3　正当性と合法性——マックス・ウェーバーからカール・シュミットへ

確かにマックス・ウェーバーは、彼の時代にドイツに存在していた民主的諸制度のために闘った[79]。それにも関わらず、彼の思想はカール・シュミットの思想と無関係ではない。ジュリアン・フロイントのように[80]、カール・シュミットがウェーバーの精神的な息子であるとまでは言わないにしても、ウェーバーの正当性解釈においてすでに示されていた前提から急進的な結論を導き出したということは認めなくてはならない。彼の省察はとりわけ、それらの前提をその限界まで押し進めることによってなされた。この省察の結果、非合理で偶然的な決断こそが、政治の自律の原理であるとする見方が打ち立てられた。したがって、政治の自律は政治的生活の合理的な運営の正反対であり、真理——国家意思の表明にすぎない——の現れであると考えられた。

マックス・ウェーバーの議論のある側面をシュミットが発展させたものとしてまず第一に目につくのは、民主主義における法的形式主義とその正当化能力とについての考えに関わる。このことを理解するためには、自然法に基くような民主主義のタイプは実現不可能と判断したウェーバーが、そこから民主的な規則の正当性と尊重とが、基本的な諸価値――法律はその表現かつ普及の手段であるような――には立脚していないと結論したことを思い起こすべきである。その反対に、民主的な規則の正当性と尊重とは、国家機関の法令と公布された法律の手続きに合致している点に依拠しているとされる(81)。さらに、マックス・ウェーバーが官僚の働きを法的メカニズムのもっとも純粋な形態として描いたのも、政治的行為の形式的な認識に大きな重要性を見出したからである。したがって、技術的にあまり発展していない行政を備えた民主的体制と官僚制とが対立するのは、主に法律の形式主義と価値の事実的な実現への関心との間の二元論によるものだと彼は考えた(82)。

いずれにせよウェーバーは、本質的な諸価値によって構成され、法の地平を保証するような合理的な次元の上に、近代民主主義を打ち立てることは不可能であるとの確信を表明した。このように見た時、民主制の形式的合法主義によって、正当性に内在する倫理的な性格をもつ制限が排除されてしまったのは確かである。その結果、法律の不正な使用という観念は信用を失っていった。じっさい、法律が有効であるとされるためには、理性の基礎を得る必要はなく、むしろ手続き的な要素を充たさなくてはならない。カール・シュミットが発展させることになる、政治的行為の決断主義的な理解へとわれわれは導びかれていったのである。

ウェーバーから見れば、民主主義における合法性は、正当性の条件を絶対的に決定するような価値論の次元に依拠するものではなかった。この事実からさらに進んで、何が望ましく何がそうでないかを、利益の観点から選択することができる実体として国家を示すに至るのは、容易なことであった。確かにウェーバーは、実践的合理性と真の政治を擁護した。とくに、政治における官僚的な考え方や態度に対して批判を行い(83)、自由主義的かつ民主主義的な改革に関して提案を行う場合がそうであった(84)。しかしながら、カール・シュミットにとって、国家的諸制度の主権をすべてに優越させる考えを解き放つには、このようなウェーバーの議論を無視し、彼の省察の両義性につけ込むだけで十分であった(85)。

かくして彼は、一九三二年の春に執筆した著作『合法性と正当性』において、形式的な法律のもつ正当性を信ずるウェーバーの主張を批判した。彼が強調したのは、ウェーバーの主張はワイマール憲法に対する価値論的に中立的なアプローチをもたらしたが、このようなアプローチによっては、ワイマール共和国をしっかりと擁護することができないということであった[86]。しかしながらシュミットは同時に、ウェーバーのこの主張を利用して、立法議会体制の道徳的基礎は正当化能力をすべて失ったと主張したのである[87]。彼によれば、このような状況を考慮に入れた時、自由主義とその無能に対して国家権力を再生するのに寄与するために、政治の概念と実践とを見直す必要があることを認めることが重要であった。

言い方を換えれば、マックス・ウェーバーが形式的な合法主義に賛成したことを告発したにも関わらず、シュミットはウェーバーに依拠することで合法主義を乗り越え、国家の優越を主張したのである。こうした見地から彼が作り上げた理論は、議会主義の知的基礎の批判から直接結論されたものであった。それは理性に基礎づけられた法を求める政治思想を標的にし、国家は法律の上にあるという考えを支持した。政治において、秩序と安定の要請は他のいかなる考慮にも優るとされた。

『合法性と正当性』が示した、ナチあるいは共産主義のいずれであれ、過激派による脅威に対して共和国を守ろうとするシュミットの意志は[88]、国家を守ろうとする配慮に起源があることがわかる。彼の歩みは反議会主義的で権威主義的な意味と影響力を持ち、彼を当時の反動的な雰囲気の一員とした。この雰囲気は、ドイツの民主主義の諸理念を辱め、その墓堀人となった。

カール・シュミットの思想がウェーバーの議論を発展させたものであるということは、カリスマ的リーダーシップおよび人民投票の手続きについての主張を通じても、明らかになる。

マックス・ウェーバーの視点からすれば、法律の形式主義への信念に基く支配の正当化様式は、伝統的正当性やカリスマ的正当性に比べて、概念的には等価でありながら、魅力に欠けるものであった。じっさい、合法的正当性には、決して民衆の熱狂をかき立てることのない抽象的な側面があった。さらにこの正当性は、制度の安定性のみならずそのダイナミズムまでを請け合うには、相対的に限定された保証しか提供できなかった。その点に関して、社会の官僚的な管理との結びつきゆえ、合法的正当性は真に政治的な器量をもつ指導者を生みだすのには適していなかった。

これこそ、ワイマール体制の設立が問題となったときに、ウェーバーが合法的正当性を体制の唯一の基礎としないようにした理由である(89)。国家の価値中立的な形式主義と君主制の保持とを組み合せようとする試みが挫折した後も(90)、彼が議会や官僚機関で示されるような形式的な法律と、カリスマ的な指導者の地位を占めるライヒ大統領とを結びつける体制を擁護したのは、このような精神からであった(91)。

この正当性の二つの型の協力において、バランスは顕著に大統領的人物の方に傾いた。じっさい、大統領を国民の直接的な投票によって選出するメカニズムの発足によって(92)、大統領は議会や官僚を上回る重みをもつことになった。ウェーバーの目的は、それによって新しい共和制を円滑に動かすことであった。議会や官僚的手続きと結びついた利点は認めた上で、議会と大衆の前で責任をもつ国家元首が、党派や官僚のおもちゃになることのないよう十分に選択の余地をもつことを保証することが肝心であった。ウェーバーは、人民によって選ばれたライヒ大統領によって、国民の公務の運営に感情を注ぎ込み、使命感を生みだそうと願ったのである。

カール・シュミットは、ウェーバーによる大統領の職務規定を捉え、これをその究極的帰結にまで発展させた。議会の領分も組みこんだ環境の中で、大統領がリーダーの役割を果せるよう、マックス・ウェーバーは憲法上の保障を準備したのだが、シュミットはこの保障を取り除いてしまった。ウェーバー的アプローチでは、共和制は議会と普通投票によって選ばれる国家元首に依拠していたのに対し、シュミットはこの前者を無視し、後者のみを正当性の形式として受け入れたのである(93)。彼は国家元首を使って、議会と議会を構成する政党の信用を失墜させた。彼にとって問題であったのは、国民の統一を非難しその政治的存在自体を傷つけるさまざまな圧力団体の行為を抑制することであった。実際には、これらの圧力団体は競争相手でしかなかった。これらの集団の対立は、政治の本質である友敵の分割に沿ったものではなかった。しかし、カール・シュミットによれば、決定的な場合において国家がその意志と主権を強制する能力は、この友敵の分割にかかっているゆえ、この分割こそが政治の本質であった(94)。彼はカリスマ的リーダーとしてのライヒ大統領が、政治的統合の任務の推進者であることを願った。それゆえ彼は、利己的な個別利益に対して国家を守る道具として、すなわちドイツ人民の統一された全体性と同一視されたワイマール憲法防衛の手段として、大統領を描いたのである。

シュミットは大統領に関するウェーバー的な構想から出発し、国家元首たる人物を党派の多元性に対抗して人民の政治的意志を代表するものとして描き出すに至った。このように彼がたどっていった変化を容易にしたのは、ウェーバーの法律の形式主義に関する主張が、民主主義に関する形式的な理解と結びついていたことであった。この理解から派生するものとして、民主主義の機能主義的な正当化があった。ウェーバーが議会制民主体制の本質的な目的が、個人の実質的な権利要求と人民主権とに関わる近代自然法の諸理念の実現であるという考えに異を唱えたのも、まさにこのような視座からであった(95)。このことは、合理化の歴史的過程と諸価値の非合理性に関する彼の確信によって、また自由民主主義の諸原理の階級的性格を彼に認めさせることになる政治社会学的研究によって、説明がつく(96)。彼は政治生活のエリート的な運営は避けられないとしただけでなく、自由民主主義は現実には政党の参加を制限していると考えた(97)。自由民主主義が、官僚制の技術的な統制という任務に加え、真に政治的器量を持ったリーダーの選出までを参加に委ねようとするにつれ、議会はこの努めを満足に果せず、その結果シュミットのような著作家は反議会主義的になり、最大限の権力を付与されたカリスマ的首長にしか救いはないという感情のとりこになっていったのは明らかである。

さらに、ウェーバーは国民投票によって選ばれる大統領を、議会の執行機関とは思わなかった。彼はむしろ、大統領が議会の意志を導いて、彼が国民にとって善いと個人的に解釈したことを実現していくべきであると考えた。このような議会と人民の支持を獲得する能力によって、大統領は彼らに対して責任をとるのである(8)。

この視点こそ、シュミットがカリスマ的な指導者の理論を作り上げるために利用したものである。

シュミットがウェーバーの議論を全体主義的に発展させたことは、ウェーバーの予測するところではなかったし、また間違いなく賛同もしなかったであろう。しかしこの議論の発展の結果として、シュミットは、法を政治的闘争の要請に従属させるようになった。すなわち、国家権力の維持と強化を最優先のこととして考慮に入れて、権力の権威によって主権的に決められたことこそ正当であると主張するようになったのである。けれども、この二人の著作家の間につながりがあるからといって、二人が彼等に固有なある精神の共同体の一員であったと考えるわけにはいかない。同じ歴史的状況の中にあって、彼等の考察は時代の雰囲気に反響するように形成された。シュミットにとって、法はそれ自体では権力の正当性や政治的正義に関する問題に答えをもたらし得なかったが、このような彼の視点は、ワイマール体制が内的にも外的にも陥った危機の中で、発展していったものである(9)。価値論的な基礎を欠いた実定法、社会についてまたそれに伴う個人の擁護についての自由主義的な観念、そして抽象的な規範による国際関係の規制といった形式の下で、法は和解のために努める。しかしながら、彼はこのような和解の企ては国家の弱体化をもたらすと考えたし、そのように考えたのは、以上のような見通しにおいてであった。彼が強調したのは、一般的にいって、法を活性化する和解という理念は特殊な利害を隠蔽するのであり、逆にこの特殊な利害は和解の理念を利用して、善を達成するという隠れ蓑の下、自己の目論見を実現しようとするということであった。政治が対立の論理に依拠しているという事実に、和解はつまずくのである(10)。

内的・外的な政治関係において、法はいかなる根源的地位ももたないということを示すためにシュミットが示すのは、極限的な緊張状況の例である。重要なのは力関係だけである。法的に組織された合意と妥協の関係が築かれる共同体的な世界は、政治的行為の枠組みにはならないと彼は主張した。政治的行為が展開されるのは、自らの存在を賭けた闘争に身を投じた存在がたがいに引き裂きあう世界である(101)。国家主権は、情け容赦ない対立として理解される政治においては不可欠な部分である。この国家主権は、通常の場合には有効な法的秩序に制限されるどころか、むしろそれを超越する。指導者の決定権力こそが、政治的に有効なものの源泉なのである。

合理主義や自由主義とは手を切ったこのような考え方が行き着いたのは、国家は社会に対して真に責任をもたず、もはやマックス・ウェーバーが求めた正当化の形式的な条件すら充たす必要はないという結論であった。国家の高度な利益に奉仕しているとする政治的指導者の意志は、一方的に有効とされた。その意志こそ、法律と正当性の保証であった。

カール・シュミットの理論が反民主的だからといって、彼の著作の質を過小評価してはならない。とくに彼の公法における専門家としての能力と、三〇年代に至るまで洞察力を失わなかった、彼の時代に対する診断とがそれを示している(102)。一九三三年以前にカール・シュミットの同僚であった著名な大学人たちは、彼がヒトラー政権を支持したため決定的に彼を非難するようになるまで、彼がとった政治的立場には反対しつつも、彼の著作の質をあくまで認めようとした(103)。彼の分析のいくつかは、単なる歴史的研究の枠を越えた重要性を示していることはたしかである。とくに極限の政治的危機状況において国家がとるべき態度についての考察がそうである(104)。じっさい、急進的な対立勢力にさらされたときの国家権力の範囲と、国家権力が用いることのできる方策という問題を回避することは難しい。

カール・シュミットはこの問題を解決するのに、法的規範より上位の国家主権の標章である、例外国家の創設を推奨した(105)。ワイマール体制においてこそ、ライヒ大統領は状況に応じて彼がふさわしいと判断した権力をもつべきだとしたのである(106)。また彼は明らかに共和制を破壊しようという計画をもつ政治組織を、反憲法的であると宣言し法律の外に置くことが必要であるとも考えた(107)。

民主体制がその信頼性と存在を危険にさらすことなく、その勝利のあかつきには民主体制を破壊することを公然の目的とする意見や行為を、どの限度まで認めうるかという問題は重要である。この問題に対するシュミットの解答はわれわれを満足させるものではなく、むしろ非難すべきものである。それほど彼の答えは、黒死病の有害で致命的な拡大を地ならしするものであった。しかしながら、すべての禁止や排除の政策がしばしば陥る恐怖政治の増大を忘れてはいけないが、シュミットが問題を提起したという功績は認めるべきである。さらに彼の議論は政治思想にとって刺激的でもある。

このような留保が、シュミットの研究に対してなされた判断の厳しさを緩和してきた。しかしながら、彼の思想の長所が彼の政治概念全体にのしかかる最大の欠陥と表裏をなすことを忘れるわけにもいかない。シュミットは例外状況を、政治の本質を説き明かす本質的な要素の地位にまで持ち上げたが、このことで、シュミットは政治の本質をその構成要素にすぎないものに引き下げてしまったのである。政治が力関係と暴力的行為とによって動かされていることは間違いないとしても、政治は野蛮な対立の絶え間ない継続には還元できない。安定と同意の時期があるのであり、そこでは司法機関が裁判を担い、物質的・象徴的な財の配分の手段として、最重要の役割を果す。

さらに、政治的対立が舞台の前面を占める時も、法的考慮は完全に排除されるわけではない。このことは相互に補いあう二つの仕方で理解できる。まず、対立は必ずしも権力奪取そのものを目的としているわけではない。対立は、その実現がある人々によって可能かつ必要と判断された権利要求の名の下になされうる。このように見ると、戦いの中心には、権利への呼びかけがある。次に、またこれは前述のことから派生することだが、司法活動が力関係と結びついているからといって、偽装して暴力や抑圧を行使しているわけではない。じっさい、力関係が不可分な関わりをもつ力学において、社会生活の組織に関する集団的な信念が、対立の発生、発展、結末と関わっている。したがって、出来事を決するのは、物理的な意味で理解される力だけではないのである。

敵対者が相まみえる仕方や、彼らを敵対させる意見の対立、そして彼らの紛争の帰結は、価値に依存している。価値は、社会のアイデンティティや変化に応じて、賛同を呼び起こしたり、逆に拒絶の動きを生みだし得るが、このことは完全に力関係の決定に寄与している。共同体の構成員によって法であると考えられているものを考慮に入れずに強制される政治的行為は、たとえ時間がかかっても、結局は失敗を運命づけられている。

カール・シュミットは自らの政治概念を、危機の諸特徴と現実主義に限定した。このために、彼は政治についてきわめて戦闘的な見方をするようになった。したがって、このアプローチを攻撃的な反自由主義と結びつけることで、彼の考察が全体主義国家の統合原理となる政治的実存主義を代表する理論に行き着いたとしても驚くべきではない(108)。このことはシュミットがナチによって完全に一員とは認められていなかったとしても、変わらない(109)。

国家の法律と正当性の区別は、ウェーバーの著作においてすでに掘り崩されていたが、カール・シュミットの分析によって無となってしまった。シュミットにとって、正当と言われる政治は、国家機関の決定力の合法性に他ならない。正当な政治とは、個々人に国家の選択や行為に反対することを禁じることと等しくなり、かくして正当性の本来の意味は消されてしまった。

このように、社会的政治的現象を検討するのに、その歴史性をその実践面と結びつけて最大限考えようと努めた理論は、統治の権利の主題を満足のいくように定式化することができなかった。これらの理論は、社会的事実の歴史と歴史性をめぐって解釈を行ったが、その解釈は、政治的現実を理解するにあたって、治者と被治者の関係が真に正当な性格をもつために充たすべき条件を明らかにする妨げとなった。マルクスによって賛えられたアプローチは、歴史を教条的に読むという欠陥を持っていたのに対し、マックス・ウェーバーの著作は、神々の闘争と合理化過程という考えの虜となったままであった。最終的には実証主義的な信条を取り入れることで、彼はシュミット的政治理論がはらむ危険へと道を開いたのである。

三　近代の歴史性、絶対者へのノスタルジーと正当性

マルクスやウェーバーの法則定立的分析は、価値と正当性の問題を満足に提起することができなかった。このことは、前近代的な心性が染み込んだままの近代解釈と結びついている。じっさい、これらの分析は、真理の信憑性はそれが唯一でありかつ自明であることから引き出されるとする、真理についての絶対主義的な定義を放棄するに至っていない。

この現象を明らかにするためには、まず近代の歴史性は自己反省的な運動にこそ見出せるということを示す必要がある。この運動の中で、そのように定義された近代という時代は、一つの作為として現れる。第二に、マルクス、ウェーバーの法則定立的分析はこのような状況の現れであるにも関わらず、この状況を見定め、そこから実践的真理の可能性を個人と集団の存在の歴史的性格の自覚と和解させる教訓を引き出すことができないままであったことを強調すべきである。

1　近代の経験における作為としての世界

近代の経験は、人々の間に自らの人生は歴史の一部であるという感情が決定的に認められるようになったということと結びついている。個人と社会は、自らが知ることのできない世界にいるのではなく、一連の諸現象の継起の中にあるということを自覚するようになった。このメカニズムは、ある時間理解と密接不可分であるように見える。そこでは、運動が一つの時間のまとまりを参照して主題化され、それによって過去と現在を何が区別しているかを明確にし、その間に何が変ったかを確定できるようになる。しかしながら、十六世紀以来定着した近代の歴史的自己規定は⑽、昨日と今日とで現実は異なるという確信にとどまるものではなく、過去は現在の記憶にすぎないとしてしまうことでもない。これらの諸要素を完成するのは、これらの諸要素を延長する未来があるという考えである。未来とは、個々人に降りかかる変化を生みだしていく前途として姿を現す。このように見たとき、個々人にとっての争点は、彼ら自身の生の条件を作り出していくことに他ならない⑾。

事情がこのようになった理由はおそらく、近代の経験が、個々人が生きていく状況は大部分本人の責任であるという考えとともにあったからである。またさまざまな活動分野において彼らが歩んでいく発展や方向についても、大きな責任を負っているとされる。近代の人間はこの行動能力をもつとされるが、それは彼らを他の個々人と結びつける関係だけでなく、自然との間に維持する関係とも関わっている。自然との関係において、近代的人間は自らを、自己をはるかに凌ぐ諸力に従属し、それらの力の前では運命に対するように従わなければならないか、あるいは祈りと呪術的儀礼とによってしかそれらの力に影響を与えられないような、受動的な客体とはみなさない。自然の神秘の物語と解釈に閉じこもらず⑿、自らを自然に刻印する能力を手にする。自然は敬意をもって取り扱うべき力から、飼いならすべき領域、人間の欲求に奉仕するよう使用する手段になってしまい、さらには、新たに見出した支配力を思う存分享受するために捉えるべき潜在的な機会となった。

さらに、個々人はある種の集団的組織に属すものであり、自らが影響力をもつ個人的な諸関係に加わるとする考えが、これに加わった。自然についての客観的認識と、個々人の共同生活から成る次元に対する感受性。この二つは、作為であることがその根本的な特徴である環境の中に暮らすことに対する、同一の態度の二側面である。どちらにおいても、近代の経験は、個人が次第に自律的な主体として理解されるということを示している。

この新しい意識が発展するには、個人と社会はいくつかの所与から離れなければならなかった。前近代的社会において社会とその構成員のアイデンティティを決定した構成要素が崩壊しなければ、そのような現実理解は体系化され得なかった。前近代から近代への移行には、三つの要因が発展し、その効果が一致する必要があった。

第一に、もし伝統の衰退による影響がなかったならば、この変化は起こらなかったであろう。既成秩序に代わるものを予想できない状態を乗り越え、過去によって有効とされた命令と一線を画すためには、定められた社会的行為規則への賛同と、変化をわずかなものにとどめようとする組織形態とを断ち切る必要があった。

第二に、この変化の前提として、人間と人間の間の共存関係の変更がある。個々人のアイデンティティがまず集団との関係——とくに親子の紐帯に属する——によって決まり、それ以外で地位を得るのは困難であるような世界に対して、個人化の戦略を発展させることが必要であった。この戦略は、集団形態に緊密に組みこまれた状態から解放された個的存在相互の間の、距離と同時に対面的関係を強調した。このことは、人間のなす選択と行為との中に、個別の生を分化させ生みだす諸原理を承認することを可能にした(113)。

第三に、もし宗教的価値からの離脱や、宗教的価値が善の認識に影響を及ぼすことで社会結合において果す役割の風化が同時に起こらなかったら、このような世界理解の変化は不可能であった。じっさい、宗教による社会的政治的秩序の正当化からの絶縁は、巨大な変動を引き起こした。確かにキリスト教自体が、とくに救済の教義(114)とアウグスティヌス主義(115)とによって、現実についての歴史的視座の形成にある程度寄与した。そうだとしても、とくに神の意志は世界の流れに大きく影響を及ぼすとし、社会に内在する組織の中には階層的関係が神聖に根を下ろしているとの考えを擁護することで、宗教権力は何世紀にもわたってこの傾向と戦ったのである。したがって、社会的政治的現象の歴史的解釈が十分に表現されるためには(116)、超越論的な仮説の放棄が必要であった。

環境は、生成する歴史という角度から理解され、個々人の思考と活動の産物として現れた。この環境の経験によって、個人と社会の行動の型を基礎づける諸価値が問題とされるようになった。前近代の諸構造によって支えられた価値の確実性という特典は、この諸構造とともになくなった。近代的世界によって、複数性ゆえに不確実性が増す状況に深く浸るという歴史的条件の下に行為者たちは置かれた。それ以後、個々人は多元的現実と向きあい、そこで確かな生の原理を見出すのは困難となった。彼らの生活様式と過去における固有の文化様式との対決、彼らが活動する社会において認められた個々人の軌跡の多様性、さらにいまやその知識は予想可能である別の諸文明の慣習との比較、こういったことの結果、近代の人間は自らの状況を自明とはみなさなくなった。歴史の産物とみなされた宗教が、疎外の一原因でありうるとみなされるようになっただけに、この分裂は個々人の行動を調整する諸価値の信頼性にも影響を及ぼした。

じっさい、個々人は相互欺瞞をしようとしているという考えが広まった。このような見地から現れたのが、次の主張である。宗教は人間の活動の産物であり、したがって信仰と価値を超歴史的に基礎づけ保証する役割を果し得ない。それればかりでなく、宗教は権力を求めて争う人々のための発明であり、権力者の意のままになる武器一式に属するイデオロギー的な道具なのである、と。

介入能力を与えられた個々人は、それ以後、現象を超越的な因果関係へと体系的に参照することを拒絶するようになった。主体の責任は、生の否定的側面でとくに拡大した。政治的生活において耐えている苦しみを疎外として問題化し、宗教的な言説は人の人に対する搾取にはっきりと一役買っていると問題化することも、考え得るようになった。マキアヴェッリによる党派的目的からする宗教の利用についての分析も、そのように解釈しなければならない(117)。同じように、さらに一般化すれば、政治的関係への現実主義的アプローチも、まったくのところ世界を人間の歴史の産物とみなすような世界の現れであり、このアプローチによって政治生活は、本質的に個々人の動機によって支配されているものとして描けるようになったのだということがわかる(118)。

したがって近代の経験は、個々人が自分は世の推移に影響を及ぼしているとの確信を獲得していく過程であった。宗教を対象とする政治的操作が示すように、人々は自らの同類を支配するためのメカニズムを思い描き、また作り出すことができるという考えが、そのような経験と混じりあっていった。したがって、参照となる諸価値が衰えていったのは不思議でない。それは、自己反省的な力学が、環境に対する理解能力をたえず増大させることによって個々人を解放しようとする認識運動を形成することで、現実の広がりとその歴史的特徴の解明を進めようと常に欲するようにかき立て、ついにはその名においてこの企てを導いた原理にまで到達したためである。近代的な主体の判断と行動を導く根本的価値を体系的に歴史的な分析の対象とすることで、自己反省的な力学はこれらの価値を非神聖化しようとした。この力学は、近代を基礎づけた価値的な方向性から自らを切り離すという危険を冒し、その権威を完全に失墜させないまでも、少なくともその有効性を見失うことになった。すなわち、近代の企図は自己の価値の信用を失わせ、自らを振り返りつつ自己の可能性の条件を忘れがちであった。近代の企図は自らが拠って立つ地盤を掘り崩し、運命であるかのごとく危機を招いたのである。

社会的現象の歴史性について、すでに考察した説明の諸類型を悩ます限界と両義性の反響が聞こえるのも、まさしくこのような状況である。これらのような類型は近代世界の不確かさに対応しているが、この不確かさに真に対

結びつけうるような形で、統治の権利の基準の問題に真に解決を与えようとはしなかったのである。

2　諸価値の不確かさ、真理論、絶対的なものへのノスタルジー

社会的事実の法則定立的研究に関わるものについて、次のことは明らかである。すなわち、法則を引き出すことで現象を経験的に解明することは、近代的世界において経験された歴史の不確かな性格ゆえに、価値について述べることは不可能になったと考えるアプローチと似ている。マックス・ウェーバーも、自然の科学的分析の理念と実践とを文化科学の基準とすることには反対したが、原理においては同様である。彼が社会科学のために求めた中立性は、理性に基礎をおいた政治評価と、共通善の考察を企てる力をもたないということを示している。マルクスとは状況がわずかばかりは違っていたが、結果は最終的に同じであった。確かにマルクスは事実と価値を分離しなかった。だからといって彼は、近代に固有な開放性も評価しなかった。歴史の必然性という考えによって、彼は歴史化した世界に、絶対的真理の欲求と地平を再導入した。しかしながら、歴史化した世界の特徴とはまさに、このような知的道徳的なやすらぎをもはやもたらし得ないということであった。

言い方を換えれば、社会的諸現象の歴史的次元についてのこれら種々の型の分析——今日なお、価値の問題、したがって統治の権利の問題に対して、社会科学が取り組む仕方を象徴している——は、実践面における真なるものが、近代のアイデンティティに固有な不確かさの中で、また不確かさにも関わらず、存在し得るとは考えなかった。

近代の歴史性によって突きつけられた問いに対して、これらの理論によってもたらされた解答は、前近代的心性とも呼ぶべきものに染まったままであった。この解答では、真理と称する視点が複数あるために不安定な世界にお

いて、政治の倫理的評価の可能性を考察することができないことは明らかであった。にも関わらず、この解答は古風な精神の刻印を残す真理図式において機能し続け、真理は単一、永遠かつ非歴史的であるとするモデルに依存したままであった。

それゆえ、受け継がれてきた自明の理、沈澱した先入見、そして制度化された確実さから成る広大なパノラマを解体する野心を広言する近代的世界と対比して、修正や反論にさらされることのない、確たる環境というものへのノスタルジーが存在した[19]。すなわち、先にあげたような人間的現実の分析の諸形態による、歴史の領域における真理の把握の仕方は、反省と底意ない議論とによって敢然と近代的世界を建設するのに加わろうとする、ある近代的世界理解の産物ではない。むしろ、その歩みは、自らがその埋葬に一役買った世界と完全に縁を切れずにいる。歴史に身を投じることへの躊躇は、前近代において真なるものが享受した絶対的な性格と絶縁すまいとする懐旧的な願望を示している。近代の歴史的意識はこのようにして形成されたが、そのために近代の不安定さに適応し、法的に判断するための基準を定めることは可能であると承認することが、妨げられた。

社会的政治的現象の歴史性の解釈に対する前近代的な精神の影響は、科学的合理性、および科学的合理性が近代的世界において辿り着いたヘゲモニー的地位においても、その残滓が見られる。じっさい、科学は、伝統や宗教のかつて自明であった諸信念の信用を失墜させながら、ただちにその位置に取って代わろうとした。科学は現実についての知識を組織する原理になろうとした。科学が伝播させたのは、自らがその生成と発展に加わった新しい文脈を考慮に入れた諸手段とともに、確かさへの渇望を示す真理の理念であった[20]。

結果の修正過程がむしろ発展の原動力となる、そのような研究のダイナミズムが科学によって始められたその瞬間にあって、科学は前近代的な精神と完全には絶縁してはいなかった。古典的な科学神話の張本人たちにとって[21]、自らがもたらした前近代の知的道徳的な快適さとの絶縁を、欠如とせずに生きることの困難さ。近代初期にデカルトがこの主題に関して示した関心が典型的に示しているような、定式化した主張の妥当性の条件と立証の手続きに関して、彼らが示した関心(22)。さらに自然についての包括的な法則を作ろうとする欲望。これらは、単に科学的に正しい言明を生みだそうとする関心だけでは説明できない。これらは喪失として受け止められた断絶の印でもある。引き起こされたトラウマは、科学にその刻印を残した(123)。自分たちの発見によって、自分たちがその破壊に一役買った、人間と現実との間の統一と調和を復活させること、これこそが科学者にとって重要となった。科学的合理性が無視し難い引照領域となり、認識論における科学的合理性の働きが、近代的社会における社会統合において主要な役割をひき続き見出したのは、そのためである。

科学的真理とは人間の歴史と彼らの利害関心との産物であると考えて、科学的真理と近代的認識秩序におけるその特権的地位とを攻撃する現代の著述家たちの仕事を、このノスタルジーの同類として語ることも可能である。確かに、彼らは近代を特徴づける歴史化と批判的な自己反省の運動の直系に属する。彼らは科学的に定義された真の概念の有効性を否定しているのだから、この運動を最大限にまで押し進めている。しかしながら、彼らは彼らで絶対的なものへのノスタルジーに動かされている。科学の営みの歴史性が、イデオロギー的また個人的な党派性や権力闘争とあいまって、科学の営みの信用を完全に失墜させると考えることはむしろ、真理と科学における真理の解明とについての、無歴史的な理解への執着をさらけ出している。

もちろん、これらの分析によってもたらされた、脱神秘化の実証的側面に異を唱えることが問題なわけではない。じっさい、これらの分析によって、科学はそれまで据えられていた栄光の座から滑り落ちた。科学はその歴史の中でさまざまな形をとってきたし、しばしば権力争いに巻き込まれ、その中で真理はアリバイとして利用された。しかしながら、だからといって、科学の企てを非合理な活動であると決めつけることはできない。なぜなら一方で、もしそうだとしたら、科学的な研究過程が、知識の獲得と発展につながることを否認してしまう。他方で、その場合科学的真理はすべての寄生物から純粋になりうるということを前提としているが、それは困難であるように思われる。科学は真理に反する体系であるとして科学を告発することは、常に真理についての科学的原理を用いていることになる。なぜなら、科学に対して、それが体現していると主張する知的計画を本質的に幻想で虚偽であると批判しつつ、同時にこれを尊重していないと非難することは、実際難しいからである。しかも、その場合の科学的原理とは、絶対的なものへのノスタルジーという色眼鏡を通したものである。真理の計画の不完全な実現によって、魔術からの解放が引き起こされ、その結果として科学的営為の導きと理想としての真理観念そのものが否定されてしまった。このことを説明するのは、いかに秘められたものであるにせよ、このノスタルジーに他ならない。

科学的真理への懐旧的なアプローチは、とくにパウル・ファイヤアーベントの著作に見られる。彼は自らが認識論的アナーキズムと呼ぶものを追求することで、科学的研究の論理に関する歴史的哲学的な考察を提案する。その目的は、科学的研究は、「真理」・「理性」・「正義」・「公正」その他の、普遍的な意義と射程とをもつとする概念とは無関係であることを示すことにある(124)。彼は自然現象の実験科学は、使用する方法、およびイデオロギー的政治的な闘いへの関わりゆえに、かなり非合理的なものであると断じた(125)。彼の主張では、真理の価値も、それを伴い科学的合理主義の倫理を形成する偉大な原理も、今日の科学の実際の姿とは無関係である。科学的研究とは単に、知識を常により多く、より多様に生みだしていくことの継続であり、真理の漸進的解明という関心によって動機づけられたものではない(126)。

科学の営みと真理問題との関係についてのこのような解釈——その急進主義は絶対的なものへのノスタルジーに色づけられている——は、人文科学における科学的合理性によって擁護された真理の理念を攻撃するミシェル・フーコーの著作にも等しく関係している(127)。フーコーは、真理の言説を構成する隠された規則を、その生成における歴史的に変化する条件を検討することで明らかにしようとした。そのことによって彼は、人文科学が代表しようとし、またその力で自らの科学としての地位を認めさせようとしている真理の理念を、信用できないものであるとした。フーコー的方法が試みたのは、真理とは人々によって真理と呼ばれたものの歴史にすぎず[128]、また真理をめぐる人々の闘争の歴史にすぎないということの証明であった。この闘争の背後において、闘争を合理的に決着させるいかなる引照基準もないということを、彼はほのめかしている[129]。

ところで、ミシェル・フーコーの思想同様、パウル・ファイヤアーベントの思想にも関わることだが、科学がこのように引きずり降ろされたのは、科学がたどった歴史において、その規範が変化をこうむり、権力関係に巻き込まれたからというわけではない[130]。科学的合理主義において、有効性を確認する諸価値の不変性というテーマは重要な役割を果した。また、科学的合理主義は、長い間科学に属さない利害との共謀を疑われずに来れた。このことを考えると、確かにこれらの著者が科学的合理性の弱みを明らかにしようとした努力は正当化される。しかしながら、真理が歴史的性格をもつからといって、真理は虚構にすぎないと彼らが結論することを、決して認めるわけにはいかない。この視点を採用することは、永遠の真理、あるいは彼らがかくも批判しようとしている歴史の拒絶という考えの虜であり続けることに他ならない。それは真理の観念に対する懐旧的な絶対主義に、なお身を委ねることでもある。

そのうえ、ファイヤアーベントとフーコーがその違いにも関わらず共有しているこの態度は[131]、二重の問題を提起している。第一に、この態度は同じくらい支持し難い二つの立場の間で揺れ動く限り、自己破壊的である。一方で、この態度は自ら擁護していると思われる主張と矛盾している。というのも、この態度が表明している批判は、合理的な議論、および真であろうとする野心に依拠することを前提としているからである[132]。他方でこの態度自体、同じように分析することが可能であり、したがってそれが告発している実践に優位しているわけではない[133]。第二に、科学的合理主義を批判することは、研究をすべての社会的目的性を見失いがちなものとしてしまう。自然科学や人文科学において真理の理念を用いることへの異論は、この言明の理論面にとどまらない。正義、義務、責務の原理への批判が示しているように、異論は真なるものへの関心を伴う道徳的な考察に対しても等しく示されるのである(134)。その結果、知識の獲得過程はもはや、方法論的に導かれ秩序づけられた知への意志として理解され、現実の改良を目指すような研究倫理には属さないものとなる。

このような条件の下で、科学における道徳的価値の合理性を拒絶することが、合理性が社会的に引き受けている働きへの信用も損なうことにつながるのは当然である。真理の理念を無効にすることは、その当然の帰結として、真なるものの合理主義的探究に伴う倫理的要素の批判へとつながり、この倫理的要素は信用を失うことになる。実践面においてと同様理論面においても価値のあるこの倫理的要素がもつ、行動を決定し評価する基準としての役割も無に帰する。

ミシェル・フーコーとパウル・ファイヤアーベントは、それぞれの仕方で体系的な風刺を例証してみせた。この体系的な風刺がたどり着いたのは、科学と実践的の両方において、ユートピア主義とニヒリズム（あえて公然とは自称してはいないが）を結合する視点であった。このユートピア主義を具体化した姿は、加入儀礼を経験していない人にとっては神秘的で不可解にしか見えない。というのも、価値的に白紙な作業ゆえに、礎となるような価値に訴えることができないからである。

真理の観念を一方的に批判するこの考え方は、完全に自明な世界に対するノスタルジーの現象の帰結である。近代の自己反省運動には最初からこのノスタルジーが刻印されていた。この考え方は、真理と絶対的な確かさを厳密に一致させようとする関心を示す感受性の、最終の姿である。

近代的世界における懐旧的な態度は、変化に対する反発の残存物に部分的に対応している。この態度は人間的には十分に理解可能なものである。一般的に言って、自分が生れた世界の考え方への知的心理的な執着が、完全になくなることはおそらくない。また、構造化する力を、直ちにかつ完全に失うことはない。この執着は、条件づけの力を保持し続ける。現実についての新しいイメージが断固として受入れられ、このイメージが過去と絶縁するほど十分に強くならない限り、この力は影響を及ぼし続けるのである。

さらに、近代の自己反省の力学の結果、どれだけ受入れがたいにせよ、個々人が暫定的で変化しやすい状態におかれることになったのは当然である。慢性の不安定さと決定的な保証の欠如とによって、個々人が安らげる状況はなくなってしまった。そこから前近代へのノスタルジーの誘惑が生じた。しばしば自らのアイデンティティを求めて病的な競争的追求にまきこまれた近代文化と比べて、前近代は自己と一致するという魅力的でほっとさせる印象を与えた。

自己反省的な力学によって、引照価値の複数性が前面に出てしまった歴史的世界において、政治的判断力の行使をいかに定義し、擁護するか。この問いは、その時以来、提起されているのだろうか。

第五章　政治研究、歴史との関連、法的判断

社会的現象の歴史性についての分析やその現象が実践領域に及ぼす影響についての分析は、価値中立に向かわざるを得ないことも、独善的あるいは無味乾燥な歴史概念に向かわざるを得ないこともない。それらのアプローチに代わる、またそれらのアプローチが生む諸々の困難を避ける代替アプローチが存在するのである。

歴史においては、諸価値体系が変化し、またそれらが多元であることを認めざるを得ないが、そのアプローチは、政治的に受容できるものとできないものとの境界を歴史の中で設定することを許すような研究方向である。善き政府の問題を関心の中心に位置づけているにも関わらず、それに対して解答を与えることのできない現代性という意識が、正当性をアポリアに晒している。しかし、そのアプローチこそ、正当性の主題についての研究がアポリアに陥るのを免れさせる。

——先に、社会の現象の諸研究がもつ方法論的な特徴のいくつかに言及しておいたが、その特徴の保存を妨げるわけではない——そのアプローチは、二つの相補的方向へ発展する政治の分析と歴史領域の分析を接合する作業を経る。第一に、政治的に正しきものの明確化を目指す、社会的事実の経験的アプローチが有用であるのは、それが価値の次元の復権と結びついた場合においてのみである。第二に、ここで検討するアプローチは、政治分析が社会組織の形態と取り結ぶ関係を明らかにしようと考えている。

一　経験的アプローチ、諸社会の学、諸価値

法の思考の命ずるところと合致するように政治問題へ解決をもたらすために、すでに研究した思想潮流のいくつかを、修正を施しつつ、つまり歴史的現実という概念の内にそれらを組みこみつつ、さらにアポリアを含む状況を

招いた背景から切り離してくれる、科学的営為という概念の内にそれらを組みこみつつ、活用すべきである。その観点からいえば、まず、経験的手続きがもつ、認識の要因としてまた方法の導き手としての何物にも代え難い利点を強調する必要がある。正当性という主題の研究を袋小路に陥れないため、もしくは、その主題から意味や批判の源泉を結果的に取り除いてしまうような解釈の提示を避けるため、経験的分析を、社会的・政治的現実における諸価値の役割と対立させるのではなく結びつけながら理解し、実施すべきである。次に、この点を証明しなければならない。その作業はわれわれを、客観性の観念と中立性の観念の再解釈に導くであろう。

1　経験的所与の重要性

統治の権利の問題についての首尾一貫した定式を樹立するためといって、経験的所与をかなぐり捨てることは問題になりえようはずがない。なるほど、社会的事実について価値の点から云々できないことは、部分的に、観察可能な情報が基本的に情報全体の中ではわずかな位置しか占めないという事実に結びついている。しかしなお、正当性の観念を適切に論ずるためといって、経験的所与への参照を退けるには及ばない。じっさい、その参照は不可欠であり、他に代え難いものなのである。

一般的に、現実の特徴を明示しようと望む者にとって、それらを考察に組み入れる作業は踏まなければならない段階である。それらへの配慮は、明らかに、事実命題の内容の導出を手助けする。さらにそれらへの配慮は、現実的なるものと陳述が含む情報との往復運動を義務づけることで、陳述の有効性の検証に貢献する。この過程は、相互の突き合せを繰り返させるうちに、現実について表明された命題を次第に洗練させ、現実の理解に改善をもたらすのである。

この状況は、とくに正当性の観点から行なう政治分析に当てはまる。統治の権利についての理論的考察は、じっさい、その当然の成り行きとして、歴史具体的な背景の説明に専念する。政治分析にとって、具体的所与を考慮に入れることが不可欠であるように思われる。政治生活の展開と、政治生活がその舞台をなす紛争は、抽象性のもとではなく歴史の中で現れるのである。したがって、正当な状態と不当な状態の見取図は、とりわけ経験的要素へ払われる注目によってもたらされるのである。この観点からいうと、経験的な要素へ向けられる注目は、たとえば、体制が稼働する仕方についての情報をもたらすことによって、また個々人が社会の組織や方向に対して寄せる支持、反発の度合いや、支持、反発の形態についての情報をもたらすことによって、それらの特質の一覧表の作成を可能にする。この一覧表は、社会内部に存する関係が協調なのか対立なのかを示す指標として役立ち、正義の問題についてのもっとも重要な与件を提供するのである。

しかしながら、経験的分析により導出された評価は、それらが法の価値規準の問題についての考察と共に実施された場合にのみ、言い換えると、価値判断の問題が考慮に入れられた場合にのみ、その完全な効力を担うことができる。じっさい、統治者と被治者の関係についての研究が諸現象の経験的研究へ手掛かりを求める、という点を退けないとしても、それが経験的研究に尽くされることもないのである。その研究は、統治者と被治者の関係をある発想のもとに組み入れることを考えている。その発想とは、正義の観念を包含する判断能力が何に基いて導出されるのかという疑問の上に、政治的現実についての記述を接合するという考え方である。

2　諸価値の意味と社会的事実の個別性

諸価値の役割を完全に承認することは、個人が歴史の主体あるいは動因として社会的・政治的現象の産出や展開に参画しているという考え方と切り離せない。

個々人が思考し、行動し、おたがいにまた環境と関係を取り結ぶのは、この諸価値との関わりにおいてである。彼らは、価値領域が道標を与える意味の世界で成長しながら、諸価値の宿る日常空間や地平と向き合う。社会的事実をその特殊性を考慮しながら明示しようと望む者は、それらを自然界の現実のように扱うことはできない。社会的・政治的現象の観察者は、個々人の主観性のレヴェルに身を置かねばならない。彼は、個々人の動機や意図を、価値次元により導かれ価値次元へ関与するものとして理解しようと努めなくてはならない。そのような観点から――しかも、時間軸、空間軸からみた文明間の差異と、同一文化や同一社会の内部における多様性を考慮に入れた上で――捉えられた社会的現象は、自然科学のそれとは異なった真偽の論理に組み入れられることになる。

法の判断の諸条件の明示に導くという思考の取決めを裏切らないような、諸価値の地位や役割についての経験的アプローチを提示するために、補足的な要素を考慮に入れる必要がある。つまり、経験的情報を提示するさいに、社会的現象が含む価値領域の合理性を頭から退けないようにすることが重要である。社会的現象こそが真の価値と真理の一定量を含んだ理性を実践するという仮説を、退けないようにすることが重要である。この立場から言うと、価値領域に徹底して個人信念の作り話という役割しか与えずに、その領域に言及するような観点とは、手を組まないことが是非とも必要である。一方で諸価値を序列に組み入れることを拒否しながら、個々人や諸社会が自らを同化させる諸価値、あるいは拒絶する諸価値についての一覧表を提示すれば、社会生活に関わる出来事の個別性を忘れることになる。それは結局、個人間の命令・服従関係の正当性について云々するのを放棄することに等しい。

もっとも、経験的所与の蓄積の有用性すべてに異議を申し立てているわけではない。ここでの問題点は、経験的所与の集合と、法の判断について説明する陳述の導出とを両立させることである。社会的事実の経験的な解釈や、その事実がもつ価値次元についての解釈が、背景と切り離された観察様式のもとでのみ構想されるならば、そのような解釈は、代替なきことを自認しつつ、狭義における正当性の問題の検討を考察の領域から除外するという観点を生む。しかも、それは、着手しようのない作業方向を提案するという欠点を露呈させてしまう。じっさい、価値偏見から自由な科学というイメージが、科学的実践によって実証されることはない。すなわち、それが要請する価値判断との切断は、それが最良の仮説であったとしても、現実の中でせいぜい部分的に達成されるにすぎない。

なるほど、科学が提示する世界解釈が、個々人が自身の環境について抱く見方に正確に対応し得ることはないであろう。にも関わらず、価値中立の概念に執着する研究者が擁護する社会的・政治的現象の理解と、経験に発する理解との間には乖離がある。その乖離は、科学と体験が構成する二つのレヴェルの英知を、一方を他方に還元することなく接合、調和させることができる研究方法を推奨するように働く。社会的現実を、社会的現象の自然科学的認識という脅迫に屈服させることなく分析することが重要なのである。科学的まなざしと生活が両立できる空間を見出すこと、とりわけ正義についての考察を組みこめるような両立空間を見出すことが重要なのである。

正義の経験、社会的事実の迂回し難い要素

各人は、日常の生存において、これこれの選択や行動は望ましく、その他の選択や行動は批判に値するという感覚を抱いている。しかしながら、社会的事実の経験的分析を支持し、価値中立に立とうとする者の諸著作は、この経験に抵触する。この種の緊張は、徹底して批判論的かつ歴史主義的な社会生活の分析を展開する著述家たち、さらに、とくに真理の観念や法の観念を全体として誹謗する著述家たちにも、影響を及ぼしている。しかし彼らでさえ、それらの観念の影響を逃れるわけではない。彼らはたぶん、たとえば、他者を殺害するより尊重するほうが好ましいということに異議を申し立てはしない。

したがって、個々人に宿る確信は、経験的分析を中立的なものと捉える解釈が諸価値の序列化を拒んでいることと衝突する。つまり、科学的実証主義の偏見を通して世界に関心を向けるよりは、むしろ思考と生活を連接しようと試みるべきなのである(1)。

なるほど、正義の概念を定義するために持ち出される要素は時代や社会類型によって異なり、さらにまた、個々人が共同体の内部で占める位置、また彼らが共同体について下す解釈の内部で占める位置によっても異なる。そのため、正義の概念を特定することは至難であり続ける。くわえて、正義の観念は、収拾の容易ならざる不一致や紛争を生みだしている。さらに、正義という主題の研究を標的とする不信は、以下の三つの要素によって強められている。すなわち、善を自負する諸原理が現実において十分には成就されず、さらにその諸原理が、果そうとする道標や規準としての役目を信頼に足るほど果していないという、時折抱かれる感情。つぎに、個々人一般、とりわけ政治家が、残虐とか反世間的とはいわずとも、利己主義へ向かう傾向を持っているという考え方。最後に、ナチス・ドイツの例が極端かつ悲劇的に示しているような、憎悪、怨念、暴力による集団的運動の実施。

こういった考え方が、正義の問題を妄想に貶めているように思われる。けれども、それらは、正義の問題の重要性を損なうわけではない。それらは結果的に、観察者をして、正義の問題を憂慮せしめたに違いない。じっさい、正義が最終的な合意を生みだすことはなく、その実施が不確かで、いまだ完全に満足の行くまで実現されたことがなく、さらに無頓着や粗野に加担する個々人が正義を軽んじているということ、これらがまさしく、正義を考える作業を、よりいっそう緊急のものとする理由である。

なるほど、正義は、その要請に社会的事実や個々人が義務的に従うという意味での反射メカニズムには刻み込まれてはいない。しかし正義は、人間生活の中心的経験の一つである。個々人がその生存において、他者との接触を避けることはできない。個々人は、存続と発達のためたがいに他者を必要としている。この観点から言うと、個々人は、共存や協調の関係に身を置き、そこに参画するよう導かれる。そのことは、相互性の感覚を示唆し、それゆえ一つの正義観念を示唆するのである。

人間生活における正義の問題は、それが社会的次元に含まれるため、集団内関係の領域においてと同じほど個人のレヴェルにおいても表出する。個々人が世間に身を置くようになるや否や、彼らの生存は、存在において一歩先を目指すという性向とは切り離せなくなる(2)。降りかかりうる事柄に無関心でいられない個々人は、自己肯定の論理に衝き動かされ(3)、その自己肯定は、個々人が自己の成長する環境に対して抱く要望と混じり合う。それらの要望は、生存の躍動的な連続性が保たれるのに好ましい回答を、要求するのである。たとえば、両親が子供の呼び声を無視すれば、子供を恒常的に脆弱にする恐れが出てくる。この観点から言うと、人間存在の保全と開花は、要望の実現にかかっている。そこで実現されるべき要望とは、周囲の世界、とりわけ世間に対して発するそれであり、生活の良好な運営のための必要不可欠な欲求として実感されるそれであり、しかし実現のチャンスが他者の協働を必要とするようなそれである。他者は、彼の責任感に訴え掛ける呼び声を発見すること、またその責任を受諾しつつ、呼び声を発した人物とともに一種の運命共同体を共有すること、この二つを承認する。かくして、個々人は、彼らの要望に払われる配慮をもとにして、彼らが正当に扱われたかどうかを、――さまざまな様式、たとえば成人か青年かによって内容に多少の違いがある様式の下で――考えるよう導かれる。このことはもちろん、個々人をもはや生存を守るべき大義だとみなす能力を持てないような疑似無関心状態へ追いやる逆境に、彼ら自身が直面しないことを前提としている。

正義が人間の生存の要であることは、集団内関係の領域でも明らかとなる。じっさい、社会における生存の良好な運営は、集団の成員に義務と権利を割りあてるための範囲の設定とも結びついている。それらの権利と義務は、個々人の相互的利益の実現への承認と実現への気遣いを表している。もちろん、相互的利益を実現する形式と相互的利益の内容は、背景に依存している。したがって、共同体における生活の社会的次元は、共同体の方向と組織に対して、集団を構成する個々人の要望への配慮を内部に組みこむよう命じている。個々人が、交換が一方的に行なわれているという感情を抱き、基本的に彼らの不利になるように行なわれているという感情を抱いた時、交換への動機は価値や効力を失う。裏返していえば、社会組織を構成し、社会の運営を大枠で保障するのは、個々人が結ぶ横糸なのである。

たとえば、諸法律が、共同体の残余の欲求をわずかばかりも配慮せず、財の再配分におけるレギュレーションの役目を果さず、常に住人のある同一部分しか利さないものだと考えられるなら、それらは信頼性を失う。じっさい、この具体的ケースにおいて、諸法律は、共同体生活が他者を黙殺しないことを意味するのだと、必要ならば制裁の力を借りて思い起こさせる任務を放棄している。その場合、損害を被ったと感ずる行為者の協調への誠意は、その分だけ減退する。そのような状況において、個々人の関係は、相互性の実践と妥協の模索とを基盤とした正義の観念が生む信頼性を、裏づけることはできない。相互的利益は、個々人の日常そして将来の接触を活性化させることを止める。勢力関係という意識が、台頭するようになる。勢力関係は、潜在性から顕在化の兆しをみせ、状況がそれを許す場合にはついに暴発する。

アメリカの哲学者ジョン・ロールズは、正義論の前提条件を設定するために、一つの戦略を考案した。始原状態、無知のヴェールという考え方がその戦略において占める位置は(4)、正義という主題と相互性という主題を繋ぐ糸は何かという問題との関わりにおいて、理解することができる。ロールズは、正しきものを明示できる手続きは具体的社会への投錨と一線を画さなければならないと主張することで、とりわけ二つの利点を引き出した。

彼はまず、行為者が合理的であるとされる、かつ行為者に将来の個人的特性を除く――たとえば彼らは、富者になるか貧者になるかを知らない――すべてについての十分な情報が与えられているとされる始原状態を仮想し、その仮想状況が、行為者に平等の地位をもたらすと考えた。その平等の枠内で行為者は、根こそぎ他者の利益を損ない己の利益だけに配慮するような正義の概念に、執着する気もなければ執着することもできない。じっさい、優遇される側にいられるという保障がなければ、個々人はむしろ、万人の個人的利益へ配慮する福利の配分法を支持したいと望むであろう(5)。したがって彼らは、最多損失の最少化、最少利益の最大化を望むように導かれる(6)。

ジョン・ロールズは次に、正義の思考や遂行の前提条件の明示が、勢力関係の螺旋に取込まれ政治闘争やその闘争の成り行きの犠牲に供される事態を、始原状態という仮想を使って回避させようと望んでいる(7)。かくして、正義の問題の錨を具体的歴史あるいは歴史喧騒の外に、いや前に下ろすことによって、突発しがちな揺り返し運動の大義として正義の観念が持ち出される事態を避けることができた。それが大義として役立つのは、昨日まで冷遇されていた個々人が、権力掌握のあかつきに、かつて彼らが犠牲となっていた差別を正義の名の下に新しい抑圧形態に換え、仕返し、怨念、排除慣行を制度化する一方的な政策を強制した場合である。その時彼らは、相互性という条項の至上性を忘却し、秩序立った社会が要請する各人の利益の尊重を忘却しているのである。

ロールズは、自らの正義概念を導出するため、始原状態という手続きを頼りとした。そのため彼は、正しきものについての熟考と正しきものの実現が、他者の運命に関心を払わないような偏見の増殖に影響されることも掘り崩されることもない、という主張に関わったのである。

3　中立性および客観性再訪

自らをこの価値中立的な経験主義に限定することなく、なお経験的知識に基こうとする、政治的正当性に関する考察の目的は、経験主義を人間界の現実から切り離している溝を乗り越えることである。そのために、正義の諸価値が存在することを経験に基いて示し、それらの諸価値が社会的事実の分析に組みこまれ得る方法を明示しなければならない。それはつまり、価値からの離脱という形においてのみ客観性と中立性の観念を理解することができるという考えを退けながら、社会科学や政治科学の倫理を抽出することを意味する。それを行なうためには、客観性と中立性の観念を寛容の理念に接合する必要がある。

事実と価値の分離は、歴史や道徳に先立つものではない。それは、近代という時代の経過とともに構成された新しい世界観に相当する。それは、現実についての一つの考え方の産物である。その考え方は、前近代との訣別を(8)、前近代と訣別したからには諸理想に到達しまた諸理想を平然と実践することは困難である、という解釈に結びつける。その結果として、価値の領域また価値が表明される歴史の領域に対して不信が生ずる。この不信こそ、自然界についての科学的な研究が現実なるものの明晰化の引照モデルとなる過程を後押しする。このようにして、経験的分析はあるテーゼを支持するに至る。そのテーゼによると、社会の問題を真なるものの角度から説明する作業は、それらの問題の記述や説明が価値判断から解放される必要性を生む。

しかしながら、社会的現象の客体との同一視、さらに中立たらんとする意思が歴史的背景の産物であることが判明した瞬間から、事実と価値の分離を、もはや存在論的なものとして、また不可避で越えられないものとして提示すべきではなくなる。結論としていえることは、中立性や客観性の観念と、それらを原理の価値的退却に封じ込めるような世界概念とを、切り離すことは可能である。諸価値を真剣に取り上げ、その観点から、倫理的次元の組み入れにも配慮した分析を繰り広げるような社会的現象についての研究が存在するが、中立性や客観性をその研究の枠内で理解することができる。

伝統的に中立性は、他者に対するという意味での一者への、加担の拒絶とみなされてきた。しかし、中立性を、そのような意味でのみ解すべきではない。それを価値への完全な不関与に還元することは、中立性が科学的営為や科学の倫理のために提供できる資源の入手可能性を閉ざすことに等しい。つまり中立性は、社会問題や政治問題の研究における諸価値の有効性や、そこへの諸価値の組み入れに疑いを挟まない思想と接合された時、そのような資源を提供することができる。たとえば、中立性が価値判断との徹底した分離に結びつけられることさえなければ、それを、比較的穏やかな形態の下で強力な信念を実験に移す手続きのように捉えることができる。中立性は明らかに、観点の多元性の尊重が不可欠であるという信念、またこの手続きを満たすために、諸価値には序列が存在するというテーゼを支持すべきであるという信念に、味方すると思われる。

中立性とは、価値の立場の多様性への権利を支持しながら社会と関わる方法である。したがって、そのように理解された中立的な態度は、寛容を推奨する。その点で、中立性は決して価値判断と無縁なわけではない。価値への方向性が、その方向に従う行動を伴うと考えるのは、それ自体偏見である。中立性は、個々人もしくは諸社会が採用する諸観点が、無条件で同等な価値をもつとは考えない。価値の序列分類の樹立の段階で、相互的尊重という至上命題が課される。しかしながら、差異への寛容という条項は、差異が侵害や強制を実行しない限りにおいてのみ有効である。その条項は、たとえば想定的上位にあるという名目で、ある観点が他の観点より優先されることを認めない。じっさい、われわれの語る中立性が信頼に足るものとなるために、背景がそれを要請するならば、中立性はいっそう活動的な次元により補完され拡張されなければならない。その活動的な次元とは、粗暴や不寛容に加担する人々と闘うことである。

言い換えると、中立性が諸観点の間の均衡関係、適合関係を表現する手続き、かつ規定する手続きとしての役目を果すのであるから、中立的態度は、破壊的意図に衝き動かされた個々人や諸社会の行く手を身を以て阻むための介入を、躊躇してはならない。中立性は、徹底した棄権や日和見とは一線を画しつつ、連帯に参加し、諸観点の共存を積極的に擁護する。

客観性の観念について再解釈しなければならないのは、この議論の延長線上においてである。

客観性もまた、価値判断に、そしてまずそれが要請する公平に根拠をおく。研究する現象についてできる限り忠実なイメージを生みだそうという意思は、それ自身、価値判断の形跡であり、価値判断を遂行するための手段である。生のさまざまな領域における個々人の考え方や振舞い方を、また個々人が参画する出来事を、最良の形で再構成することに専心しながら、客観性は一つの誓約を行なう。その誓約とは、主題に関して正確かつ真なる陳述を導出しようと試みることで、集団的現実を正しく伝えるという誓約である。

客観性が価値判断を実施するのも、社会的事実を諸価値の序列分類に接合しようという努力によってである。この接合は、疎遠な規準に照らして個々人の信念や態度を評価することを決して意味しない。それは単に、文化的、物質的世界における行為者の生き方を記述し、そこでは集団的関係が団結、紛争のいずれに該当するのか、また協調、抑圧のいずれに該当するのかを考察することである。そうすれば特定の環境の下で、それらの関係の様態や強度に応じて、正なるものと不正なるものの経験に関する情報を引き出すことができる。

この状況において、客観的であるとは、個別の状況の下で個々人の態度がもたらす情報に注意を傾けることであり、それらを、頭から判定不可能な領域に属するものとしては扱わないことである。換言すれば、われわれは、価値次元を客観性への気遣いへ組みこむことで、真なるものの概念を展開することができる。そして、その概念は、社会的事実の経験的所与を考慮に入れており、発せられた命題の形式的正しさに還元されることもなく、なお事実の実質それ自体とも関わっているのである。

社会参加の動態という観点から中立性と客観性を解釈すれば、社会的・政治的現象の経験的アプローチを科学の倫理の中に組みこむことができる。一方で、観点の各々が寛容さをもつ限り、またそれが他者の要望する立場とも両立する限り、中立的態度は諸観点の多元性の尊重を支持するものであることを認めよう。他方で、客観的であるとは、公平な説明を施そうとする社会的現象の分析であること、また個別の背景の中で、個々人の世界観と照らし合せながら正義の問題に取り組もうとする社会的現象の分析であることを確認しよう。そうすれば、諸価値の序列と対立するどころかそこに基礎を置く、社会における生存についての分析を手掛けることに行き着く。このように定義された中立性と客観性は、思考方法のモラルの輪郭を示し、そのモラルこそ、真理探求の担い手となるのである。

さらに、この手続きが、単に探求の経験的な次元のみに限定されることはありえない。それを、社会科学全般に適用すべきであろう。それは、真なるものの探求に社会参加の倫理に基く意味を与えるためであり(9)、その倫理はこの場合、他者への尊重や寛容という理念に味方する。さらに、この科学の道徳は、科学の存在の倫理それ自体とも切り離せない。一者は、他者抜きでは前進しない。中立性や客観性と価値の序列分類の存在とを両立させるような社会的事実の研究は、その研究に効果を及ぼす科学的営為なくしては考えられない。社会的・政治的現象の分析からニヒリズムを排除する作業は、科学の歪んだ概念や歪んだ実践とは相容れないのである。

この観点に立つと、科学的営為を間主観的空間の中で繰り広げるべきことは明らかである。その空間では、何かを理解しようという意思によって導かれる協調の精神と協調の力学が生ずるのである。なるほど、科学者同士の関係は、狭量さや紛争を免れているわけでは決してない。しかし、支配欲や有名になりたいという衝動が、創造的な情熱、大胆、忍耐、あるいは知の完成可能性に貢献するその他の要因に勝るようなことがあってはならない。

間主観的空間の質の高さは、それが一つの道徳的な裏づけを提供することが多いだけになおさら、社会科学や政治科学にとっては必要である。じっさい、一つの陳述の有効性を疑問の余地なく示すことが、自然科学の領域においてより社会科学においていっそう困難なのであるから、研究者が論証において示すべき誠実さは、新しい次元を帯びる。諸思想にコンセンサスという快適さを与えることがまれな、また今日的意義をもつ主題の検討がしばしば激しい論争をもたらすような研究領域においては、真理探求における科学者の公明正大さが、軽視することのできない資質となるのである。この状況を意識に上すことが、社会科学が科学的営為としてだけではなく、国家 cité の生活に肯定的な影響を及ぼし得るという意味での社会的活動として、一つの意味と一つの正当性を獲得する道である。

二　正当性の評価と社会的現象の背景分析

価値という視角から社会的・政治的現実の動きの善し悪しを判定できる、統治の権利についての検討は、社会的事実の分析を歴史の流れの推移に組み入れるという課題を提出するはずである。その検討はまた、判断を信頼性の高いものにする仕方でその課題に応えなければならない。言い換えると、社会的現象の分析と歴史との関係を考察することで、評価の規準の適用条件を明確化しなければならない。

この企図は、以下の三つの論点の検討を経る。まず、社会的現象の分析が歴史的背景に従属するという事実、またそれが歴史に根づいていることが評価の過程に影響を及ぼすという事実を、第一の現実として認めなくてはならない。しかしそれを認めたからといって、社会の諸事実をそれらの研究が関わる環境に体系的に引き戻しながら解釈し評価することに行き着くわけではない。じっさいに、検討対象の社会の、アイデンティティ構成要因である組織原理および組織様態を考慮に入れ、またその成員が支持または拒否のいずれの態度を取るかをも考慮に入れながら、政治的諸関係の正当性と非正当性について判定を下すことが不可欠なのである。さらになお、社会的事実の分析が身を置く社会は、それ自体、歴史的真理を気に掛けているはずである。

1　政治分析に負荷される歴史的背景の重み

社会的現象についての陳述は、一つの背景に身をおき、しかも歴史に従属したままである。さらに、それらは単独で存在するわけではない。そのことは、自然界の現実分析の枠内で導出されたテーゼに、さらに一般化していえば人間の慣行全体にも当てはまる。およそ活動は、それが出現し推移するために、まず歴史的な限定因の網の目に組み入れられなくてはならない。その現在また将来における輪郭は、環境を構成する要因のお陰で形成される。環境において輪郭が形成されるさいに、確認と構築の力学が、新しい要素を導入させながら環境の修正を手助けすることはいうまでもない。いずれにせよ、社会的・政治的事実の研究が環境からすっかり切り離されることはないという事実は、何らかの帰結をもたらさないわけにはいかない。環境は、社会的・政治的事実の記述や説明に負荷を与える。ジョン・ロールズやロナルド・ドゥウォーキンの正義の概念が裏づけたのは、この事実である。

ロールズとドゥウォーキンの理論、典型的具体例

これら二人の著述家を隔てる点が何であれ、二人とも、正義の問題の定式化を、具体的な共同体における財の個別的な配分に限定しないよう配慮するという態度を共有している。彼らは、正義の観念について、できる限り高度な一般性の水準から陳述を導こうとしている(10)。したがって、正義に適った社会の基本構造とは何かの明確化に専心する彼らは、正義と不正義の評価が、一定時においてしか有効ではないような取決めには基くべきではない、という考えを擁護している。この立場は、できる限り現実の慣習や制度から離れれば正義の有効性を獲得できると主張する、一つの見解に行き着いた。したがって、ロールズとドゥウォーキンは、正義の概念を、環境が担うその場

その場の特質へ還元することを許すどころか、普遍主義的、形式論的野心を伴う正義の概念を構想するのである。しかし実際はどうかといえば、この種の方針が要請する環境からの離脱能力は、歴史への投錨とだけでなく、事実とももまた矛盾することになる。その矛盾は、二つの仕方で現れる。

まず、歴史に根を下ろすことを止めて正義論を構築しようという意図自体が、個別の歴史に根を下ろしている印である。ロールズとドゥウォーキンは、正義の定義づけと実現のために思考が服すべき明白な諸手続きを、もっとも重要な要因に高めた(11)。すなわち彼らは、正義に適った生とは、明晰かつ形式的になされた推論や熟慮の規則と規準とを使って、正義に服するには自らがどうあるべきかまた何を遂行せねばならないかを決しつつ(12)、個々人が自立したまま自らに義務づけ、また構成するような生存であると主張した。じっさい、ロールズとドゥウォーキンにならってそのように立論し、主張することは、近代文化の特質を帯びた世界観、より正確にいえば自由主義的企図の世界観に訴えることに等しい。

歴史に依拠するという考え方が不信を呼び起こすというのは、啓蒙に由来する諸価値がもつ特徴の一つである。公平性や普遍性という要請を満たす行為指針、それゆえいかなる個別的な歴史上の立場にも限定されえない行為指針の導出を目指す、正義の解釈法があるが(13)、このような解釈法の発展に寄与したのは、歴史環境から離脱できるというだけでなく離脱しなくてはならないという感覚、また、離脱の能力と必要性とが人間の自由と人間の理性の存在や力の証拠となるという感覚である。

さらに、ジョン・ロールズやロナルド・ドゥウォーキンが正義の問題の定式化で示した、背景への沈潜からの脱却という意図と、近代性そのものの特徴であるリベラリズムとの間には、結びつきがある。しかもその結びつきは、この二人の理論家において、傑出した代弁者を見出している。彼らの正義へのアプローチは、リベラル思想の中核に位している。リベラル思想もまた、具体的な歴史の重みを免れようという意図を示している。それはまず個々人をアイデンティティを持たない主権的行為者として記述しがちであり、また生活を設計する能力、現実全般に影響を与える能力を使って自由意思で選択すること以外の社会的関与をなさない主権的行為者として記述しがちである。次に、リベラル思想は、一つの社会秩序を樹立するための試みである。その秩序の下では、伝統が持ち来たる疎外から解放されたいと願う個々人が、普遍的合理性に由来するとされ、それゆえに歴史的制約から独立すると考えられる考慮や行動の標準に手掛かりを求める(14)。

次に、ロールズやドゥウォーキンが推奨する歴史的環境からの離脱は、彼らの道徳理論の構造に、論理的矛盾を紛れ込ませている。というのも、道徳理論は、その役割を果すため、歴史的環境に根を下ろさずにはすまないような実体的場面を要求するからである。手続き的な正義の概念は、因習的・偶然的所与を排除するならば、それを中心に置けば集団的な生存が公正に稼働するであろう正しき原理を導くことはできない。手続き的な正義の概念が身にまとう最小化論者〔ミニマリスト〕の徳目は、十分なものとはいえない。手続き的な正義の概念は、特定の諸価値を善なるものと定義するが、最小化論者の徳目だけでは、それらの諸価値の序列化を促すことも、人をしてその概念が準拠を望む優先的規則に従わせるものは何か、を説明することもできない。

手続きそれ自体が、正しきものの一つの意味内容を前提としている。その意味内容が、手続きが生みだし、かつ実施する熟慮に先立ち、その熟慮を導くのである。

したがって、個人のレヴェルに身を置くならば、個人が諸規則に参照しなくてはならず、それに参照することがどれほど必要かを知るために、彼はあらかじめ、その考察に方向を与える、正しきものは何かという考えを持っていなければならない。手続き的な過程が、正義を導く手段であると同時に、正義の内容の表明でもあることは瞭然であろう。正しきものの意識は、好ましい性格をもつ状況と選択とは何か、あるいは好ましからざる性格をもつ状況と選択とは何かについての評価の全体を含んでいる。その評価の全体だけでなく、正しきものの意識の実質もまた、それが推移して行く背景との関わりにおいてしか、限定詞を受け取ることができない。このような場合、つまり上の具体例の場合には、自由民主主義社会の文化が背景を成している。

要するに、その内容が手続き的な熟慮の実施と矛盾しないような原理があるとすれば、その原理の導出を可能にするのは環境である。そして、諸規則が正しきものの導出に貢献するのは、それらが、そのような環境に組み入れられる限りにおいてである。正義の諸価値の導出には手続き的な考察が手を貸すが、導出された諸価値は、考察を始める時にすでにそれらが存在していたからこそ正しいのである。

ジョン・ロールズは、自らの正義概念が善の狭隘な理論――つまり、手続き的に正しい諸規則を使って参照原理を選択する以前に何らかの正義概念があるとすれば、その概念の表明とは違った理論――に由来すると主張した(15)。ところが彼は、現実には善についての「狭量な」見方を前提においている(16)。彼は、正しくまた根本的とみなされる諸価値、しかも文化性を帯びている諸価値については、強力な偏見を適用しているのである。ロールズによる正義の諸原理の導出において、リベラル・デモクラシーの称える諸価値が決定的な役割を果している(17)。じっさい、ロールズが明確化する正義の二大原理が二大原理(18)として知られているのは、それらが個々人を、本能により正しきものに服すよう枠づけるからである(19)。しかも、それらの本能の内容は、リベラル・デモクラシーの諸価値と不可分なのである。

一方ドゥウォーキンは、あるべき人間の姿を特定するという方法以外に、リベラルな政治を解釈する仕方があることを示している。集団の成員の生が、善についての個別な概念――権力保持者は、自らをその概念に同化させるのだが――に指図を受けるという危険が常にあるが、ドゥウォーキンは、リベラルな政治の解釈の仕方を改めることで、とりわけ、集団の成員がそのような危険に晒される事態を回避しようとした(20)。このような発想は、論理的帰結として、個人的生存の領域――ロナルド・ドゥウォーキンは、その領域の内部で、善き生の観念が、各人の生存の選好や選択に介在してもよいことを認めている——と、政治的実践の領域——したがってそこからは、およそ生の一つの範型を採用せよという命令は消え失せるはずである[21]——との明確な区別を要請する。もっとも、彼は、善の理論に手掛かりを求めることを、またその理論が共同体全体の運営に影響を及ぼすことを、争点の埒外に置く手前で止まった。ドゥウォーキンは、中立にはほど遠い観点を採用している。リベラリズムの方向を示す彼の理論は、手続き的なメカニズムに不可欠とされる諸原理を、支持する一つの仕方に相当する。手続き的なメカニズムは、迂回し難いと考えられる諸価値が輪郭を描く規範領域の中で、正義の明確化や正義の促進に貢献するのである。

ドゥウォーキンのリベラリズムは、個々人に対し集団内の生がどうあらねばならないかについてわずかとはいえ指令を下す概念から袂を分かつには至らなかった。個別の生存形態の代弁者にならないようにという配慮は、現実においては、不可避的に個別の原理や社会類型を優遇することに行き着く。ドゥウォーキンは、共同体の各成員が要求資格をもつ尊重の平等[22]——自由ともにその平等は、リベラリズムの土台をなす大価値の一つを構成する。なぜならば、その諸価値の結合から個々人の権利（とりわけ見解の自由、宗教の自由、結社の自由、投票の権利）が由来するのであるから[23]——は、その普遍性ゆえに個別的内容に還元されることはないと考えていた。にも関わらず、その平等は、諸原理の有効性を確信した個別的な世界観に加担しているのである。それらを具体化し、擁護し、現実世界で促進しようと努めながら、その平等は、個別的な生存様式の発展を促進している。じっさい、一方でリベラル思想がもつ正義の規準の導出に向かう傾向と、他方でリベラル思想が自己を受け入れさせ永続化させるために現実において展開する行動を、「競合する諸理論、また場合によっては闘争関係にある諸理論より優れている」という自負以外のものによって説明し、根拠づけることは不可能である。

リベラリズムを、すべて、いやほぼすべてが可能となるであろう開かれた流動的世界の始点に位置するかのごとく紹介する傾向は、普遍性、寛容、多元性という諸価値を擁護することで真理性を保持し続けたいという、上で述べたのと同じ感覚に由来している。しかるに、リベラルな諸価値は、普遍性を指向し、人々の生存へ介入する傾向をほとんど持たないと思われているが(24)、それらは、諸価値が発展する背景に組み入れられる経済的、科学技術的その他の資源と協力し合いながら、あらゆる世界観と同じ意味で、社会のさまざまな次元を独自な仕方で枠づけ組織することに手を貸している。個々人の生の様式が私的、公的側面において輪郭を与えられ機能するのは、それらの影響の下、それらと両立できる場合においてなのである。この観点から言うと、それらとの乖離が許されるのは、生の様式が基本的原理に根底的な疑いを挟まない限りにおいて、またそれが庇護者の要求する限界の範囲に止まる限りにおいてである(25)。

ドゥウォーキンの擁護するリベラリズムは、どれほど開かれ中立なものであろうとしても、個々人の生存のあるべき姿を示す確信や原理なしで済むほど、開かれ中立なものであることは決してない。「強い評価」(26)を完全には退けられないことが、リベラリズムという個別の事例に止まらない現象の存在を裏づけており、またこの点での無力は、生全般がもつ特徴的で、かつ迂回し難い特質の一つでもある。その現象はまず、生存が、意味と値打ちを与えながら一つの方向に生存を導く諸価値を意味していることを裏づけ(27)、次に、分裂病に陥る危険を犯すことなく、同時に一者であり反対者であることはできないことを裏づけている。

ジョン・ロールズやロナルド・ドゥウォーキンの提示した正義論が環境を捨象するには至らなかったという事実が、もちろん、彼らの関心までも無効にすることはない。彼らの理論が、歴史への投錨——とりわけ、慣習を指標にして正義の条件や内容を導く作業が促しかねない相対主義——とは一線を画するように努めつつ、回避し乗り越えようとした障害は、かなり現実的な危険を表している。しかしまた、彼らの非歴史性、普遍性の野望へ投ぜられた疑問に臨んで、ロールズとドゥウォーキンが自らの立場を修正し、いや改良するように導かれたことも事実である。

その著『正義論』においては、たとえば、他のすべてより好ましい正義概念とは何であるべきかを「永遠の相の下で」sub specie aeternitatis決定しようという希望と[28]、正義についての彼の理解へ歴史への投錨が及ぼす効果との間に、ずれが存在していた。そのずれを減ずるために、ジョン・ロールズは近年の諸著作で、正義というレトリックと『正義論』において慣習の中身をなしたものとを調和させるに至った——もっとも、彼は今でも、自分がその作業を行なったことを認めたがらない[29]。それらの修正は、広範なものにならざるを得なかった。つまり彼は、分析諸範疇に普遍的な射程を持たせることを放棄した。彼は、政治哲学の諸目的が、それの訴えかける社会に従属していることを認め[30]、しかも、彼の目的が、社会を構成する人々にとってのもっとも合理的な正義論を構築する点にあることを認めた。彼の正義理解はリベラル・デモクラシーの文化に固有な個人概念[31]に照応し、それにしか関わりを持たない[32]、というべきであろう。ジョン・ロールズは、彼の考察の及び得る範囲として、対象を合衆国と同国の根本的価値だけに固定するようになる[33]。

しかしながら、このことも、彼をして、正義の意味に先立ち、その意味を包含する善良な生の観念に手掛かりを求めさせるまでには至らなかった。

彼は政治的リベラリズムを標榜したので、生存の全側面において個人を理性化し導くことのできるような理論とは異なる正義概念に、優先を与えよと主張した。彼がこの立場を採用したのには、二つの理由があった。一つは、民主的制度の自由、寛容という義務および要請を受け入れる人々の方が、それだけ、多元性を放棄してまで、個人生活の支配を望む単一ドクトリンを軸に統合された社会を、擁護する気にはならないからであり、二つは、民主主義の諸体制の生成条件が、正義の政治学的理解へ十分な土台を提供し得る一般的、包括的ヴィジョンの不在を示しているからである[34]。

一方ドゥウォーキンは、善き生の概念から正義を導出することには反対したものの、彼もまた、自らの観点を明白な形で修正したように思われる。善き生存のドクトリンの提示を諦めるどころか、彼は今でも、善の固有にリベラルな概念に味方しているようにみえる。したがって彼は、個人倫理と政治的信念との間に一貫性をもたらすような生の形態の擁護にコミットしている[35]。

社会的現象の研究を歴史的環境に根づかせることが、迂回し難い作業であることは瞭然であろう。しかしそれは、その研究が歴史的環境と不可分だという理由からでもない。またそれは、その研究が導き出す判断が、歴史的環境に還元されるからでも、その判断が、異なった環境に生成する社会的現象の特徴を正当性という観点から申し分なく記述することができないからでもない。

2 判断の適用と諸社会のアイデンティティ

社会科学と政治科学の諸問題は、しばしば、これらの科学が身を置く社会の関心事に対応する。

自らが当事者であるわけではないような状況を考察する観察者は、そこへあるまなざしを向けるが、そのまなざしが、社会を実際に生き抜く個々人の印象を、現実とまったく同じように再現することはない。このことは、現象と観察者の文化的距離が開いている時には、なおさら真実である。この場合、ある環境に根をもっていることに伴う偏りが、社会的現象の特徴を歪めさせない判断の幅を残すには、また統治者と被治者の関係の正義もしくは不正義についての信頼に足る評価を述べさせる判断の幅を残すには、どうすればよいのであろうか。

まず、社会のタイプの違いについて考慮に入れる必要がある。できる限りそれらの個別性を知ることに執着し、下す判断の中にそれらを組み入れることが重要である。じっさい、それらの個別性は、分析する社会の輪郭に限定詞を付す過程で作用を及ぼす。それらは、正義に適うといわれる方向性と、非難されるべき方向性との間に境界を定める。政治機関や政治家に属する責任は、また住人が彼らに寄せる期待は、その社会のアイデンティティと結びついている。したがって、成員が、その社会の正あるいは不正を云々するよう導かれるとすれば、統治の権利についての考察は、一社会に固有な世界概念が、それらを云々する際の枠を縁取っているという事実を、無視することはできないであろう。

それゆえ、この作業は、社会のアイデンティティの時間軸における発展を考慮に入れることを前提としている。たとえば、フランスで今日、正当性の問題は、百年前と同じ観点から提起されることはない。すべてを現在から借用した判断基準により、過去を評価しようとすることは、時代錯誤的観点を採用することであろう。十九世紀末より、フランス社会の制約条件としての諸資源は、諸勢力の関係に、また法の観点よりなされる要求に、それゆえ政治的に正当なるものについての考えにさえ変更をもたらしながら、変化を経験しているのである。

さらにまた、同じ時代の複数の社会間に存する差異に対しても、鋭敏であり続けなければならない[36]。統治の権利の問題に応えようとする観察者であれば、たとえば近代民主主義といった[37]同一の価値体系をもつ諸変種に相当する諸社会と、民主主義の平等理念とインドのカースト・システムによる社会的序列の組織化のように根本的に異なった論理に従う諸社会を、同一の方法で扱うようなことはしないであろう[38]。

同じように、正当性に関する判断の信頼性は、観察者が自らの基盤を、所与の政治的状況と直接に向き合う個々人の観点に据えることができるかどうかにかかっている。成員のアイデンティティのみでなく集団のアイデンティティの画定にも一役買いつつ、背景の導出を手助けする諸価値は、その分、政治制度という支えの下で展開される社会生活の質を個々人が判断するための道具となり、さらに、個々人がそれらとの関係で自らを定位するための道具となる。この主人公の定位こそ、正当性の研究にとって第一義的な重要性をもつ指標なのである。

しかしもちろん、そのことが、社会的現象へ批判的まなざしを向けることを妨げるわけではない。公的権威に味方する既存状況すべてを葬り去る分析を手掛けることが、目的なのでもない。むしろ、所与の政府が、個々人の支持を得ているか、もしくは反発を招いているかを自問しながら、その政府の正義の度合いについて問うことが重要なのである。たとえば、住人が満足、不満足のどちらの態度を取るかは、政治権力を具現する人間や機関がどのように責任を果すかによって決まる。それはまた観察者に、統治者と被治者の関係の正当性の度合いについての優先的指標を提供する。同意もしくは異議という行動は、それほど政治関係の正、不正についての情報や教訓の源泉になるのである。

もちろん、支持もしくは拒絶という立場は、現実には、行動の次元、思想の次元いずれにおいても、常にはっきりと表れるわけではない。とりわけ、公然と見解を述べることが、リスクを伴いうるからである。したがって、個々人の実際の観点を明るみに出すためには、彼らの個人的動機や社会への投入度を研究しながら、集団的生活への参画の質にも注意を傾ける必要がある。とりわけ、統治様式を支持する態度が真の社会参加に相当するのか、あるいは逆に、それがなかんずく深慮の要請に応じた見せかけの支持なのかを(39)、明らかにしようと努める必要がある。

なるほど、個々人の行動が与える情報は、常に信頼に値するというわけではない。政府が推進する政策に寄せられた支持が、巧妙に組織した宣伝運動により生みだされた疎外の徴候にすぎないような支持である場合が、まさしくそうである。さらに、それが基本的に自由な考察過程の産物であったとしても、個々人の態度を正義とは何かを決するための最終規準の位に高める作業は、危険をあわせもつ。その作業は、合理的規準の不在ゆえに見解の不一致や利害の闘争を解決できない、主観主義的な正当性概念の増長を促すこともある。それでもなお、慎重に実施される個々人の態度分析ならば、疑いなく統治の権利の問題の解明に貢献するであろうことに変わりはない。

3　真理の倫理と法治社会

正しきものを争点とする不一致や紛争について必要があれば報告し、分析する状況の内部に存するさまざまな観点を説明していく作業は、社会的現象を社会的現象そのものとして識別する権利を否定しないことを前提としている。その権利を否定しないということは、ある立場を採用することに等しい。その立場とは、社会的現象を気儘に使用できる手段とみなすことを禁ずる立場である。しかしそのような立場の採用は、あらゆる社会で自明とみなされているわけではない。

統治者と被治者の関係を正当性の角度から記述し評価する作業は、記述や評価が導出される背景の圧力から逃れられない。にも関わらずそれらの作業は、考察する領域との関係において果すべき義務を帯びている。つまり、考察する領域を知的偏向操作に従属させないという義務である。じっさい、真理の探求によって正しきものを探しかつ望む分析と、それに対立する分析の間に、分割線を引く必要がある。この方針を推し進めるために、正当性の角度から行なう政治的出来事の分析は、自らを、作業に一定の判断の幅を残すような社会に組み入れるべきである。その社会は、それ自身を、真なるものの原理や正義の原理に十分に一致させているはずである。それゆえその社会は、一般的に、真なるものの原理や正義の原理について体系的な抑圧を行なうことなしに、社会の歴史を構想し展開させている。とりわけ、それらの原理の価値は、歴史が包含する考察活動とその成果の中で損なわれることがない。

もし事実の改竄《かいざん》が他に勝るならば、損害は相当なものになりえよう。その影響は、知識の次元のみならず実践のレヴェルにおいても有害である。それはとりわけ、分析する諸事実がまだ最近の現実と関わりをもつ場合に当てはまる。研究対象がある社会の近い過去に属し、なお現在にも多く影を落し続けている場合、出来事の歪曲禁止という条項への配慮を怠ることは、単に知識の質を損ない記憶の詐取を働くことを意味するだけではすまない。結局、犯された悪事を覆いで隠すことにより、われわれはその共犯者になるのである。真なるものや正しきものを表明し、促進する保証人とみなされてきた諸機関の意思について、疑いを投げ掛けるに至るものがこれである(40)。不信は、その場合、法の観念や正義の観念それ自体の信頼を失わせるほど、膨らんでしまう恐れがある。それらが根底から嘲弄されれば、義務や連帯の命令に適うように考え行為する理性は消え失せ、もっぱら短期的な個人利益を優先しがちな態度が台頭する。その際、日常の生存や集団の未来の行方は、瀕死の螺旋に陥ってしまう。

正当性を分析するに際しては、社会的現象の輪郭を尊重することが推奨される。そしてその尊重は、知のモラル、すなわち批判的あるいは社会関与的な中立性のモラルと通い合う。このモラル、倫理的次元一般と結び合うが、統治者や彼らが治める社会は、その次元に従うことも従わないこともある。じっさい、この著作で推奨される手続きは、社会的事実に下される諸判断が真理の地平を見失わないという前提さえあれば、諸判断の含んでいる多元性は、多元な分だけさまざまの補足的アプローチを生みだす、という考え方に行き着く。提示された評価を分離しがちな見解の相違が、双方が両立可能なまま現実についての知識のモザイクを豊かにするだけでなく、法の発展に寄与する方向、また法の観点から政治生活を理解するという方向に進んで行くのは、提示された評価のいずれもが、頭から真理を独占していると主張せず、またあらゆる評価が同等であるといった多様性に与することもない、という条件においてである。

正当性の研究が、真理と正義との結びつきの重要性を強調しつつ実践する知のモラルは、社会が正しきものの研究と位相を共にするために服さなければならない当のものと不可分である。政治機関とその指導者は、諸事実についてのできる限り最善の知識を促進しなければならない。この意思の力は、社会に存する正義の度合いを示す指標である。したがって、現実なるものの隠蔽や改竄のメカニズムが統治者の活動の基本的性格となる時、彼らは倫理的な至上命令に背き、権利、義務への配慮を怠っていることになる。もともと、その権利、義務の重みこそ、彼らが公然と暴力を用いないでも済むように、十分に感じ取るはずのものなのである。この点についてさらにいえば、咎むべしと判定された慣行を実施した責任を認めないことは、他者の眼に映る統治者の現実を否定する手段にはならない。その場合、それはまた、自らが現実であるを認めないことに等しい。じっさい、国家という犯罪者の利益保全が最優先である場合、彼らの悪意がためらいにより抑制されることは稀である。

したがって、正当性の諸判断の信頼性は、それらが、社会的・政治的現象の歴史的次元とその現象の分析とが関わりをもつことを認めるかどうか、また、その関係を明晰化できるかどうかにかかっている。しかしなお、この章で述べた諸々の考察が、この書物の主題を論じ尽くしているというわけでもない。個人が共同体内部でなす意味経験を考察することで、それらを補わなければならない所以である。

第六章　共同体的経験、可能なるものの動態、政治的正当性

真理の観念と歴史的現実の多元性を両立させることは可能であり、それゆえ生の様式の多様性も生起する諸変化も、政治的に受容し得るものに制約が存在するという事実を退けることはないと考えることができる。このことを示すため、これまで提示した論点を、共同体的経験の考察で補う必要がある。じっさい、個々人が、彼の状況に対する統治者の責任が正しく果されているかだけでなく、彼のおかれた状況が正義に適うかどうかを実感するのは、所与の共同体の枠内においてである。その際に個々人は、自らを共同体と一体化させ、自らの権利や義務へ敏感になるほど、そこに同化している。

ここでの考察は、三つの段階を含むことになる。まず、実践的真理の問題が、社会という場で展開される意味や可能なるものの領域と結びついていることが示されるであろう。次に、可能なるものの動態との関連で共同体的経験を考察することによって、正当性の判断という主題と取り組むことになろう。われわれは、集団に帰属するという感情が、個々人による権利、義務の認識法と不可分だという考えから出発しつつ、この状況が、一つの想定を持つことに注目しよう。その想定とは、行為者が権利、義務を幸福にとって必須だとみなすなら、政治機関が、可能なるもののありうる進展やその実現の重みを忖度することができるという想定である。もし、政治機関にそれができないとすれば、政治機関と社会の間で溝が深まる恐れがある。可能なるものの熟慮に影響を及ぼす修正は、もしその修正が現場の権威者により同化吸収されなければ、共同体の均衡を危険にさらすような闘争へと至ることもある。最後に、法や正義の実現は、永遠の調節努力の産物であり、共同体の範囲の問題と不可分であることが示されるであろう。

一　意味の経験、可能なるものの熟慮、正当性の諸判断

われわれはすでに、いくつかの社会科学潮流の主要な欠陥、すなわち科学的なアプローチ、マルクス主義者のアプローチ、ウェーバー主義者のアプローチの立脚した仮説に与する潮流の主要な欠陥は、社会的事実の価値の次元を十分に論じない点にあるのをみた。それらは、法の真剣な考察という観点から正当性に取り組むことを手控える、という方針を支持している。社会的・政治的事実の領域において真理が可能となるための条件、また真理が存在するための条件を問う作業は、中途半端にしか行なわれなかった。それらの分析が持つ限界を乗り越えるため、さらに正しきものの導出の規準として役立ちうる諸価値の、流動性や多様性が、正当性についての信頼できる判断の導出への致命的な障害にはならないことを証明するため、意味の次元が人間経験、とくに社会生活の中心に位置することを示す必要がある。

統治の権利の評価手続きの信頼性を高めるために、可能なるものの熟慮の角度から意味の次元の分析を遂行しなければならない。この点からいうと、われわれはまず、社会内生存において意味、可能なるもの、実践的真理の観念がどのように表明されるのかを、考察すべきである。次に、統治者と政治諸機関の責任が、実践的真理の観念が規定する諸決定や諸行動の領域という尺度に照らして判定されることを、示す必要がある。

1　意味や可能なるものの領域、および実践的真理の問題

人間界の現実は真理性の論証という手続きに馴染まず、また全会一致や絶対的なるものは社会とりわけ現代社会の生活の運用において稀にしか出現しない。したがって、価値の領域や人間決定、人間行動の領域が真偽の範疇におかれるという考えを、承服することは難しい。もちろんこのような状況は、社会科学が、政治的関係の展開における意味の問題性を総体として伝達する仕方に、影響を与えずにおかない。社会科学は、意味の問題と実践的真理の問題を切り離す。たとえば、実証主義者の経験主義が、もっぱら容易に量化し得るものについてのみ記述や説明を巡らすよう望み、しかも人間行動を取り巻く意味作用を顧みないのは、合理的に基礎づけられた選択を明示することが不可能だと考えられているからである。その場合、真理を扱う言説が目指すのは、発せられた陳述が妥当性という手続きに合致するかどうかを問うことである。マックス・ウェーバーの場合は、動機の意味や過程に多大の重要性を付与しつつ、個人の信念と真理の観念を分けている。越えてはならない境界についての考察を促すのは価値序列であるが、ウェーバーにあっては、諸価値の非合理性ゆえに、価値序列の導出が禁ぜられるのである。その非合理性は、個々人が社会内活動に与える意味作用を、真理や正義の観念との内在的連関から切り離すに至る。マルクス主義者の歴史における意味という概念についていえば、微妙な差異や相違はおくとしても、それは人間界の現実と折り合いの悪い、真理についての硬直した見方と一体である。

しかるに、可能なるものの考察の実施は、意味の秩序や実践的真理の秩序を明確化することの難しさを乗り越える方法であるようにみえる。実際に、その考察を実施すれば、個々人の信念とそれを評価する手順との間に関わりを持たせることができる。この考察は、次の命題に基いている。すなわち、可能なるものの場が内に生ずる社会の

アイデンティティがあるとすれば、社会とは、そのアイデンティティの構成要素と不可分な、可能なるものの場である。つまり、人が社会でなし得ると考える決定や行動は、活動のさまざまな（経済的、政治的、社会的、文化的等々……）領域における事物の発展状況と、社会を規範的に枠づける諸価値の両者に依存している。そのことを納得するには、たとえば中世フランスに暮らす個人が入手し得た選択や行動が、明らかに今日のフランス人のそれではないことに目を向ければ十分である。二つの時代、二つの社会を比べてみると、とりわけ科学技術の知識や方法の分野で改善がなされ、同時に集団的生存の価値の枠組みが変化した。したがって、個々人に差し出される選択肢は、かなり異なっている。

選択し、行為できる物事とは何か。このことを示す方法は数多くあるが、個々人は所与の背景において、その方法の数だけ存在する指針の一覧表を目の前にしている(1)。したがって、社会を可能なるものの領域として提示することは、この事実を強調することである。個々人に差し出された可能なるものの範囲は、決定や行動の全体に相当する。個々人は、それらの全体を使って、自らの生存そのものの進展だけでなく、集団生活の運営にも影響を及ぼすことができる。

もちろん、社会が可能なるものの領域であると認めることは、そこではすべてが考案可能とみなされるということを決して意味しない。反対に、個々人に供される資源の全体をも含む可能なるものの領域は、ある限定された範囲でしか可能なるものの領域でいることはない。一般的に、この資源の形式と内容は、どの社会を考察するかによって、またどのような社会的地位の人がそれらを眺めるかによって異なる。したがって、可能性は必ず制約に出くわす。その制約をわれわれは、二つの種類に分けることができる。とはいえ、ここで直ちに以下の補足が必要となろう、すなわち、危急の場合、つまり集団の成員が集団の方向や組織を律する様態全体と摩擦を起こしている場合には、この二つの種類の制約が、統治者や機関に対する異議申し立て運動の中で、かなりしばしば結びつく。

制約の第一のタイプは、実施を考えることのできない事物の秩序に由来するものと、関連を持っている。やや風刺して描くことになるが、ファラオの治める専制国の奴隷がフランス共和国大統領になる確率を算定できない例をあげておこう。共和国大統領は、彼の思考のオプションに含まれなかっただけなのである。可能なるものの想起とそこに由来し得る熟慮は、個別な社会で個々人の心に浮かぶもの、個々人の期待の対象となりうるものと関連づけられてのみ、意味をもつ。

可能なるものの実現を妨げる第二のタイプの制約は、第一のそれほど厳格ではない。しかしそれは、この章で取り組む問題の中心テーマである。それは、理論的、実践的に抱懐可能である選択や行動に関わる。それらの選択や行動は、抱懐可能なるものの序列に刻み込まれている。しかし、それらは、社会の非難の対象となる諸思想を表明するので、危険をもたらし、それゆえかなり問題視されることになる。

社会的次元、可能なるものの制約、権利と義務

可能なるものの領域に対する第二のタイプの制約は、一社会全体の文化と一体である。可能なるもののうちの何かを実現しようとする際に、その実現を阻む要因とは、社会のアイデンティティを構成する諸価値に照らして、両立し得ないと認識、理解されることである。

個々人の持つ、なし得る決定や行動の幅は、社会内で発展し、二重の次元を持つ。それは一方で、個人の成功や達成の戦略のなかに組みこまれる。この第一の次元は、利益取得に結びつくべき目的を追求したいという関心によって導かれる。個人は、可能なるものから引きだそうと思う事物に照らして、一つの財を享受し得ると考えるに至るが、第一の次元とは、個人がそのような財を入手しようとすることである。個人的利害から巡らされるこの熟慮は、他具体的な中身なしに実施されるわけではない。それは、状況から切り離された手続きとは異なる。なぜならば、他

方で、可能なるものについての熟慮は、不可避的に社会的環境の中で繰り広げられるからである。実際に、個々人が彼ら自身の人生行路の善し悪しを判定し、結果として、態度決定の際に参照すべき諸目的や諸利益の善し悪しを判定するのは、その社会の特質が可能性の地平として定立するものとの関わりにおいてなのであるから。しかるに、個人のなす考慮が避けて通ることのできないこの社会的次元は、各人に差し出される可能性へ、制約をはめることになる。

社会的次元にとって重要なことは、個々人の利益と集団内生存の要請との間に生まれる緊張が、社会的関係を危険に陥れるほどの水準に高まらないよう注意することである。社会のタイプにより変化するこの緊張——それは、アイデンティティや個人生活の領域が集団的連帯網に強く根を下ろす伝統的共同体より、個人が独立体として立ち現れる現代社会において激しく表出する——を、協業の枠内に封じ込めるべきである。個々人の間には、相互的な関係が定着し、持続しなくてはならない。社会の成員間の関係が一方向だけで展開され、常にもっぱら同じ人たちを利することは起こりえない。したがって、この関係が、相互交換という旗印の下におかれることが重要である。相互性へ施される承認の形態と内容の違いを越えて、ある意味で、他者の生存が各々の決定や行動の中に組みこまれなければならない。そうでなければ、社会的次元の存続は脅かされる。相互的利益が存在しなければ、了解に基く関係の再生は意味を失ってしまう。

個々人間のただの紛争というこの状態が、集団的関係にとっての標準となれば、個人レヴェルにおける協業の未来だけでなく、社会的次元が総体として危険にさらされる(2)。目先の利害計算が先々の利害計算に勝るので、個々人の関係は、存在するものの制約を越え出ることがない。信頼や投資という旗印の下を離れたこの関係は、社会的次元の創出や集団の未来の創出とははっきりと矛盾する。その場合、公平に扱われていないと考える者は、機会ある度に必ず反抗する。彼らが反抗を慎重になさなければならない段階ならば、あるいはまた、紛争に至る危険はわずかだと判断され、以後、有利な勢力関係が生まれそこから利益を得られることが明らかならば、反抗は分別をもって行なわれる。いずれにせよ、この背景にあって、協業は空疎な言葉にすぎない。

熟慮という手続きは、必ず社会的次元の内部で実施される。したがって、集団の成員が社会的次元を無視することはできない。もちろんそれは、社会から追放されるという危険を冒さないという前提、また社会的紐帯がアノミー的な——住人の大部分の態度がそのようなものであっても——選択や行動の圧力に負けて崩壊することに手を貸そうとしないという前提に、立った上での話である。

しかし、一個人が個人的な利益を追求している時でさえ、自己の大義に異を唱えかねない攻撃に出くわすことを望まないのならば(3)、彼は、社会が設定した制限の中に止まるよう強く要請される。したがって、熟慮のメカニズムが持つ社会的な性格は、可能なるものの考察の中心に越えるべきでない境界が存在することを示唆している。社会が定めた諸価値や諸規則との関わりで、各人に帰属するものを考慮に入れることが重要なのである。他者の諸権利は、果すべき諸義務の道標を与え、それらを指し示す。

可能なるものの範囲と社会の諸目的

個々人の熟慮の能力に作用を及ぼすこの社会的次元についての比較的広範な知識を持つために、それが社会全体の諸目的とどう関わるかを詳細にみる必要がある。その諸目的は、共同体全体の方向を決するのである。それは、可能なるものを特定するための有効なパラメーターに相当する。違反すれば制裁を受け、社会分裂が起こるような、越えるべきではない限界があるとしよう。その限界は、当該社会のアイデンティティにとって重要な諸原則との調和をはかりながら設定される。可能性の境界設定が実施されるのは、社会の現在や将来を構成する諸価値との関わりにおいてである。たとえば、宗教的寛容の観念を基本原則の一つとみなす共同体が、自宗教の他宗教への勝利を目指す活動家と闘うことを止めたがらないのは明らかである。同様に、あらゆる成員に最低限の生存条件を保障することを自らに課す社会が、仲間の一部が空腹で死ぬのをあえて放置しながら、成員の信頼に足る振りをしていることはできない。

共同体のアイデンティティ全体を決する諸目的が、可能なるものの導出の決定的な要因である限り、可能なるものと諸目的との両立性は、受動的なものに止まることはできない。少なくとも、社会が上昇機運で活気づいているなら、可能なるものの具体化される場である協業関係が、基本的諸価値を積極的に表明し、後押しすることが重要である。

個々人の選択や行動が、社会全体の目的や社会の基本的原理が定める戦略的領域と関わりを持てば持つほど、それらが生かされ得る余地は狭まり、その余地は監視の下に置かれる。可能性の範囲は、制限され、厳しく管理され、法規に従わされる。前方において、戦略的領域で具体化が容易な決定や活動が、厳格な標識を守っている。後方において、実施された決定や行動が許容範囲を越え出た時は、必ず当局が、保有するさまざまな制裁用具を厳粛に活用する。反対に、可能なるものの熟慮や実現がさほど重要ではない争点に関わる時、可能性の領域はより広範に、より柔軟になる。

社会全体の目的は社会の戦略的領域の導出を手助けするが、その領域の重みは、社会のタイプによって異なっている。戦略的領域は、可能なるものの制約を想定に含めている。しかしたとえば、その制約は、成員が基本的諸価値へ賛同を示しつつも個人の行動の多様性が許されるリベラルなタイプの社会においてより、集団的連帯の水準の高さと生活領域の同質性や厳格さが同居する伝統的共同体においての方が、いっそう明確である。しかしこの現象を、たとえば民主的システムという同一のシステムに由来しながらも地域色を示す諸社会において確認することもできる。

この点からいうと、合衆国における政治代表制理解とフランスにおけるそれとの違いは特徴的である。政治リーダーの私生活の問題がフランスより合衆国においていっそう重視されているが、それは単なる不健全な好奇心のせいではない。フランスの場合に国家は、政治代表を、国民という普遍的、抽象的な概念に接合しながら、具体的な人間から遠ざける。しかし、合衆国においては、国家が政治代表にお墨つきを与えることはない。歴史的にいえば、フランスにおいて民主的原理は、国家権力の緩やかな台頭と親和性を保っており(4)、公共利益や世俗的摂理の表出形態たらんとする国家によって媒介され、保障されている。反対に、合衆国においては、社会が国家を牛耳っている。この社会は、さまざまな共同体からなっているのである。

それらの共同体のアメリカ国民への同化は、――エスニック集団により多少評価は違うが――首尾よく、偉大な普遍的原理の下に実現された。なおその同化は、国家機関やリーダーたちが各共同体の文化的特殊性を考慮に入れるかどうかを監視し、またそれらが、共同体の多数が共有する個々人の私的生活に関わる道徳的諸価値に合致すべく行動するかどうかをも監視したいという欲求によって、活性化され続けている。それらの諸価値は、社会生活全体に対して十分に基本的なものであると認識されているので、政治責任者はそれらに従うよう要請される。言い換えると、アメリカは、自らを国家に同化させる社会ではなく、むしろ自らを社会の上に定位させる国家なのである(5)。人々の代表は、社会が私的生存の枠内で最重要視する倫理に、直接縛られる。誠実や忠誠という契約論的な諸価値――その諸価値が持つピューリタン的心情は、男性の対女性行動の重要性を強調している(6)――は、政治的に責任ある者がプレイボーイ的行動を続けながらより高い地位を目指すことに厳しい眼を向ける。

社会は諸価値により枠づけられ、さほど戦略的ではない領域を編成するその他の諸目的も、諸価値の規定を受ける。可能性がそのような諸価値と関わりを持てば持つほど、可能なるものに課される制約は必要性のレヴェルに属するようになる。その際に、社会の存続は、そのレヴェルに妥協しないよう、あるいはそのレヴェルとのごくわずかな妥協に止めるよう要請しているのである。

望ましいものの算定は、必要とみなされるものとの妥協を余儀なくされる。必要なるものは、集団が考えつかないもの――つまり以前に言及した第一の制約――と、その実現が制裁を伴う恐れのあるような選択とを、結びつける。ここから、社会的次元のうち、個々人の熟慮のメカニズムに居場所を占める部分が、意味のレヴェルと実践的真理の問題を和解させるような途を歩むのである。その社会的次元は、たとえ近年の科学の業績がその重要性を認め直す傾向にあるとしても、科学精神とリベラリズムの複合的な影響が災いして、観察者によりほとんど忘却されてきた(7)。

社会的意味の地平と実践的真理

社会の諸目的が範囲を定める可能なるものの領域は、その諸目的が規定する意味の地平において発展する。実際に、集団の全体目的は、個々人の省察領域や行動領域の標識を定めることにより、意味あるものと可能なるものの特定に役立つ。それらは、社会のアイデンティティの基礎を固める基本的諸価値を示しつつ、個々人に、意味と行動の指針を提供する。それらは、実践の場とともに意味の場においても、個々人に一つの方向に向かい、他の方向には向かわないよう促すのである。

個々人に差し出される可能性は、選択肢の全体に相当する。その選択肢は、社会の優先する諸価値が導出した意味の世界との関係で、実現可能性や望ましいものについての算定に組み入れられる公算が高い。以下のように論ずる方が、適切であろう。つまり、可能なるものが意味を担うのは、社会に照らして達成の希望の湧くような目的が、それを蓋然なるものに変えてくれる場合のみである。したがって、個々人がその選択や行動に担わせる意味と、個々人が設計できると考える現実には、重なり合う部分がある。この事実を証明するため、アメリカン・インディアン諸民族がスペインの出現を（彼らの神話との連想から）神の帰還だと解釈したことへの非難が、不合理である点を指摘しよう。彼らは、その世界観が差し出した用具を用いて、非日常的なるものに手掛かりを求めたのである(8)。

したがって、熟慮は可能なるものの領域に対して巡らされるが、その領域の輪郭は、個々人が解釈、決定、行為できるものとできないものとを推量する際に、どのような諸々のレヴェルが補足的に介在してくるかにより決まる。絶対不動の決定因に服するわけではないこの可能なるものの領域は、誰に対しても他の一切の選択肢を残さずに、入手可能な選択肢をある限定された枠の中へ固定する。集団の均衡が深刻な危機を経験していないと仮定すれば、この選択肢は、全体目的と両立する。入手可能な選択肢は、社会の目的が供給する意味の世界において、具体的な現実に結実するよう考案され、欲せられ、実施される。

観察者が可能なるものの領域の分析、また目的の領域の分析に照らして導き出し得る意味の地平は、この側面のみに止まることはない。それはまた、実践的真理の次元をも包含する。じっさい、枠づけとして役立つ社会的次元が存在するため、決定や行動の真理性が、それらの道具としての有効性に還元されることはない。むしろ、実践レヴェルにおいては、この道具としての有効性が真理を脅かすのである。

個々人の選択や行動は、道具としての有効性を、社会の目的が定める意味の世界において発揮する。選択や行動は、実践においては、それが社会目的に合致するなら真となり、合致しないなら偽となる。一つのタイプの選択や行動が集団の合理性を尊重しているかどうか、つまりそれが個々人の保有すべき権利、義務に照らして合理性を持つかどうかは、目的との両立如何で判断される。このことは、容易に確証され得る。たとえば、一個人が共同体生活の善行コードを侵犯する場合、彼は実践的真理の抵触に相当する侵犯に、課されかねない制裁から逃れるための偽装工作を付け加える。彼の思惑は、まさしく、——所与の環境で導出された相互性の規則に従え、という要請を意味する——道徳的な客観性の侵犯が発覚しないように、カードを混ぜこぜにすることである。実践的な過ちには、知識レヴェルにおける操作や隠蔽の目論見が伴うのである。

一社会において、有効な意味と矛盾するような決定や行動の数が多くなれば、実践において、それらが誤ったものに映ずる機会が多くなる。それらは、それ自身として制裁の対象となる。過ちが合理的なるものの範囲を無限に越え出るようなことになれば、もはや、誤った行動の問題ではすまない。不合理に帰せられる態度と対決しようとする動きが生まれるであろう。集団に存在する意味の経験を解体しかねない陳述、つまり常軌をはずれたですますには過激な逸脱、揚げ句の果てには非人道性と相対することが必要になるであろう。

これが、死の収容所行きを宣告された多くの人々がなさねばならなかった経験である。彼らは、陥った状況が予期や想像を絶するものだったので、降りかかるであろう事態を予見すべくもなかった。一九四五年以降においてなお、生存者たちは、このような状況が実際に起こり得たとはなかなか信じられないであろう(9)。彼らは生き延びるために、人間のアイデンティティの一部を放棄し、虐待者たちが否定した彼らの人間としての生存を避難させる必要があった(10)。課された苦痛と恐怖に耐えるには、文明人が何を意味するかを忘れる必要があった。感覚を麻痺させ、自らが何であるかを忘れ、人から忘れ去られることが、人間であり続けるための方法であった(11)。

それゆえわれわれは、社会的事実の展開について、もしくは提示されたその展開の記述について、真偽を区別することが困難であるなどということはできない。対話者たちが、真理性の要求を満たす陳述とその要求に応えない陳述との区別を行なうことができないからといって、政治的、社会的現実について導出された陳述が、果てしなき議論の対象となる解釈しか示さないということにはならない。真理の観念が歴史を持つこと、またその歴史が、真理の観念が党派目的にしばしば供される点を示していること、また真理の内容が世紀を経る間に根本的修正を受けること、さらに同じ時代においても、他の体系を認めないほど真理を身にまとった振りをするさまざまな思想体系や行動体系が存在することは事実である。しかし、だからといってわれわれは、実践的真理の観念がフィクションにすぎないという考えに誘われるべきではない。自然諸科学で実施される真理性構築の規準や手続きに甘んずるべきであり、あるいは真なるものを合理的根拠を欠く信念の対象とみなすべきである、などと考えることには危険さえ伴う。

真理の観念が実践の領域で地位や役割を持たないと考えることは、善とは何か悪とは何かについて意見を表明するのを放棄することに等しく、それゆえ、法の観点から判断を下すのを放棄することに等しい。それは、人間界の現実の中でなされる行動において、のみならず社会的事実について導出される言説においても、真とは何か偽とは何かを特定する可能性を退けることである。

この点からいえば、うつろい易い世界、また多元的な世界における真理性の条件について問うことを拒絶する歴史的ノミナリズムまた歴史主義を、保守的かつ反動的な思想や政治のトロイアの木馬だと考えることができる。実際にそれらの支持者にとって、歴史が真理に修正をもたらすという考え方に反論することはきわめて困難に思われるのである。この修正論を批判するためには、まず正しい歴史解釈と誤ったそれが存在することを想定し、次に、両者の識別を可能にする規準点を明らかにしなければならない。その作業なしに、修正論の批判という任務を遂行することはできない。

所与の現象について複数の可能な解釈が存在することを認める命題、かつそれらの解釈の各々が、解釈を唱える観察者の暮らす背景に結びついていると考える命題は、無論、きわめて納得のいくものである。しかし、その命題から、多元性は不可避的に諸観点の序列の呈示不能を伴うという考えを、導き出すべきではない。以下のことを繰り返す必要がある。つまり、選択のレヴェルであれ行動のレヴェルであれ、個々人の態度決定は、社会的次元に組みこまれるのである。この点からいうと、その態度決定は、可能なるものの地平において展開され、またその地平は、自由選択の余地を残し、また多様性が発揮されることを許すとはいうものの、所与の社会で意味を持つもの、価値を与えられたものにより制約を受ける。可能なる決定や行動の範囲は、個々人の相互性という要請と両立し得るように設定される。そしてその両立性は、社会的な次元がその存続のために要求するものなのである。実践的に正しからぬとみなされ制裁の対象になる言動とは、集団の全体目的が決する合理的なるものの領域を越え出た言動である。したがって、多元性は、制約の欠如と同義ではない。一社会の真理に背くことなく、また一社会で相互性、交換、寛容の諸関係を枠づけるものと抵触することなく、すべてを口にして、すべてをなすことはできない。

永遠に決着をみないもの、また果てしなき議論の対象となるものは、それが共同体の定めた相互性の規則に則り、共同体で意見を述べまた暮らしていく可能性と対立しない場合においてのみ、永遠に決着をみずにまた果てしなき議論の対象となるのである。それに衝突したり、それを危くするものは、境界でつまずくことになる。個々人は、集団の意味や価値に基いて、互いを承認する。したがって、状況が一定だとすれば、その意味や価値を無効にしないためには、境界を侵犯しない方が無難なのである。参照点を示すことにより、個々人の選択や行動についての実践的真理の観点に立った評価を可能にするのは、この状況である。この種の推論が、意味の領域や可能なるものの領域についての、それゆえ真そして正とみなされるものについての、社会成員間の全般的同意の存在を前提としていることは明らかである。均衡した状態がなければ、和解を許さない諸原理と、受容し得るものとの境界は消滅する。その時、正しきものの実施は危機に瀕するのである。

意味、可能なるもの、実践的真理の諸領域についての分析を、共同体的経験の研究それ自体に接合する必要があるのは、以上の理由からである。しかしながら、あえてそこに飛び込んで行く前に、先に示した意味、可能なるものについての考察、また実践において真なるものの地位についての考察が、政治統治者や政治機関が共同体に対してなす行動を評価するための規準を、いかにして提供するか検討しておかなければならない。

2　可能なるものの要請、政治的責任、正当性の評価

社会の全体目的が設定する意味と可能なるものの領域は、個々人間で相互性の関係が成り立つために必要な、尊重すべき指針を示している。その点において、それらは、政治諸機関や政治リーダーたちの責任範囲を定める。彼らは、集団の現在や未来という現実に責任を負う。可能であり、望ましく、必要であるようにさえ感ぜられる欲求の充足が、その現実を有効に構成すべく監視することが、彼らにとって重要なのである。彼らの被治者に対する責任が発生するのは、そこである。

もちろん、機関や責任者に属する任務は、社会のアイデンティティに結びついている。彼らの側の責任は、それゆえ可変的である。それは、時代により、社会のタイプにより、そして状況により変化する。しかも、被治者が政治決定機関の選択や行動に寄せる期待は、政治決定機関次第で明らかに変化すると考えられる事物に投影される。しかしながら、社会の争点が政治的な争点であると認識されるのなら、住人の目にそれが解決済みだと映らなければ、その争点は統治者を困難に陥れることになる。

政府は、自らの責任に属する領域を十分にカバーできないリスクに出くわすが、そのリスクは、その領域の戦略性の度合いが高まるほど増える。政治的責任の範囲が大きくなれば、政治決定機関はそれだけ批判を受け易くなる。したがってしばしば、それらの実力が弱点になることもある。つまり、それらは万能であろうとすれば、生ずる困難の責任を独りで引き受けねばならない危険を背負うことになる。たとえば、共産主義諸国が公然と意思表明をできるようになると、国家の多大な役割は、抗議運動に臨んで国家を弱体化することしかできなかった。とくにソ連の諸機関にとって、権力の座にあった前任者から犯した過ちの責任を放免してやることは（西洋の政治家ならば、

利用の仕方をかなり良く心得ている戦法であるが）困難であった。

被治者が、政治機関や彼らを指導する立場にいる人間に期待する資質とは、被治者の権利遂行のために重要だと感ぜられる可能なるものを圧殺しないことである。それどころか、彼らの役割は、可能なるものを承認し救済することにある。観察者は、政治機関が任務を果す仕方から、のみならず統治者の被治者に対する態度からも、正当性の判断を導出することができるであろう。観察者は、統治者がどの程度義務を果しているかを評価できる立場にある。

可能なるもの、望ましいものの領域は、それが政府の活動と接合されたとき、政治的諸関係の正当性についての指標を与える。統治機関の活動が被治者の支持を生みだしたり出さなかったりするという事実は、個々人が正義や正当性を巡ってなす経験についての情報を観察者に与える。

したがって、実践的真理という概念の復権、それゆえ政治的事物における法判断という概念の復権は、可能なるものの熟慮についての検討を経由することになる。しかしながら、可能なるものの領域と意味の領域の間に存在する関係についての検討が、実践的真理の問題にまで十分に解答を与えうるためには、社会成員間に社会の優先する目的についての合意が存在することが絶対条件である。その下で暮らしたいと望む社会のタイプについて、また互いに認め合うべき権利・義務の相互性について、個々人が考えを通じ合うことが重要である。言い換えると、ここで、可能なるものの分析と意味の分析を、共同体的経験の検討で補わなければならない。

二　共同体の感覚、可能なるものの進展、統治の権利

社会組織の枠組みを作るのは、全体目的である。可能なるものの領域は、その全体目的が画定した意味の地平と

結びついている。この研究方針を採用することにより、実践的真理の問題へ解答をもたらすことができる。その際に、共同体における合理的なるものの外枠は、まさしく、政治機関が被治者に対し義務を果す仕方について法的な判断を下すための、用具を提供するのである。しかしながら、この合理的なるものの外枠は、絶対不動であるわけではない。それらは、とりわけ可能なるものの拡張とともに移動することもある。じっさい、この変化は、被治者が政治機関に対して抱く期待だけでなく、社会の生存条件にも影響を及ぼす。したがって、共同体への帰属感覚と被治者の統治者に対する忠誠の態度は、統治者が社会を発展に導くような措置を取れるかどうかによって変化する。

このことを示すために、第一に、可能なるものの領域と意味の領域が変化を被ること、しかも、その変化自体が、個々人の抱く権利概念や義務概念に影響を及ぼすことを指摘しておく必要がある。第二に、修正は、その内容に応じて、またそれが場合によって受け取る賛同の度合いに応じて、可能なるものの領域に影響を及ぼす。しかも、その修正は、共同体生活および政治的均衡という与件の変形にも一役買うことになる。この点から、施される修正が多かれ少なかれ持つ戦略性の度合いを検討しておく必要がある。第三に、その作業は、実践的真理の領域やその進展との関わりから、正当性を巡って行なわれる闘争のさまざまな局面に言及することへ辿り着くであろう。

1　可能なるものの動態、共同体における権利と義務

したがって、可能なるものの領域と意味の領域が設定する社会のアイデンティティは、時系列に応じて変貌する可能性がある。歴史の外部に位置するものとして記述され、あるいは歴史や歴史に伴う変化を拒絶するものとして記述され得る共同体であっても(12)、変更が行なわれる舞台であることに変わりはない(13)。あらゆる形態の社会組織は、変化を経験する。その変化は、社会の歴史的アイデンティティを刻む幾多の原因の所産である。しかもそのア

イデンティティは、まずそれ自身に対して、また過去の記憶から現在や未来の展望までをも含む社会に固有の時間性概念を通じて表明され、あるいは他の共同体との関わりにおいて、さらにそれを取り巻く自然界に手本を求めることによって表明されるのである。

それらの変化は、可能なるものの変更と同義である。

伝統的集団のように発展が比較的緩慢な世界において、可能なるものの変更は、それが多かれ少なかれ外部的な秩序の突然かつ急激な変動の結果として現れるのでなければ、社会の均衡を根本から変形することはない。諸社会が持つ自然環境の制御力は、さほど強くない。したがって、可能なるものの領域に変更があるからといって、社会組織を自然界や超越界の秩序と切り離された単なる個々人の活動の産物のようにみなすことはできない。一般的に可能なるものの進展が感知されるのは、これら二つの秩序との関わりで画定された、社会的意味の空間においてである。

反対に、可能なるものが多数あることによって特徴づけられる近代では、共同体の基本的諸価値は、もはや服すべき人間外的な強制としてだけ認識されることはない。それらは、行為者の決定や行動の結果として立ち現れるのである。たとえば、伝統社会のように宗教が共同体の構成要素の一つである時、個々人の宗教的態度は、彼らの社会への同化度を示す証だとみなされる。反対に、近代社会においては、もはや社会内で宗教がそれほどはっきりした構造を持たず、個人の信仰は個人の責任のみに帰する、という状態に近づいている。

この状況は、他の大きな活動領域に、そしてとくに政治に属する事物に当てはまる。前近代的世界において、人間がほとんど掌握できない与件とみなされたものは、近代世界において個々人の手中にある。社会構造が人間の所為だとみなされるので、以前に個々人の行動領域の外にあったものが、いまや、まさしく人間が論ずることのできる事物になるのである。

アリストテレスが定立した熟慮の理論と、今日の熟慮の観念を急ぎ比較すれば、後者が身にまとう急進的、典型的な次元を浮き立たせることができる。アリストテレスの分析において、可能なるものは、個々人の行為能力の内に存する何かである。それらは、個々人の責任に帰属する。しかしながら、個人に表明が認められた可能なるものの範囲も、また彼らが現実において選択し行動する能力の領分も、善良な社会とは何かを決する諸価値とは関わりを持たない。それらの諸価値が何かは、はっきりとは問われないままであった。アリストテレスにおいて、善に相当する諸目的は、自然の本質に刻印されている。正義を自認している集団を枠づけると思われる意味があっても、可能なるものの範囲やそれが生みだす熟慮がその意味の源泉とはみなされない(14)。

近代社会において、状況はかなり異なっている。つまり、可能なるもののがたえず範囲を拡大しているという事実は、目的の領域に、結果として意味の領域にまで影響を及ぼすのである(15)。しかもその可能なるものの範囲は、発展しつつある社会でかつて意味を有していたものと、自然界、人間界についての知識の進歩への必要な適応とによる、相互的な影響行使の結果としてのみ発展することができる(16)。個々人が、目的や意味は服すべき与件に該当しない、と考えるに至る。彼らは、それらを、彼らに開かれた可能なるものの領域に組みこまれた何かであるように、みなすであろう。つまり、個々人の責任は、共同体の目的を包含するのである。その責任は、彼らをして、自分が暮らしたいと望む集団のタイプとは何か、また自分が優先したいと望む基本的価値とは何かについて問うよう、促すことになる。

一般的にいえば、可能なるものの領域の変遷は、集団の成員が互いに取り結ぶ関係の進展に最小限の役割しか果さないどころではない。その変遷は、彼らを統治する政治機関とともに、また場合によっては自然環境とともに、相当程度働きかけるのである。実際に、権利や義務という観点からみると、個々人間の関係の存在やその関係の十全な働きは、共同体のアイデンティティと両立すべき可能なるものの世界に結びついている。もっとも、可能なるものの範囲が変更される時、また行為者が、以前には持たなかった展望を拓けば便益を得られるであろうと感じた時、交換関係の組織もまた変更されることになる。以前には個々人の熟慮や行動の領域に含まれなかった状況が、考察や論争の対象となる時、もし人が、新しい可能なるものの示唆する相互行為が協業関係をもたらすようにと望むのならば、新しい作為の領域は、権利と義務の再定義を要請する。換言すると、可能なるものに影響を及ぼす変化は、今までそれとして認識されることのなかった権利と義務の意識を生じさせる。それらは、法の輪郭の変更にも手を貸すのである。

こうして、一社会において、自然界の物事とはいわないとしても、少なくとも不可変な物事として認識された社会、経済、政治の序列や仕切りが、隠蔽や教化という仕掛けの産物として非難の対象となる時、社会に遇されない人々は、彼らの状況をもはや運命として甘受することはしない。彼らは、新たな可能なるものの出現によって、自らの権利が愚弄されており、忠誠の義務には根拠がなく、あるいは改革が必要であるとの感情を持つのである。

可能なるものの想像力のこのような拡大や、それが集団の内部で法治生活に及ぼす影響は、もちろん、解放指向の近代社会科学概念に着想を与えた(17)。実際に、カール・マルクスのユートピア主義(18)あるいはピエール・ブルデューの象徴的暴力への社会学的な批判が示すように(19)、近代社会科学は、正義にいっそう合致するとみられる社会的関係の台頭を促そうとする。しかしながら、事物の秩序を疑問に付そうと考え及ぶには、状況が新たな可能なるものに沿って、またその新たな可能なるものの要請する権利と義務との再配置に向かって十分に進展した後で、上で述べた意識化が起こらなければならない。

要するに、新たな可能なるものを意識し、また新たな可能なるものを明確に論争対象として捉え、そして新しい権利や義務への要求を掲げるためには、すでにそれらの承認に向けて道が拓かれていることを必要とする。考察や社会的実践の領域で、権利や義務の論争の刷新だけでなく可能なるものの刷新までもが起こるとすれば、それはひとり、その刷新が、物質的な――経済の状況、科学技術の状況、等々のレヴェルでの――発展、非物質的な発展や、両者の複合的結果が生む発展により準備された場合においてのみである。

個々人に差し出された新しい可能性は、したがって、権利と義務の再限定を要請する。この観点からいうと、個々人の抱く権利、義務概念の発展は、観察者に対し、正義に関わる判断の実施のために要請される条件についての情報を与える。しかし、信頼に足る価値判断をもたらすためには、集団生存の中でこの発展がどのようにして効果的に具体化されるのかにも、注意深くあらねばならない。共同体組織へのこの発展の同化の度合いを分析する必要があり、しかもその作業は、とくに社会のタイプを考慮に入れ、統治機関が被治者の要求に応ずる仕方を考慮に入れることを前提としているのである。

2　可能なるものの動態、権利と義務、共同体的経験への同化と政治的責任

政治機関や政治リーダーが、社会運動への配慮を自らの責務だと考えるのならば、彼らは可能なるものの領域の変化に注意深くあらねばならない。住人は、可能でかつ望ましく、さらに権利尊重のために必要だと思われる事物について要求を掲げるが、政治機関や政治リーダーが新たな与件を考慮しつつ、この要求を同化吸収することが重要なのである。彼らには、社会的次元の継続性に目を配りながら、その調整を手掛ける必要がある。

新たな可能なるもの、権利、義務への配慮やそれらの同化吸収は、立法のレヴェルですまされるべきではない。立法という段階は決定的ではあるが、不十分なものである。立法には実践への効果が伴わなくてはならない。統治者は、変化を公に法典化することで甘んじてはいけない。そこに止まれば、結局、立法措置や統治機関の信頼性を失わせてしまう。というのも、他の法律へ適用が利かない付け足しの法律は、結局、反生産的な効果しかもたらさ

ず、集団の成員がその効果により、合法性が現実とは切り離され、また合法性が彼らの支持する諸価値の調停者、擁護者の役割を果していない、と考えるようになるからである。法律の条文は、個々人が自らを同化し、体現し得る変化を表現したものでなければならない。そうでなければ、正当性は、合法性から何らかの利点を引き出すよう望むことはできないし[20]、個々人による合意が、権力の座にある権威者が発する法律という現実とともに、虚構になりかねない。

もちろん、この変化の同化吸収過程が事実に具体化される仕方と、それが集団生活にもたらす変動の規模は、可変的であり続ける。社会変動の性格は、とりわけ新たな要求がどのような戦略的次元を持つかにより決定される。権利と義務の微調整しかもたらさない変化も存在する。反対に、社会のアイデンティティを覆すほどの深い変動を引き起こしかねない変化もある。

この戦略性は、変化が起きている体制のタイプのみでなく、変化の内容にも結びついている。したがって、もし可能なるものの変化が、根本的原理に影響を与えるに至らず、集団組織の様態の周辺的側面にしか関わらない場合、可能なるものの変化から生ずる権利と義務の再編成は限られたものとなる。さらに、一つの体制が組織的なコントロールを課そうとする場合、可能なるものに生ずるあらゆる変化は、社会の構造全体を危険に陥れる。可能なるものと許容されるものについての一元的で他を許さない解釈が存在する社会において、異議申し立ては、局地的で、非政治的なものではすまされない。その異議申し立てが、社会の方向や組織全体を直ちに疑問に付すようになるのは、公的権威が過去、現在、未来をも含めた社会のあらゆる側面の管理、統御を目指すからである。歴史の必然論的、閉鎖的見方、つまり社会的現実が、公的認可を受けた見解の与える社会イメージと異なることはありえないし、異なるはずもないという考えは、偶発性の同化吸収を困難にする。そのような見方は、事物の生成がもたらす偶然や動態に、革命的たらざるを得ない役割を与えてしまう。

したがって、可能なるものの変化に由来する社会への影響や社会の修正は、変化の同化吸収が可能かどうかによって異なった性格を持つことになる。この点からいうと、統治機関は、権利と義務の再配置を行ないながら、つまりそれらを立法の領域に統合しながら、また自らが責任を負う社会領域の具体的任務にそれらを馴染ませることに腐心しつつ、可能なるものの刷新を同化吸収するという決定を下すが、その決定は、以下の二つの補足的条件の達成を要請する。第一にそれは、現政権をしてそれらを考慮するように仕向ける、新たな可能なるものに有利な背景を前提とする。この有利な背景は、抗議が微量な変化しか要求していないか、また抗議が無視できない次元に突入しているか、のいずれかによって生まれる。後者の状況は、権威者をして、紛争いや社会の麻痺を引き起こしかねない機能不全を避けるため、抗議を考慮に入れるよう義務づけるのである。第二に、新たな可能なるものの同化吸収は、それらが、同化しようとする社会背景と真っ向から対立するものでないことが前提である。じっさい、統治者が、それまで護ってきた諸価値と対立するような変動を容認する気になることは稀である。

同化吸収の過程は、起こるとしても、ひと息に軋轢なく起こるわけでは毛頭ない。勢力関係が、対立した諸当事者に妥協の模索を促すほど共同体の内部で分け持たれている場合においても、同様である。

要求が発生するのは、行為者の単なる個別的な人間関係の枠の中からである。しかし、新たな可能なるものに結びついた要求は、まず、この枠を越え出た論争の対象となる公算が高い。次に、その要求は、行為者がそれを諸機関の責務だと認める場合はとくに、政治的側面を持つより一般的な争点になる。最後に、変化が受容されたとき、要求は法律の本文に同化され、適用され、具体的現実の中で擁護される。もちろん、このメカニズム全体の生成には時間がかかる。長時間かかるときもある。変化が終了するのに要する時間は、変動の規模と比例するわけではない。そのため、戦略性を持たない要求は、重大な不和の引き金にならないものでも、統治機関に無視され、待ちの状態におかれる。反対に、社会の次元で甚大な影響を及ぼしかねない要求は、政府をして、直ちに彼らの意向を汲んで立法を行なうように、また急いで要求を諸事実の中に組みこむべく努力するように促す。いまやわれわれは、正当性を巡り繰り広げられる闘争の核心部に至った。じっさい、可能なるものの領域や権利と義務の配置に影響を及ぼす変更は、常に同化吸収へと至るわけではない。対立した諸当事者が妥協に到達しないということも、しばしば起こる。その際に、同化吸収されなかった新たな要求は、共同体の分裂を招来することもある。

3　集団のアイデンティティ、個々人の承認への闘争、政治的正当性を巡る紛争

可能なるものの動態は、しばしば、紛争的次元より前に進めない勢力関係の中で進展する。正なるもの、不正なるものとして知られる諸価値は、しかもそれを実施する責任が政治機関に帰属する諸価値は、さまざまな当事者が歩みよりの領域を見出せない闘争の争点をなす。

たとえば、紛争の規模が調停による合意を不可能にしている場合、観察者が一般的に目にする状況は以下のようである。すなわち、個々人の多くは、社会的関係の組織や諸機関の中で、もはや互いに相手を承認しない。彼らは、自身について、あるいは彼らの要求について持つイメージが、具体的な姿をとることはないと考える。彼らは、政府が自己の要求の同化吸収を拒絶することに、権利、人格、アイデンティティへの侵害を看て取る。

承認の欲求が生みだすこのような緊張は、必ず、紛争的な性格を帯びる。政治機関に承認されない被治者は、政治機関においても、政治機関の権威に帰属する領域においても、互いに相手を承認することはない。もはや、相互性の取り決めは作動しない。個々人は、権利が尊重されていないと感ずるので、もはや義務を果そうという動機を抱くこともない。もはや、彼らが他者との協調に利益や意味を見出すことはない。公的権威者は、行為者が自らを

同化させる諸価値に対して尊重を払わないが、このことが社会道徳の不在を証明している。しかも、その不在には、集団内の社会風紀の退廃が影響を及ぼす。

義務遂行状況の悪化は、統治機関の命令へ応ずる際の個々人の不誠実さによって示される。しかし、それはまた、個々人間の関係のレヴェルにおいても表出する。つまり、社会風紀の退廃が社会領域全体を浸蝕するほど甚大であるならば、連帯の絆は解体に向かうであろう。その時、万人の万人に対する闘争へ至る恐れが高くなる。

正義を目指し、統治の権利を目指す闘争というこの状況は、複数のレヴェルで展開される。

第一にこの緊張は、言説のレヴェルで出現する。社会を統治し組織する方法についての公的権威者による言説が、批判の対象になる。言説が果そうとする正当化は、正当性ではなく口先ばかりの正当性だとみなされるので、公共善としては認知されず、党派的利益の従僕として批判される。客観的判断に従って統治機関を支持するという以前の態度に代わって、以後は、イデオロギーやプロパガンダという観点に立った公式言説の分析が台頭する。受容できるものとできないものの判定を昨日まで可能にしてくれた判断基準は、何より特殊利益に奉仕する操作用具として批判される。かくして、堅固な言説が受け持ってきた可能なるものの識別作業は、いまや特定の社会、政治秩序の保存を目指す、可能なるものの隔離として言及される。自らの位置づけが曖昧だと感ずる個々人は、集団における格づけや判断が担ってきた価値を、統治者の側の権力の戦略と結びつける。

正義や法の定義を自らが行なうために繰り広げる闘争は、実践のレヴェルにおいても表出する。とりわけ、どの範囲までを犯罪と呼ぶかの規準が混乱する。たとえば、社会的均衡を得ている社会ならば、その闘争は、集団内部の協調の存続を可能にする妥協、また犯罪とは何かの特定に役立つ妥協の中に吸収される。反対に、対立が出口を見つけられないとき、犯罪の境界は曖昧になる。非合法的行動が、非合法性という枠に有効におかれるには、非合法とは何かについての住人の承認や同意が必要である。しかし、法を逸脱した行動へ課される制裁は、もはや、そのような承認や同意を受けることはない。善とは何か、悪とは何かを決する権限を授かってきた機関の信頼性は瓦解する。ほどなく、それが下す刑事判決は、戦争行為、腐敗行為として分析の対象になる。その際、法律を侵犯する個人は、もはや世論により犯罪者とはみなされず、抵抗者とみなされるようになる。犯罪者とみなされかねないのは、政治機関それ自体である。

もちろん、このような形勢の逆転が起こるには、勢力関係が、反対勢力に対して有利に作用しなければならない。反対勢力は、孤立した少数者になったり、共同体の残余から切り離されてはならない。犯罪性についての判断が覆えるためには、政府に対抗すべく掲げられた批判が、積極的にか暗黙にかはおくとしても、集団の成員のかなりの部分により共有されることが重要である。公的権威者の統治の権利へと向けられた異議申し立てが重みを持つためには、それが、戦略的領域、とくに、住人がほとんど他人事ですますことのできない社会問題と関わっていなければならない。当初は少数者が始めた批判的運動であっても、集団の他の成員の参与の対象となりうることがある。成員は、いざという場合、日和見からよりいっそう積極的な支持へと移行するのである。この結集という現象が生まれるためには、活動的少数者が、活動が関わり合いを持つ問題が社会的に見て適切であるかどうかを、的確に判定していなくてはならない。このような条件のもとでならば、将来いつか、住人の支持を手に入れることができる。

もはや個々人が失うものを持たず、残された行動余地がそこに甘んずるには小さすぎる時、あるいは、怨念や憎悪が後戻りの利かない段階に達した時、紛争は暴力的な形態を帯びる。その際、費用と便益の計算は、日常的合理性の論理とは異なった論理に従う。個々人は、蓄えた暴力を表出させ、権力保持者が耐えるよう強いた現実のあるいは心理面でのフラストレーションや悶死を、終息させようとする。物理的衝突をも辞さない者ならば、統治者とのむき出しの衝突で勝利できるチャンスを、現下の勢力地図に照らして割り出す。勝利の蓋然性は、異議申し立て人と彼らの要求が住人を動員できる能力に照らして、つまり住人をして、仲間うちで不満を言う段階から統治機関に突き上げの抗議運動を向ける段階へ踏み込ませる能力[21]に照らして、割り出される。しかし、その蓋然性は、政府の態度、決意、躊躇にも照らして測定される。ただの小競り合いの段階を越えた暴力的衝突は、共同体の生活を損なうほどのゆらぎが生じた証である。

しかしながら、暴力は、正当性への闘争の唯一の様態ではない。闘争は間接的な形態を取ることもあり、その形態は、むき出しの性格を持たないとはいっても、深刻な危機の指標をなす。それが組織的なものになりつつあるとき、暴力と同じ効果を持つ浸蝕作用を生みだす。じっさい、個々人が正当性を認めない政治秩序の中で、しかも、とくに発言という形で思慮分別に従い行なう不満表明さえ許されない政治秩序の中で生活を送る時[22]、彼らは常に、抵抗の証としての離脱を実践し得る状態にある。この離脱が取り得る型には、少なくとも二つある。しかもそれらは二つとも、異議申し立て人が自らを同化することができない政治体制や社会組織への、協力の拒否に結びつく。その際、彼らが最小限の範囲でだけそこに参加することを目指すのは、自身について、権利について、また集団の他の成員との関係がどうあるべきかについて抱く考えを、裏切らないためである。

実際に、離脱のこの二つの形態は、同一の主題の変種である。個々人が直面する抑圧状況と疎外状況は、彼らに自我の亡命を余儀なくさせるが、それら二つは、個々人が自我の亡命を避けるため実施する企てに相当する。

最初の形態とは、個々人が疎外を味わう活動領域で、居る振り、参画している振りをすることである。彼らは、受動的抵抗という態度に訴える。とりわけ全体主義社会において、この現象が広まっている。暴力の独占、公定プロパガンダに反する見解表明の禁止、そして国家機関が大部分の活動へ及ぼすコントロール、これらは個々人を、このような態度にしがみつかせる。この受動的抵抗が組織的なものになった時、社会的次元は実体を失い、貝の抜け殻のようになる。すべてが、政府の命で動いているようにみえる。しかしそれは、見掛けにすぎない。個々人は、割り当てられた役割に、最小限の範囲で参画する。やがて、この日常の持つ虚構性が白日のもとに晒される。社会という舞台は、大嘘の飛び交う場に貶められ、社会全体の歯車が壊れ、麻痺する。スキゾ的な体制が樹立され、そこでは、もはや現実が、それについてなされた記述と何の関わりも持たなくなる。被治者による支持という茶番は、役人の評判にも影響を落とす。要するに、集団組織は、トランプで作ったお城のように瓦解しかねない。

いま一つのタイプの離脱として、移住がある。じっさい、積極的な異議申し立てが選択肢の一つとなりえない時は、移住――魅力的な受入れ国があるとして――が、現行政府への承認拒否を示す一つの方法になりうる。共同体を去ること、それは抗議方法の一つである。八〇年代末の東ドイツのように、このような現象が大衆運動へと発展する時、それは一国の存続それ自体を危くする。しかしながら、政府自身が移住による離脱を推奨することもある。政府は、残余の住人には国境を閉ざしたまま、懐柔できないと考える厄介者を追放するよう決めることもできる[23]。抑圧に代わる方法として可能なるものがあるとすれば、その追放は、可能なるものの入手可能性を閉ざすことを意味しているのである。この点からいうと、思想の自由の禁止を徹底させるのに、往来の自由の禁止が必要となる。

すべての希望を喪失したわけでなければ、個人は、共同体の中で生活条件を改善するために闘う。その度合いはともかく根本的な変化を生むために人が闘争し、異議を申し立て、働き掛けるのは、なお受容可能な政治共同体の建設可能性を信じているからである。それとは反対に、ここでわれわれが言及するような移住は、当該共同体において満ち足りた生存を送ることができるという信念を、捨て去ること以外の何物でもない。社会という舞台を去って移住して行く者は、もはや自らには居場所がなく、差し当たって権利や義務を慮る相互的関係への自らの同化はありえないという感情を抱く。この状況は、彼らをして、出生地ノスタルジーで彩られた愛着を捨て去ることなしに土地を捨てるように駆り立てる。彼らは、土地が住人に負わせた疎外から、最大限の距離をおこうと望むからである。出身国が彼らに自己実現を許さない以上、彼らは出生国の国籍を放棄しようと企てる。

三　法、正義、人間共同体の範囲

すでにみたように、正当性の問題を十分に掘り下げる作業は、社会的現実についての実証主義に捕われた思考と歴史についての教条的見方との間に引かれた稜線を、見出すように義務づける。もちろん、実践的真理は、経験的に裏づけられた科学的陳述の提示能力を与えるわけではない。しかも、統治者の決定や行動を導き得る諸価値は、論争、修正、不完全さを逃れることはできない。しかしながら、政治分析は、社会領域における価値の次元の位置や役割がもたらす困難に対し消極的に対処するのではなく、諸価値に対する近代特有の優柔不断をも組みこんだ正義の思考法の導出に努めなければならない。政治分析は、多様性、変化、不完全が制約の存在あるいは価値序列の存在を締め出すものではないという考えを、受け入れるべきなのである。

1　法の規準、正義の規準の歴史性と、共同体の経験

法や正義の諸観念が発する要請と、具体的な社会的現実との間には、裂け目が存在する。それらの諸観念をもっとも激しく攻撃する進歩主義理論家たちは、その裂け目が生みだす失望を根拠にして、彼らの批判を組み立てている。法や正義の諸価値のために働くとされる機関が、必ずしもそれらの諸価値を具現する訳ではない。そこで進歩主義理論家たちは、このことを理由に、それらの諸価値の信頼性を疑り、権力ゲームと勢力関係を重視する傾向がある(24)。

マキアヴェッリの政治的リアリズムは、この観点から解釈することができる。たとえば、彼が勢力関係に与えた地位は、おそらく部分的に、彼の時代に出現した新しい政治争点と結びついていた。それらの争点は、まだ個々人からの明白な要求に至るほどの重みは持たなかったが、にも関わらず、かなり現実味を帯びていた。それらの争点は、個人的諸権利の台頭を予告していたが、マキアヴェッリは、政治が個人的諸権利の成否を握っているという事実を確認した上で、政治を勢力関係に還元したのである。

より近年においては、ピエール・ブルデューの考察が、この失望のメカニズムが持つ逆説的な効果の、より際立った例を改めて取り上げている。法が正義へもたらすとされる貢献と、事実における具体的状況との間には乖離が存在する。彼の著作が一貫して法を象徴的暴力に還元するのは、ほとんどもっぱらこの乖離に注意を向けているためである。ブルデューはこの乖離を根拠に、法はつまるところ偽装された抑圧であると結論する。しかしながら、所与の背景の中でむしろ、どのような条件が整えば法は法であり得て、したがってどのような条件において法は正義の要請を満たすのかを自問すべきであろう。

その問題を追究するには、法や正義の観点から行なう政治アプローチをあれやこれやで無効にするのではなく、個別的背景の中で実践的真理の規準として役立つであろう原理や規範の目録を作成し、さらに、それらの規準に信頼性を付加したりしなかったりし得る要素が何かを考察しなければならない。参照項として役立つ諸価値とは、すでにみたように、社会的な相互性を保障する諸価値である。もちろん、それらは場所や時代により変化するし、それらの具体的実現は、常にある種の不完全性を背負っている。しかし、個々人がそれらを承認し合うのであるから、また彼らにとっては、それらが相互性の良き稼働を保障するように思われるのであるから、それらを真剣に取り上げる必要がある。

何らかの諸価値が個人間の協調の絆をもたらしている間は、また、その諸価値が、行為者が自らを同化させる集団的な決定因の地平を成す間は、それらの諸価値は有効である。もっとも戦略的な諸価値は、とりわけ政府の活動が関わり合いを持つ諸価値である。なぜなら、政府の正当性は、その活動が共同体全体の中で諸価値を表現、擁護、促進する能力を持つかどうかで評価されるからである。歴史の運動に従う個々人が、諸価値の変化を望み、また諸価値を互いに承認する限り、さらに彼らが、自身に、また他者に、そして環境に忠実でいたいという感情、それゆえ、歴史との対話を続けたいという感情を持つ限り[25]、それらの諸価値が変化すること自体は問題ではない。反対に、正当性の不足が生まれるのは、統治者の決定、行動の実施する諸価値が、集団成員の同意を受けていない時、また諸価値が、彼らや他者にとって、結果的に彼らの歴史全般にとって異質な物となる時である。

これまでのところ、相互性を保障する諸価値はまだ、常に寛容の方向、あるいはできる限り公平で包括的な財の配分の方向に向かうという保障を提供してはいない。今日では、善悪とは何かを決する諸価値が、かつてなきほど大きく個々人の正義を欲する能力に依存している。この領域では、善良な方向に法や正義が展開されるという絶対的な保障は存在しない。したがって、社会に妬みがかなり広まっただけで、司法手続きが嫌悪や排除の手段にされるという事態が起こる。そのことは、二つの問題と同時に取り組むように促す。共同体アイデンティティの発展にはどの程度個人の責任が介在するかという問題と、相互性の関係が適用される共同体の範囲はどこか、という問題である。

2　人間の責任から人間共同体の範囲へ

個々人の環境に及ぼす力が増大すればするほど、出来事の推移における彼らの責任は重くなる。このことは、統治者に対してと同様に被治者に対しても当てはまる。とくにこの現象は、近代社会できわだっている。その力が平等主義思想と結びついて展開されている場合、その力の大きさを測定するには、それが集団の運営や集団が優遇する諸価値に及ぼす影響を分析する必要がある。

平等主義的イデオロギーと反動的思想

地位の拡きが、成員の全員あるいはほぼ全員が認める序列観に根を持つような集団においては、個々人が格差によって苛立ちを覚えることはない。反対に、平等という原則が習俗に十分に根づいている民主的な世界では、その原則が、失敗や成功の部分的責任は行為者にあるという考え方と接合されて、社会の根本的な修正と結びつく場合もある。たとえば、それが、民主的な社会を当初の原理と対立する方向へ導きがちなルサンチマン行為を発生させる可能性もある。

とりわけ社会に冷遇されている個人は、他人の特権的地位を能力の所産だと認めて受け入れるか、またそれを能力を上回るような勢力関係の結果と解釈するか、あるいは、はっきりとは認めなくとも失敗の責任の大部分は自らにあると考えるか、いや自身の暮らす社会環境に責任があると判断するか、そのいずれかである。この最後の典型例についていえば、個人は、自身への嫌悪に打ち沈むことも多く、その嫌悪はほどなく他者への嫌悪へと転嫁される。ルサンチマンの論理が、集団全体を破損しかねない反動的思想の台頭を促すのは、このためである。

スケープゴートの選定——社会は、自らが招いた困難に、自身の過ちをはっきり認めることで立ち向かう力あるいは健全さを持つべきだが、あらゆる社会がそのような力や健全さを持つ余裕のない困難に直面した際に訴えがちな手段——は、反動的精神のもっとも可視的な表現の一つである。スケープゴートの選定は、反動的精神の唯一の形態ではない。いずれにせよ、反動的精神の持ち主は、社会的相互性を犠牲にして排除政策を実施する、といった振舞いをなす。己れの帝国に暮らす個人にとっては、競合する者、彼を凌ぐ恐れのある者の生存権を否定することにより自身を肯定することが重要なのである。社会という鏡——他者の成功あるいは単なるその生存さえもが照らし返す自身のイメージ——があるので、彼は、自らの失敗をたえず思い起こさせるこの存在を、消し去るよう望むのである。他者が生存の権利を持つことに、また他者があるがままでいる権利を持つことに異議を挟む行為が、すなわち彼自身の生存の確保を許す究極の証なのである。

反動的な個人は、生の諸価値の発展を追求するどころか、自らを取り巻く世界を彼の状況に同調させようと欲し、彼の状況を正当化しようと試みる。自己嫌悪は死への衝動を伴うものであり、それをじっと耐えしのぶ者は、他者の死をも望むようになる。自己を嫌悪する個人にとって、他人を道づれにする死に方がもっとも快適であることは自明であろう。そこで、反動的精神の持ち主は、社会の全次元が彼の病に同化することを望む。全次元が、最大限に彼に類似する必要があり、排除行為は何よりも、彼のルサンチマンの標的の最右翼を直撃しなくてはならない。さらにいえば、標的になるべき者は、遠ざかりたい地位におかれた、自分以上に社会から冷遇されている個々人であったり、また特権的な個々人であったりする。人種差別主義は、そこに悪名高いモメントの一つを見出すのである。結局、社会体が生存や進歩に向け張り詰めた状態にある際に主として繰り広げられる社会的次元、すなわち相互性や同化の動きは、病的なほど衝動的な態度に堕落し、そして負けたくない多数の外国人と向き合う個々人に安心感を与えることだけを目指した集団的儀式に堕する。

このような状況に臨む各人の責任は、重要である。社会が歴史に根ざしており、今日では超越的価値がほぼ死滅したのであるから、また、善、悪を区切る範囲がもはや伝統的社会構造に結びついた超越性を僭称し得ないのであるから、受容が可能なものと可能でないもの、また合理的なものと合理的でないものを判定する能力の成否は、主に個々人の双肩に掛かっているのである。熟慮し、善悪を識別する能力が、嫌悪やルサンチマンの精神により堕落させられ、導かれるようなことがあってならないのは、それゆえである。

道徳において客観性を導き出す責任が個人に属する以上、悪より善を優先し、生それ自体を善良な価値へと高める作業は、善を望みかつ行なうことのできる能力に依存する。ルサンチマンが、また死に見出される価値が相互性の探求やできる限り広範な同化の探求に勝らないようにするためには、苛立ちをできる限り一定の範囲内に収めることが重要である。耐えしのばれている苛立ちが、個々人の生存にとっての乗り越えられない地平になるならば、生がそれ自体で善良な価値として承認されることはない。言い換えると、統治者は、正義という至上命題を忘れてはならない。近代の民主主義イデオロギーが個々人の権利意識を高めたので、今日、正義はなおさら重要となったが、同じ理由により、正義はなおさら充足させるのが困難となった。諸権利が愚弄されればされるほど、彼らの苛立ちはつのり、彼らが鬱憤でもって道徳的、物質的不安に対処する恐れは高くなる。その鬱憤の裏には、脆弱な個人的、社会的アイデンティティを脅かすすべての者の排除が目論まれている。

個人的もしくは集団的個体は、積極的なエネルギーを産出する必要がある。政治的正当性の問題は、この必要性を強調することにつながっている。個々人が、できる限り寛容な共同生活を促進する原理、また同化の理念に沿った原理を、客観的にみて道徳的な諸価値の位にまで高める意思や能力を持つのは、個々人がただ相対的に沈着冷静に行動している時のみである。個々人の合意は、各人の彼自身との合意に基き、その合意は、各人が権利に尊重が払われているという感情を持つ時にのみ可能である。このように特定された諸価値、しかも道徳的にみて客観的な諸価値は、歴史の推移にしたがって変化を被ることもある。しかし、それらは、相互性や同化へ向かう道徳的客観性を示し続けている。個々人自身が恐怖に押しつぶされない場合にのみ、恐怖を避けることができるのである。

社会の統合と共同体の範囲

個々人が、諸権利に尊重が払われなかったことに対しルサンチマンを抱き得るのは、彼らがあらかじめ共同体に同化されているという前提に立っての話である。じっさい、共同体で諸権利を持つと考え、諸権利が尊重されなかったことを悔むためには、共同体の一員になる必要がある。もちろん、個々人が、ともに協調できるほどは一社会に同化されていない時、共同体の一員となるものは、成員の名において発言し、しかも実際に温情を交えずに誰かの排除を口にするからには、自らの道徳的な健全さを証明しなくてはならない。こうして、人間共同体の範囲という問題が提起されるのである。

政府は、個々人が所与の集団内で自らを同化させる諸価値を、表明し、擁護し、普及させる能力を持つべきである。政府の正当性は、その能力により測定される。それらの諸価値は、表徴としての財や物質になされる配分、しかも人々が正当と判断する配分により、具現されなければならない。しかし、それらの原理が適用される共同体の範囲は、どこまでであろうか。したがって、正義の評価が及びうる領域を設定する、また結果として、政府の住人への行動義務を設定する制約条件を知ることが重要である。共同体の境界を知るためには、二つの問いを立てる必要がある。諸権利の保有資格を持つのは誰か。自らの運命はもとより他者の運命までもが正義に合致しているかどうかを考えるほど、同化されている人物とは誰なのか。これらの疑問にもたらされる解答が、基本的争点を表している。

実際に、諸社会の歴史の要因、また諸社会が経験する発展や急変の要因のほとんどは、被冷遇者の同化を巡って繰り広げられる闘争である。正義の論争と統治の権利の論争とは、被冷遇者がそれらへの配慮を共同体に義務づけるのに成功した論争に他ならない。もちろん、個々人の社会的有用性が自明である時、彼らにとっては、法的な承認や同化を手に入れる方が容易である。集団は、彼らの貢献なしでやっていかねばならなくなるリスクを背負い込まないために、彼らの主張に耳を傾けるよう導かれる。集団が、激しい紛争という代償を払った末に、結局彼らの要求を受け入れることもしばしばである。集団の良好な運営を守るために、被冷遇者の忠誠心を獲得することが政府の目的になる。

反対に、一個人の社会的有用性が明白ではない場合、権利の承認やその具現化を獲得することはいっそう難しくなる。その個人は、政府に圧力を掛けることができない。

したがって、行為者が、社会的有用性のもたらす圧力手段を使って発言者となりうる可能性は、共同体の範囲を特定し、また個人が正義を巡る論争に及ぼせる影響の度合いを測定するための第一の規準である。それは唯一の規準ではない。じっさい、その規準には、個々人が自身について抱く考えや、その考えが他者存在の承認様式と関わる仕方が付け加わる。

共同体で暮らす経験を持つことは、他者を他者自身として承認することを意味する。他者が各人のアイデンティティの構成要素であれば、なおよい。しかし、問題は、どの他者と相互承認を結ぶのかを知り、またどの他者——ここでは、社会的、経済的地位、人種などが問題となる——が他者自身であり、ゆえにどの他者が各人のアイデンティティの構成要素そのものなのかを知ることである。この疑問への解答は、決定的に重要である。正義に込められる内容は、そこに依存している。

じっさい、自らを他者に同化させ、他者を彼と同じ世界に属するものとして承認することは、すなわち、彼の尊厳がある意味でわれわれの尊厳となり、彼の屈辱がわれわれの屈辱となるように按配することである。彼が行なう賞賛すべきまた非難すべき行動は、われわれの責任を限定し、またわれわれに対して責任を負わせる。もしそうであるのなら、彼に課されはするものの、われわれ自身も耐えることのできないような行動を、われわれは不正義としか感ずることがない。彼に課される不正義は、われわれにも課されることになる。承認し合っている誰か、しかも苦境にある誰かのために何もしなければ、屈辱は倍化される。それは、彼を裏切り、したがって、自らを裏切ることである。そこから、とりわけ、ヴィシー体制による、また当時の多くのフランス人の対独協力行動や反ユダヤ主義を今日でもなぜ認めることができないかがわかる。それらの行動を認めることは、すなわち、フランスが自身について持つ観念を裏切るのを容認することである。もっとも、多くの人々にとって、フランスが低迷していて投げやりだったという事実を認めるより、レジスタンスのフランスを満足げに思い起こすほうが、気楽であることはいうまでもない。

したがって、正義の問題や所与の住人に対する統治機関の義務の問題は、共同体の範囲の問題と切り離せない。その問題は、個々人がたがいに他者をどう認め合うか、個々人が他者の耐えしのぶ悪に、どう衝き動かされ、どのような関心を寄せるかに結びついている。それは、共同体内部においてだけではなく、国際的次元においても当てはまる。事実、国際法は、その大部分が、他文化を人類共同体の構成要素として承認する歩みとともに発展してきた。その人類共同体こそが、われわれをして、自身のイメージやアイデンティティの再考に向かわせるのである。この承認と自己同化という現象は、文化的同質性や異質性に応じて増減する困難を乗り越えるに違いない。その作業の実践や発展が、競合する社会間の権力関係に翻弄されるのは避けがたいかもしれない(26)。そのことは、この自己同化－承認という現象のお陰で国際共同体や国際法が生成するという事実を、妨げはしない(27)。その現象のお陰で、共同体経験を絶え間なく拡大させ、連帯という至上命令を遂行することができるのである。

結　論

政治分析は専門的領域における成果を生みだすべきだと考える人であれば、多分、本書を読んで驚かれたことであろう。正当性の問題についてこれまでなされてきた考察は、限界を抱えている。それゆえ、その限界に囚われたままでいることなく正当性と取り組むことができるとすれば、それは、社会の作用を考慮に入れ、またその作用を歴史的視野から眺めつつ、他と比べてより総合的なアプローチを採用することによってであるように思われる。

社会科学とりわけ政治科学が政治研究から哲学を放逐する過程は、分析の対象を社会的・政治的現象に特定したことに結びつき、またはっきりと表明された諸価値の上に足場を据えるのを放棄したことに結びついている。当為のレヴェルを組み入れ、なお独善に陥らずに人間界の現実を研究できる可能性がある。しかしながら、一般に、その可能性が保全されうるのはいかなる条件においてかを問うより、もっぱら記述的たらんとする断片的アプローチが好まれている。

しかしながら、諸個人に正義の問題、それゆえ政治的正義の問題が提起されるという事態が止むことはない。それは、社会内生活の基本争点の一つである。事実と価値の分離を旨とする観察者がほどなくその分離という考え方を維持し得なくなるのが、その証拠である。現実に彼らは、遺憾ながら理論をその実践に適応させることをせずに、彼らが支持している筈のテーゼと直ちに決別するのである。

正当性という思考の要請するところに従うためとはいえ、経験主義的、実証主義的観点が差し出す諸要素を放棄することなど、必要もなければ推奨もされない。価値次元を犠牲にした上で経験主義的、実証主義的観点を繰り広げることのないように注意しながら、それらに手掛かりを求めることが重要なのである。可変的、多元的な世界で行動の科学、実践的真理の科学が存立可能となるためには、社会、政治現象の従来の分析タイプにどのような修正を施すべきかを問うとみる必要がある。本書の執筆を駆り立てたのは、そのような意識である。

なるほど、真剣に諸価値の次元を取り扱いながら正当性に取り組むことには、リスクが付きまとう。われわれは、そのことを確認することができる。例えば、制度的観点からいうと、通念に反しないという理由で同意を得るのが一層確かな研究結果を提示する方が、よっぽど賢明である。誤りを犯したといって非難される恐れがその分だけ少なくなるからである。さらに、統治の権利という主題の複雑さを考慮に入れると、ここで提唱される解決法は、素描にすぎないものかもしれない。しかしなお、仮説を立てること、必ずしも明快ではない解決法を導き出さざるを得ない問題を提起すること、不確実性にもめげず先へ進もうとすること、これらが、知の発展のための踏むべき段階であることに変わりはない。結果が不完全であるということは、考察が生き生きと躍動している証である。のみならずそれは、世界と自我の理解という共同作業に対して、十分かつ完全に貢献していることでもある。

さらに、本書で提示した正当性のアプローチが担おうと決めたリスクや不確実性は、今日、諸個人が社会内生活において置かれている状況を、繰り返し連想させる。そのような状況を引き受け、それを考察の迂回し難い要素として捉えることは、突き詰めていえば、自己の責任を逃れないこと、のみならず、自らを思考の対象となるべき事物に適合させることなのである。科学が思考の対象という高みに達していないとすれば、しかも科学が自己改良よりも自らについて持つ古い概念の保全を好むとすれば、それはいかなる価値を持ち得ようか。

昨日より今日の方が、正義の問題を論ずるのは難しい。この点に、目を背けるよう導かれるべきではない。それどころか、われわれは、まさしく理解すべき事物から逃避することができない。

正当性の観念という問題設定が、法の観点からなされる、権力評価についての真の考察の推進を許すのは、諸価値が社会的関係の推移に占める地位を見直すという条件においてなのである。価値次元を考慮に入れるのでなければ、さらにまた、政治決定機関が導き、組織するような人間相互の協業を、諸個人が自らを同化させる諸価値に照らして、また集団の内部で権利と義務を画定する諸価値に照らして考察するのでなければ、政治的責任という思考の存立可能性そのものが意味を失うであろう。

身出世のためだけに社会についての批判的な見識を活用する恐れもある。

20） Cf. Silvana Castignone, 《Legittimità, legalità e mutamento sociale》. これは Antonio Tarantin 編集による論文集 *Legittimità, legalità e mutamento costituzionale* (Milan : Éd. Dott. A. Guiffrè, 1980), pp. 53-5. の中に収められている。

21） 以下の指摘を参照せよ。Albert Hirschman, *Vers une économie politique élargie* (Paris : Éd. de Minuit, 1986, これは，ハーシュマンが Isabelle Chopin の助力を得て米語から翻訳したものである), pp. 63-4.

22） Albert Hirschman, *Exit, Voice and Loyalty. Responses to Decline in Firms, Organizations and States* (Cambridge, Mass. : Harvard University Press, 1970), たとえば pp. 3-5. を参照せよ。また，近年，彼は以下の文献で，この点を改めて論じている。*Vers une économie politique élargie* (*op. cit.*), pp. 57-66.

23） この点については，ソルジェニツィンの事例と，以下のコメントを参照せよ。Serge Moscovici, 《La dissidence d´un seul》. これは，次の文献の補遺である。*Psychologie des minorités actives* (*op. cit.*), pp. 253-4 et 259-60.

24） このような過程は，法の領域にのみ固有というわけではない。その過程は，以下の一般的な原則に従う。個人が一つの理想にこだわり，そこから多くを期待すればするほど，また現実が彼の期待に応え切れなくなればなるだけ，個人は，現実の価値や理想に奉仕すると考えてきた機関を否定するようになる。

25） Cf. Jean-Marc Ferry, *Les Puissances de l´expérience. Essai sur l´identité contemporaine*, t. I : *Le sujet et le verbe* (*op. cit.*), とりわけ，pp. 151-2. の指摘。

26） Cf. Stanley Hoffmann, *Janus and Minerva. Essays in the Theory and Practice of International Politics* (Boulder, Colorado : Westview Press, 1987), pp. 171-4.

27） Friedrich V. Kratochwil, *Rules, Norms, and Decisions. On the Conditions of Practical and Legal Reasoning in International Relations and Domestic Affairs* (Cambridge : Cambridge University Press, 1989), たとえば，pp. 250-6. を参照せよ。

Cambridge University Press, 1984, rééd.), pp. 299-304 ; Amartya Sen, *On Ethics and Economics* (*op. cit.*), pp. 15-22.

8) Miguel Leòn-Portilla, *Visiòn de los vencidos. Relaciones indigenas de la conquista* (Mexico: Universidad Nacianal Autònoma de México, 1982, rééd.), pp. 33-8. を参照せよ。

9) Hannah Arendt, *The Origins of Totalitarianism* (New York: Harcourt Brace Jovanovich, Publishers, 1979, rééd. これには，新しい序文が加えられている), pp. 439-41.

10) Cf. Emmanuel Lévinas, 《Nom d´un chien ou le droit naturel》, *Difficile liberté. Essais sur le judaïsme* (Paris : Éd. Albin Michel, 1983, rééd.), pp. 199-202.

11) Jean-Pierre Azéma, 《Les victimes du nazisme》. を参照せよ。なお，これは次の論文集に収められている。*L´Allemagne de Hitler 1993-1945* (Paris : Éd. du Seuil, 1991), pp. 322-3.

12) この主張についての様々な解釈を紹介したものとして，Georges Balandier, *Anthropologiques* (Paris : Éd. Le livre de poche, 1985, rééd. revue, augmentée et corrigée), pp. 204-15. を参照せよ。

13) *Ibid.*, pp. 238-48.

14) この問題については，以下のコメントを参照せよ。Pierre Aubenque, *La prudence chez Aristote* (Paris, Éd. PUF, 1986, rééd.), とりわけ，p. 116. また，以下の分析をも参照せよ。François Ewald, *L´État providence* (Paris : Éd. Grasset, 1986), pp. 555-64.

15) たとえば，以下の指摘を参照せよ。Norbert Elias, *What is Sociology ?* (New York, Columbia University Press, 1978, これは，Stephen Mennell と Grace Morrissey がドイツ語より翻訳したもので，Reinhard Bendix の前書きが付されている) p. 63.

16) François Ewald, *L´État providence* (Paris : Éd. Grasset, 1986), pp. 564-70. を参照せよ。

17) 以下の考察を参照せよ。Robert A. Nisbet, *The Sociological Tradition* (New York : Basic Books, Inc., 1966), pp. 21-44.

18) 以下を参照せよ。John Elster, *Psychologie politique* (Veyne, Zinovieu, Tocqueville) (Paris : Éd. de Minuit, 1990), p. 186.「……マルクスを読むと，彼の思想が以下の二つの原理によって導かれているという印象を持つ。すなわち，望ましいものは全て『望ましいという事実によって』可能である。また，可能でありかつ望ましいものは全て『可能でありかつ望ましいという事実によって』必要である。その結果出てくるものは，絶え間なくユートピア主義へと向かう傾向である」。

19) Cf. Pierre Bourdieu, *Leçon sur la leçon* (*op. cit.*), pp. 20-1. あるいは，*La distinction. Critique sociale de jugement* (*op. cit.*), pp. 443-4. ブルデューが批判の域を出なかった点を，咎めることもできる。精神の開放という解放的モメントが過ぎ去ったあと，希望という観点を提供する必要がある。象徴的暴力の社会学は，疎外が社会的同化という巨大な制度の基盤であることを証明しようとする余り，また，状況が他の仕方で進展しうるかどうかを問わなかったため，諸個人に対し疎外を乗り越えるよう駆り立てまた動機付けることができない。それどころか，象徴的暴力の社会学によって，諸個人が，気高い野心や熱狂を忘れ，ルサンチマン精神にとりつかれて，つまり反世間的になり，都合の良い時だけ見せかけのヒューマニズムやら倫理やらを持ち出しながら，ただ自身の立

Selected Essays (New York:Basic Books, Inc., 1973), とりわけ, pp. 148-50,238-49,255-61,317-23.

39) この主題については, たとえば, 以下の文献がとりわけ言及する東側共産主義体制における状況を見よ。Moshe Lewin, *The Gorbachev Phenomenon. A Historical Interpretation* (Berkeley : University of California Press, 1989, rééd.), pp. 25-7, と 110. 同じ問題を, 現代の企業における経営と人事の観点から論じたものとして, 以下の見解を参照せよ。Philippe Delmas, *Le maître des horloges. Modernité de l'action publique* (Paris : Éd. Odile Jacob, 1991), pp. 176-8.

40) アルゼンチンでは, 多くの軍人たちが, 1976年から82年の独裁時代に犯した人権に対する罪により有罪とされ刑を宣告された。しかし, アルフォンシン大統領は, 軍の一部による蜂起に臨んで, 当初有罪とされ刑を宣告された（司令官を除く）多くの軍人に, 恩赦を与えざるを得なかった。このことが, 1987年にアルゼンチンで, 論争を巻き起こした。例として, この論争を参照せよ。ユルゲン・ハーバーマスがことさら言及している, ドイツにおける歴史家論争をも参照せよ。Jürgen Habermas, *Écrits politiques. Culture, droit, histoire* (*op. cit.*) の, たとえば, pp. 187-97. ナチの犯罪を陳腐かつ通常の問題とみなそうという意図からナチズムを扱う著作があるが, この論争を呼び起こしたのは, それらの著作である。

第6章

1) 熟慮についてのアリストテレスの分析より得た着想を, 自由に巡らせている。*Éthique à Nicomaque* (Paris : Éd. Vrin, 1972, rééd. これは, J. Tricot によるギリシア語からの翻訳版である), livre III, 5, 1112a20-30, pp. 132-3.

2) Robert Axelrod, *The Evolution of Cooperation* (New York : Basic Books, Inc., 1984), たとえば, pp. 7-10. を参照せよ。

3) 勢力が支配し, ゆえに権利に頼って財の防衛を確保することが容易ではない世界において, 財を保全するには, 絶え間のない警戒が必要である。この警戒についてのマキアヴェッリの指摘を参照せよ。*Prince* (*op. cit.*), とりわけ, p. 364. また, Claude Lefort, *Le travail de l'Œuvre. Machiavel* (Paris : Éd. Gallimard, 1972), たとえば, pp. 346-8. のコメントをも参照せよ。

4) Cf. とりわけ, Alexis de Tocqueville, *L'Ancien Régime et la Révolution* (*op. cit.*), たとえば, pp. 127-9.

5) 比較に基くこの見解が, フランスで国家が社会から切り離されていることをまた合衆国では何らかの意味で社会が国家的決定機関の支配の下にはないことを意味するわけではない。ただ, フランスでは, 社会の国家に対する制度的依存関係が合衆国より際だち, その依存関係は, 国家が社会の機能の中央集権的なコントロールで果たしてきた歴史上の役割と歩みを共にした, と言いたいのである。

6) 例として, Patrice Higonnet, *Sister Republics. The Origins of French and American Republicanism* (Cambridge, Mass. : Harvard University Press, 1988), pp. 29-30. を参照せよ。

7) Cf. Albert O. Hirschmann, *Essay in Trespassing. Economics to Politics and Beyond* (Cambridge :

ており，考察の題材として，いわば<独立宣言>以後のわが国の論争を取り上げているのである」。

34) John Rawls, 《L´idée d´un consensus par recoupement》, *Revue de métaphysique et de moral* (*op. cit.*), p. 7.「現代の民主体制を取り巻く歴史的，社会的状況は，その起源を，宗教改革に次いで起こった宗教戦争，また宗教改革がもたらした寛容原理の発展に持ち，さらに立憲的政治様式の伝播や巨大産業市場と結び付く経済の拡大に持っている。それらの状況は，実施可能な正義概念が含む至上命令に，根本的な影響を与えている。なかんずく，そのような概念は，一般的，包括的な教義の多様性を考慮に入れ，民主社会の公民が要求する，人間生存の意味，価値，目的に関わるが，相互に対立する諸概念の多元性，実際に評価するのが不可能である諸概念の多元性（もしくは，私がより簡明に「善の諸概念と」呼ぶもの）を，考慮に入れなければならない」。

35) Ronald Dworkin, 《Foundation of Liberal Equality》, *The Tanner Lectures on Human Values* (Salt Lake City : University of Utah Press, vol. XI, édité par Grethe B. Peterson, 1990), pp. 1-119, より細かくいえば，pp. 3-9. なお，ドゥウォーキンは，「自由主義」(*A Matter of Principle*)における中立性概念の擁護を，たとえば以下の論文の205〜206頁で緩和しようとしている。その論文が，そのような発展を生む可能性を予告している点に言及しておこう。《Why Liberals Should Care about Equality》, *A Matter of Principle* (*op. cit.*), pp. 205-6. 以下のコメントをも参照せよ。Philippe Van Parijs, *Qu´est-ce Qu´une société juste ? Introduction à la philosophie politique* (*op. cit.*), pp. 246-7.

36) 諸社会について，またその社会間に存在するかもしれない格差レヴェルについての分析として，以下の著作の方法論的な考察を参照せよ。Louis Dumont, *Homo aequalis. Genèse et épanouissement de l´idéologie économique* (Paris : Éd. Gallimard, 1976), pp. 17,18,23.

37) とりわけ，Alexis de Tocqueville, *De la démocratie en Amérique* (Paris : Éd. Gallimard, *Œuvres complètes*, t. I. vol. 2, 1979, rééd.), pp. 101-4, と 304-6. を参照せよ。彼は，イギリス，アメリカ，フランスの民主体制を，各々の特性に基き，それぞれが枢要徳（民主制においては，自由と平等がそれに相当する）に割り当てる相対的位置に応じて対照させている。イングランドは，さほどの平等を伴わない自由。アメリカは，自由を大幅に継受しつつ平等を推進している。フランスは，旧体制と決別した革命の結果として，主に平等の天下を追い求めている。

38) Cf. Louis Dumont, *Homo hierarchicus. Le système des castes et ses implications* (Paris:Éd. Gallimard, 1979, rééd.), pp. 13,15,17. 全く異なった文明に属する社会と，国民性に起因する差異を相互に持つがグローバルな標準を共有する社会の二つは，社会組織の取り得るあらゆる形態をカヴァーするわけではない。補足的な典型例が存在する。たとえば，アフリカやアジアがとりわけ例示しているような，地域的，伝統的文化に植民者の行政手法や新興独立国家が付け加わり混じり合ったような国，さらに内部の多様性が，深刻かつ時として悲劇的な緊張を生み出すこと無く，異質な価値体系を結合するに至った社会も存在する。この点については，以下の二文献を参照せよ。Georges Balandier, *Anthropologie politique* (*op. cit.*), pp. 186-93 et 203-15 ; Clifford Geertz, *The Interpretation of Cultures.*

Modern Identity (*op. cit.*), pp. 531-2, note 60.

21) Ronald Dworkin, 《Liberalism》, *A Matter of Principle* (*op. cit.*), たとえば p. 203.「平等の理論は，生存において価値あるものと関わる諸理論に対して公的な中立性を保つよう要請する。しかし，私が，自由主義の基本となる道徳がこの平等の理論であることを認めたからといって，自由主義の魅力を高めたとは思わない。この見解は，いくつかの異論を呼び起こすであろう。このように理解された自由主義は，……自由主義がそれ自体善の理論でなければならない点を力説することで，矛盾に陥る。……リベラルな平等概念は，正義の要請に基く政治組織原理ではあるが，諸個人に推奨される生存様式ではない。しかも自由主義者自身は，人々が政治問題について意見を述べ，また風変わりな生活を送り，さらに自由主義者が好むとされる仕方で行動するという決定を下したとしても，そのような事実には無頓着でいる。

22) Ronald Dworkin, *Taking Rights Seriously* (*op. cit.*), pp. 227,272-3（前掲訳書，302頁）；Alasdair MacIntyre, *Whose Justice ? Which Rationality ?* (*op. cit.*), p. 344. を参照せよ。

23) 自由主義の内部においても，リベラルと保守主義者を対立させる論争点がある。そのことが指し示しているように，自由主義の根本的諸価値は，その優先順位の如何により，また著者がその順位を導く諸価値にそれぞれ割り当てる重み，またその諸価値に施す解釈の如何により，多くの論争を巻き起こさずにいない。cf. Ronald Dworkin, 《Liberalism》, *A Matter of Principle* (*op. cit.*), pp. 188-91.

24) Alasdair MacIntyre, *Whose Justice ? Which Rationality ?* (*op. cit.*), p. 346. を参照せよ。

25) *Ibid.*, pp. 342-5.

26) この表現もまた，テイラーの以下の文献から取り上げた。Charles Taylor, 《Le juste et le bien》, dans *Revue de métaphysique et de morale* (*op. cit.*), p. 40.

27) このことは断じて，善を表す唯一のタイプの価値しか存在しないということを，またわれわれが見方を変えることができないということを意味するわけではない。

28) John Rawls, *A Theory of Justice* (*op. cit.*), p. 587.（前掲訳書，458頁）。

29) Cf. Brian Barry, A Treatise on Social Justice. Vol. I : *Theories of Justice* (op. cit.), p. 282.

30) John Rawls, 《L´idée d´un consensus par recoupement》, *Revue de métaphysique et de moral* (Paris : Éd. A Colin, janvier-mars 1988, n°. 1, これは， A. Tchoudnowsky による米語からの翻訳である), p. 3.

31) 以下の論文を参照せよ。《Kantian Constructivism in Moral Theory》, *The Journal of Philosophy* (Lancaster, Penn. : Lancaster Press, septembre 1980, vol. LXXVII, n°. 9), p. 554.

32) *Ibid.*, p. 518.「われわれは研究を，民主社会における自由と平等との明白な争いに集中させている。じっさい，このことから直接に生まれる帰結は以下である。すなわち，われわれは，個別の社会的，歴史的状況へ配慮せずに全社会に適合する正義概念を見出そうと試みることはない。民主社会の基本的制度の正しき形態とは何かについて，根本的不一致がある。われわれは，現代というこの状況において，そのような不一致を解消することを望んでいるのである」。

33) *Ibid.*, p. 518.「われわれは，われわれ自身に，そしてわれわれの将来に関心を寄せがどうであれ，功利主義にとって重要なのは，福利の総和もしくは平均値なのである。

6） 以下の指摘を参照せよ。 Philippe Van Parijs, *Qu'est-ce qu'une société juste ? Introduction à la pratique de la philosophie politique* (Paris : Éd. du Seuil, 1991), p. 83.

7） John Rawls, *A Theory of Justice* (*op. cit.*), とりわけ，p. 120.（前掲訳書，93頁）。

8） たとえば，Charles Taylor, 《Le juste et le bien》, *Revue de métaphysique et de moral* (*op. cit*), pp. 34-35. を参照せよ。

9） Cf. Raymond Aron, *De la condition historique du sociologue* (*op. cit.*), p. 53.

10） John Rawls, *A Theory of Justice* (*op. cit.*), たとえば， pp. 5-6, や11.（前掲訳書，4頁，および9頁）。を，また Ronald Dworkin, *Taking Rights Seriously* (Cambridge, Mass. : Harvard University Press, 1978, rééd.), p. 177.（木下毅ほか訳『権利論』木鐸社，1986年，197頁），さらに，以下の論文を参照せよ。《What Justice Isn't》 publié dans *A Matter of Principle* (*op. cit.*), pp. 219-20.

11） Cf. Alasdair MacIntyre, *After Virtue. A Study in Moral Theory* (*op. cit.*), pp. 118-9.

12） Charles Taylor, 《Le juste et le bien》, *Revue de métphysique et de morale* (*op. cit.*), pp. 38, と 49. の分析を参照せよ。

13） *Ibid.*, pp. 35-6, および44-5. また，以下をも参照せよ。Alasdair MacIntyre, *Whose Justice ? Which Rationality ?* (Notre-Dame : University of Notre-Dame Press, 1988), p. 6 ; Brian Barry, *A Treatise on Social Justice.* Volume I : *Theories of Justice* (Berkeley : University of California Press, 1989), p. 8

14） Cf. Alasdair MacIntyre, *Whose Justice ? Which Rationality ?* (*op. cit.*), P. 335.

15） John Rawls, *A Theory of Justice* (*op. cit.*), p. 396.（前掲訳書，309頁）。

16） この形容詞は，以下より借用した。Charles Taylor, *Sources of the Self. The Making of the Modern Identity* (Cambridge, Mass. : Harvard University Press, 1989), p. 89.

17） *Ibid.*, p. 88-9. 以下の見解をも参照せよ。Chaïm Perelman, 《Les conception concrète et abstraite de la raison et de la justice. A propos de la théorie de la justice de John Rawls》, Jean Ladrière et Philippe Van Parijs, *Fondement d'une théorie de la justice. Essais critiques sur la philosophie politique de John Rawls* (Louvain-La-Neuve : Éd. de l'Institut supérieur de philosophie, 1984), pp. 208-11.

18） ジョン・ロールズが提唱する第一原理は，次のごとくである。「各人は，他者にとっての同種の自由と両立する，最も包括的な基本的自由に対する，平等な権利を持つべきである」 *A Theory of Justice* (*op. cit.*), p. 60.（前掲訳書，四七頁）。第二原理は，以下のような仕方で示されている。「社会的，経済的不平等は，それがａ）当該社会で最も恵まれない成員の最大利益となるように，ｂ）機会の公平平等という条件において万人に開かれた公職と役職を損なわないように，按配されなければならない」*ibid.*, p. 83.（同書，65頁）。

19） たとえば，前掲書の pp. 15, と 19-20.

20） Ronald Dworkin, *Law's Empire* (Cambridge, Mass. : Harvard University Press, 1986), pp. 440-1, note 19. また以下をも参照せよ。Charles Taylor, *Sources of the Self. The Making of the*

122） ブルーメンベルク，前掲訳書，211-2頁。

123） *Ibid.*, 226-8頁。

124） パウル・ファイヤアーベント『方法への挑戦――科学的創造と知のアナーキズム』村上陽一郎・渡辺博訳，新曜社，1981年，24頁。

125） *Ibid.*, 202-4頁。

126） *Ibid.*, 21頁。

127） ミシェル・フーコー『言葉と物――人文科学の考古学』渡辺一民・佐々木明訳，新潮社，1974年，386-8頁，および次を参照――Jürgen Habermas, 《Les sciences humaines démasquées par le critique de la raison: Foucault》, dans *Le débat* (Paris, Éd. Gallimard, septembre-novembre 1986, n°41), p. 90-2.

128） ミシェル・フーコー「ニーチェ，系譜学，歴史」，『ミシェル・フーコー思考集成Ⅳ』伊藤晃訳，筑摩書房，1999年，16頁。

129） *Ibid.*, p. 170-171. 同じく以下も参照――Paul Veyne, 《Foucault revolutionne l'histoire》, dans *Comment on écrit l'histoire* (Paris, Éd. Seuil, 1979, rééd), p. 204,230-1,234（ヴェーヌ、前掲訳書は当該箇所未訳）

130） Hilary Putnam, *Realism and Reason. Philosophical Papers*, Vol. 3 (Cambridge, Cambridge University Press, 1986, rééd.), p. 113.

131） 特に次を参照――Jacques Bouversse, *Rationalité et cynisme* (*op. cit.*), p. 87.

132） フーコーにとってのこの問題については，ユルゲン・ハーバーマス『近代の哲学的ディスクルスⅡ』三島憲一他訳，岩波書店，1990年，438-40頁および以下を参照――Hilary Putnam, *Realism and Reason* (*op. cit.*), p. 162-3. パウル・ファイヤアーベントについては，次を参照――Jacques Bouversse, *Rationalité et cynisme* (*op. cit.*), p. 76-78 et 102-104.

133） この問題についてのファイヤアーベントについては，次の指摘を見よ――Jacques Bouversse, *Rationalité et cynisme* (*op. cit.*), p. 82-83 et 88-89. フーコーについては，ハーバーマス『近代の哲学的ディスクルスⅡ』，437-8頁を参照せよ。

134） ファイヤアーベント『方法への挑戦』，24頁およびフーコー「ニーチェ，系譜学，歴史」，前掲訳書，24頁も参照せよ。

第5章

1） Cf. Raymond Aron, *De la condition historique du sociologue* (Paris : Éd. Gallimard, 1983, rééd.), pp. 52-3.

2） François Jacob, *Le jeu des possibles. Essai sur la diversité du vivant* (*op. cit.*), p. 117. を参照せよ。

3） Cf. Hans Joans, *Le principe responsabilité. Une éthique pour la civilisation technologique* (Paris : Éd. du Cerf, 1991, これは，Jean Greisch によるドイツ語からの翻訳版である), pp. 117-20.

4） John Rawls, *A Theory of Justice* (Cambridge, Mass. : Harvard University Press, 1971), とりわけ，pp. 136-40.（矢島鈞次監訳『正義論』紀伊國屋書店，1979年，105-10頁）を参照せよ。

5） ロールズ理論と功利主義を隔てる要素がここにある点に注目しよう。福利の配分法

105）Ibid., 19-20頁——「国家の存立は，ここにおいて，法規の効力に対する明白な優越性を実証するのである。決定はいかなる規範的拘束からもまぬがれ，本来の意味で絶対化される。例外事例において，国家は，いわゆる自己保存の権利によって法を停止する。」

106）*Ibid.*, 18-9頁。

107）この問題についてより詳しくは，ベンダースキー『カール・シュミット論』，157, 177-9，181頁。

108）Jean-Pierre Faye, *Langage totalitaires. Critique de la raison/ l'economie narrative* (Paris, Éd. Hermann, 1972), p. 377-91,630,700-6.

109）ベンダースキー『カール・シュミット論』，253-256，268-9頁を参照。

110）次の指摘を見よ——George Huppert, *L'idée de l'histoire parfaite* (Paris, Éd. Flammarion, 1973, traduit de l'américain par Françoise et Paulette Braudel), p. 158.

111）Cf. Marcel Gauchet, *Le désenchantement du monde. Une histoire politique de la religion* (Paris, Éd. Gallimard, 1985), p. 255.

112）言説の形態および対応する世界理解についての一般的な類型論については，次の考察を参照——Jean-Marc Ferry, *Les puissances de l'expérience. Essai sur l'identité contemporaine, t. I : Le sujet et le verbe* (Paris, Éd. du Cerf, 1991), par exemple p. 142,150.

113）われわれは次から自由に着想を得ている——Marcel Gauchet,*Le désenchantement du monde. Une histoire politique de la religion* (*op. cit.*), p. 223-224 ; Claude Lefort, *Les formes de l'hisotire. Essais d'anthropologie politique* (*op. cit.*), p. 245,47.

114）John Greville A. Pocock, *The Machiavellian Moment. Florentine Political Thought and the Atlantic Republican Tradition* (Princeton, Princeton University Press, 1975), par exemple p. 6-8,31.

115）*Ibid.*, p. 32-6. 同じく次の分析も——Marcel Gauchet, *Le désenchantement du monde. Une histoire politique de la religion* (*op. cit.*), p. 218-9.

116）*Ibid.*, p. 231.

117）マキアヴェッリ『君主論』，164頁。同じく次も見よ——Claude Lefort, *Les formes de l'hisotire. Essais d'anthropologie politique* (*op. cit.*), p. 194. ——「そしてもし，人はマキアヴェッリの著作のうちをさまよった後，政治についてのいかなるイメージにも立ち止まることがなかったとすれば，われわれの考察は，彼によるイメージからやり直して，権力とは術策と虚偽の社会とを運命づけられているのかを問うべきであるということを認める必要が確かにあろう。」

118）Cf. John Greville A. Pocock, *The Machiavellian Moment. Florentine Political Thought and the Atlantic Republican Tradition* (*op. cit.*), par exemple p. 156 et 159-67.

119）Jean-Marc Ferry, *Les puissances de l'expérience. Essai sur l'identité contemporaine, t. I : Le sujet et le verbe* (*op. cit.*), p. 122.

120）われわれはハンス・ブルーメンベルク『近代の正統性Ｉ　世俗化と自己主張』斎藤義彦訳，法政大学出版局，1998年，72-4頁から着想を得ている。

121）プリゴジン，スタンジェール，前掲訳書，87-8,91頁。

78) *Ibid.*, 669, 718-9頁，註156。

79) ウェーバー「新秩序ドイツの議会と政府」『政治論集２』, 335-8頁。

80) Julien Freund, 《Préface》 à Carl Schmitt, *La notion du politique. Théorie du partisan* (Paris, Éd. Calmann-Lévy, 1972, traduit de l´allemand par Marie-Louise Steinhauser), p. 15-6, note. 2.

81) モムゼン『マックス・ウェーバーとドイツ政治 1890〜1920 ２』, 715-6頁の分析を参照。

82) *Ibid.*, 718頁。

83) ウェーバー「新秩序ドイツの議会と政府」『政治論集２』, 384-5, 412-3頁。

84) *Ibid.*, たとえば364,387-9, 397-8, 414-6, 441-3頁。

85) ジョーゼフ・W・ベンダースキー『カール・シュミット論――再検討の試み』宮本盛太郎他訳，御茶の水書房，1984年，41-2頁の指摘を見よ。同様に――George Schwab, 《Introduction》 à Carl Schmitt, *Political Theology. Four Chapters on the Concept of Sovereignty* (Cambridge, Mass., The Massachusetts Institute of Technology Press, 1985, traduit de l´allemand par George Schwab), p. XII.

86) カール・シュミット『合法性と正当性 』田中浩・原田武雄訳，未来社，1983年，15-6頁。モムゼン『マックス・ウェーバーとドイツ政治 1890〜1920 ２』, 674頁の解説も参照。

87) カール・シュミット「第二版へのまえがき　議会主義と民主主義の対立について」『現代議会主義の精神的地位 』稲葉素之訳，みすず書房，1972年，7-8, 12-3, 23-4頁。

88) ベンダースキー『カール・シュミット論』, 178-9頁。

89) モムゼン『マックス・ウェーバーとドイツ政治 1890〜1920 ２』, 673-4頁を参照。

90) *Ibid.*, 536-9頁。

91) *Ibid.*, 671-3頁。

92) *Ibid.*, 619-21, 623頁。

93) *Ibid.*, 672-3頁。

94) カール・シュミット『政治的なるものの概念 』田中浩・原田武雄訳，未来社，1970年，15頁。

95) モムゼン『マックス・ウェーバーとドイツ政治 1890〜1920 ２』, 701-6頁の解説を見よ。

96) *Ibid.*, 703頁。

97) *Ibid.*, 711頁。

98) *Ibid.*, 710頁。

99) Jürgen Habermas, *Écrits politiques. Culture, droit, histoire* (*op. cit.*), p. 130-1 .

100) シュミット『政治的なるものの概念 』, 82-4頁。

101) *Ibid.*, 26頁。

102) Cf. Jürgen Habermas, *Écrits politiques. Culture, droit, histoire* (*op. cit.*), p. 130-1 .

103) *Ibid.*, p. 132. ベンダースキー『カール・シュミット論』, 201-2, 227-8頁も見よ。

104) カール・シュミット『政治神学』田中浩・原田武雄訳，未来社，1971年，23-4頁。

Methodology of the Social Sciences (*op. cit.*), p. 21.

49) *Ibid.*, p. 22.

50) アロン，前掲訳書，338頁。

51) ハーバーマス『コミュニケーション的行為の理論』，224頁。

52) ウェーバー『社会学の根本概念』，41-2頁。

53) *Ibid.*, 39-42頁。

54) *Ibid.*, 45頁。

55) *Ibid.*, 8頁。

56) *Ibid.*, 39頁。

57) ハーバーマス『イデオロギーとしての技術と科学』，45-6頁。

58) ハーバーマス『コミュニケーション的行為の理論』，271頁の解説を見よ。

59) マックス・ウェーバー『プロテスタンティズムの倫理と資本主義の精神』大塚久雄訳，岩波文庫，1989年，のたとえば364頁——「ピュウリタンは天職人たらんと欲した——われわれは天職人たらざるをえない。」

60) アロン，前掲訳書，318頁。

61) マックス・ウェーバー『支配の諸類型』，世良晃志郎訳，創文社，1970年，10-1頁。

62) この問題については，以下の解釈に従う——Philippe Raynaud, *Max Weber et les dilemmes de la raison moderne* (*op. cit.*), p. 161-3.

63) ウェーバー『社会学の根本概念』，54,59頁。

64) マックス・ウェーバー『法社会学』世良晃志郎訳，創文社，1974年，486-8頁。

65) ウェーバー『社会学の根本概念』，60頁。

66) マックス・ウェーバー『職業としての政治』脇圭平訳，岩波文庫，1980年，96頁。

67) ウェーバーは人権を極端な合理主義による狂信の例証としてあげている—— ウェーバー『社会学の根本概念』，11頁。

68) たとえば，1908年8月4日付ロベルト・ミヘルスあての手紙を参照。「苦心惨憺の末考え出された『民主制』の形態によって……人間に対する人間の支配を排除しようとする一切の思想はユートピアであった。」——モムゼン『マックス・ウェーバーとドイツ政治　1890～1920　２』，703頁に引用。

69) ウェーバー『職業としての政治』，96-7頁。

70) ウェーバー『法社会学』，499-500頁。

71) *Ibid.*, 501頁。

72) ウェーバー『職業としての政治』，90頁。

73) *Ibid.*, 103頁。

74) *Ibid.*, 80-1頁。

75) *Ibid.*, 100頁。

76) モムゼン『マックス・ウェーバーとドイツ政治　1890～1920　２』，723頁の指摘を参照。

77) *Ibid.*, 723頁。

Granger, 《Logique et pragmatique de la causalité dans la sciences de l´homme》, dans l´ouvrage collectif, *Systèms symboliques, sciences et philosophie* (Paris, Éd. du Centre national de la recherche scientifique, 1978), p. 141-2.

26) Cf. Charles Taylor, 《The diversity of goods》, dans l´ouvrage collectif édité par Amartya Sen et Bernard Williams, *Utilitarianism and beyond* (Cambridge, Cambridge University Press et Éd. de la Maison des sciences de l´homme, 1988, rééd.), p. 129.

27) Charles Taylor, 《Le juste et le bien》, dans *Revue de métaphysique et de morale* (Paris, Éd. A. Colin, janvier-mars 1988, n°1, article traduit de l´angalais par P. Constantineau), p. 50.

28) 次の指摘を参照――Raymond Boudon, *La place du désordre. Critique des théories du changement social* (*op. cit.*), p. 78.

29) ミシェル・アンリ『マルクス――人間的現実の哲学』杉山吉弘・水野浩二訳，法政大学出版局，1991年，156-60頁。

30) カール・マルクス『資本論　第1巻　資本の生産過程』向坂逸郎訳，岩波文庫，1969年。

31) *Ibid.*,（3）43-8頁。

32) Raymond Boudon, *La place du désordre. Critique des théories du changement social* (*op. cit.*), p. 222.

33) 次の指摘を参照――Roberto Mangabeira Unger, *Social Theory : its Situation and its Task. A Critical Introduction to Politics, a Work in Constructive Social Theory* (*op. cit.*), p. 91-2,100-1,111-2,114.

34) Raymond Boudon, *La place du désordre. Critique des théories du changement social* (*op. cit.*), p. 141-2.

35) Cf. Steven Lukes, *Marxism and Morality* (*op. cit.*), p. 61-6.

36) たとえばソビエトの法学者 E. B. Pasukanis の視点を見よ。以下の解説が要約している――Harold J. Berman, *Justice in the USSR. An Interpretation of Soviet Law* (Cambridge, Mass., Harvard University Press 1982, rééd. révisé), p. 26-9, et Louis Sala-Molin, *La loi, de quel droit?* (Paris, Éd. Flammarion, 1977), p. 149-60.

37) Cf. Jean-Marc Trigeaud, *Persona ou la justice au double visage* (Gènes, Éd. Studio Editoriale di Cultura, 1990), p. 119.

38) Cf. Steven Lukes, *Marxism and Morality* (*op. cit.*), p. 149.

39) Philippe Raynaud, *Max Weber et les dilemmes de la raison moderne* (*op. cit.*), p. 52-3.

40) ウェーバー『社会学の根本概念』，31-2頁。

41) ウェーバー『社会科学と社会政策における認識の「客観性」』，112頁。

42) *Ibid.*, 112頁。

43) *Ibid.*, 137頁。

44) *Ibid.*, 141頁。

45) アロン，『社会学的思考の流れ　II』，248頁。

46) *Ibid.*, 253-4頁。

47) Max Weber, 《Critical Studies in the Logic of the Cultural Sciences》, dans *The Methodology of the Social Sciences* (*op. cit.*), p. 150.

48) Max Weber, 《The Meaning of "Ethical Neutrality" in Sociology and Economics》, dans *The*

郎訳，中央公論社，1961年，のたとえば212-5頁を参照せよ。

5) カール・R・ポパー『自由社会の哲学とその論敵』武田弘道訳，世界思想社，1973年，446-8頁および『歴史主義の貧困』，216-22頁。さらにハーバーマス『社会科学の論理によせて』，78頁以下の解説も参照。

6) ポパー『歴史主義の貧困』の特に196-204頁。

7) Cf. Anthony Giddens, *The Constitution of Society. Outline of the Theory of Structuration* (*op. cit.*), p. 344-5. およびマッキンタイア，前掲訳書，108-10頁。

8) ポパー『歴史主義の貧困』，216頁

9) I・プリゴジン，I・スタンジェール『混沌からの秩序』伏見幸治・伏見譲・松枝英明訳，みすず書房，1987年，276-9頁を参照せよ。

10) Cf. René Thom,《Préface》à Pierre Simon Laplace, *Essai philosophique sur les probabilités. Suivi d'extraits de Mémoires* (*op. cit.*), p. 22-3.

11) アロン『歴史哲学入門』，250頁。

12) Cf. Raymond Boudon, *La place du désordre. Critique des théories du changement social* (*op. cit.*), p. 77-78.

13) アロン『歴史哲学入門』，338-9頁。

14) 次の指摘を参照――Raymond Boudon, *La place du désordre. Critique des théories du changement social* (*op. cit.*), p. 195.

15) デュルケーム『自殺論』，388-9頁。同じく375頁も参照。

16) P・ブルデュー，J-C・シャンボルドン，J-C・パスロン『社会学者のメチエ――認識論上の前提条件』田原音和・水島和則訳，藤原書店，1994年，38頁。

17) *Ibid.*, 133頁。

18) ブルデュー『ディスタンクシオン』II，167頁。

19) *Ibid.*, 337頁。条件的法則の変形としてとして理解された構造的原因の観念についての情報は，次のものを参照――Raymond Boudon, *La place du désordre. Critique des théories du changement social* (*op. cit.*), p. 23 et 106-7.

20) Roberto Mangabeira Unger, *Social Theory: its Situation and its Task. A Critical Introduction to Politics, a Work in Constructive Social Theory* (*op. cit.*), p. 187-91 et François Jacob, *Le jeu des possibles : Essai sur la diversité du variant* (Paris, Éd. Fayard, 1981), p. 59-61.

21) 次があげる例を参照――David Hackett Fischer,*Historian's Fallacies. Toward a Logic of Historical Thought* (New York, Harper & Row, 1970), p. 104-24.

22) François Furet,《Le quantitatif en histoire》, dans Jacques Le Goff et Pierre Nora, *Faire de l'histoire. Nouveaux problèms* (*op. cit.*), p. 46.

23) マッキンタイア，前掲訳書，128頁を参照。

24) たとえば行動主義についての次の指摘を見よ――Pierre Birnbaum, *La fin du politique* (Paris, Éd. du Seuil, 1983, rééd. augmentée d'une postface), p. 19-20. 同じく以下も参照――Gille-Gaston Granger, *Essai d'une philosophie du style* (Paris, Éd. Odile Jacob, 1988, rééd.), p. 119.

25) Cf. Thomas McCarthy, *The Critical Theory of Jürgen Habermas* (*op. cit.*), p. 155-7, et Gille-Gaston

62） B・バディ，P・ビルンボーム『国家の歴史社会学』小山勉訳，日本評論社，1990年，172-84頁。

63） フリードリッヒ・マイネッケ『世界市民主義と国民国家』II，矢田俊隆訳，岩波書店，1972年，たとえば30-4,44-5頁。

64） Cf. Friedrich Meinecke, *The Age of German Liberalism, 1795-1815* (*op. cit.*), p. 32-3.

65） マイネッケ『世界市民主義と国民国家』II，46,67,73-4,147-8頁。

66） Ralf Dahrendorf, *Society and Democracy in Germany* (New York, Norton & Company, 1979, rééd., traduit de l´allemand par l´auteur), p. 199.

67） バディ，ビルンボーム，前掲訳書。

68） 特に以下を見よ――Ralf Dahrendorf, *Society and Democracy in Germany* (*op. cit.*), p. 198-9.

69） フリードリッヒ・マイネッケ『近代史における国家理性の理念』生松敬三，菊盛英夫訳，みすず書房，1960年，423-4頁を参照せよ。

70） 以下の指摘を参照――Jürgen Habermas, *Écrits politiques. Culture, droit, histoire* (*op. cit.*), p. 11, 231.

71） アロン『歴史哲学入門』の特に353-60頁。

72） レオ・シュトラウス『自然権と歴史』17頁の解説を参照。

73） アロン『歴史哲学入門』，359頁。

74） Karl-Otto Apel, *Understanding and Explanation. A Transcendental-Pragmatic Perspective* (*op. cit.*), p. 8.

75） *Ibid.*, p. 14-5.

76） Raymond Aron, *La philosophie critique de l´histoire. Essai sur une théorie allemande de l´histoire*, (Paris, Éd. Vrin, 1970, rééd.), p. 267.

77） この要素の他に，社会統合と政治的異議申し立てのあり方に特に考察を加えなければならないであろう。

78） 以下の指摘を参照――Hans Blumenberg, *The Legitimacy of the Modern Age* (Cambridge, Mass., The Massachusetts Institute of Technology Press, 1983, traduit de l´allemand par Robert M. Wallace), notamment p. 429-34. および，次の解説も参照――Jacques Bouversse, *Rationalité et cynisme* (*op. cit.*), p. 172-81.

第4章

1） マッキンタイア，前掲訳書，108頁。

2） Karl-Otto Apel, *Understanding and Explanation. A Transcendental-Pragamatic Perspective* (*op. cit.*), p. 34.

3） Charles Taylor, 《Les sciences de l´homme》, dans *Critiques* (Paris, Éd. de Minuit, août-septembre 1980, n°. 399-400), p. 845-8, et Thomas McCarthy, *The Critical Theory of Jürgen Habermas* (*op. cit.*), p. 137-8. 同じくポール・ヴェーヌ『歴史をどう書くか――歴史認識論についての試論』大津真作訳，法政大学出版局，1982年，290-2頁も参照のこと。

4） カール・R・ポパー『歴史主義の貧困――社会科学の方法と実践』久野収・市井三

44) 哲学者はこの時期次第に紳士 (honnête homme) や文人 (homme de lettres) になっていった。以下がこの点を強調している――Yvon Belaval, 《Le siècle des Lumières》, dans *Histoire de la Philosophie. De la Renaissance à la révolution kantienne* (*op. cit.*), p. 602.

45) Thomas McCarthy, *The Critical Theory of Jürgen Habermas* (*op. cit.*), p. 5-6を見よ。

46) ジャン・スタロバンスキー『フランス革命と芸術――1789年　理性の標章』, 井上尭裕, 法政大学出版局, 1989年, 30頁を参照――「フランス人は, 自分たちが悪弊と特権を打倒し, パリに影を落していた専横の砦を攻略した後に, いま万人を支配する好意の透明さのなかで和解することによって, 世界に光明の源を与え, その中心となる太陽を与えたのだと確信した。『彼らがまさに行なおうと構えている事柄に, 人類の運命が深くかかわっていることを, 誰一人疑う者はいなかった』とトクヴィルは述べるであろう。この確信に外国人が応えている。『フランス革命は全人類にかかわっていると, 私には思われる』とフィヒテは1793年に書く」

47) Condorcet, *Esquisse d'un tableau historique des progrès de l'esprit humain.* Suivi de *Fragment sur l'Atlandid* (Paris, Éd. Flammarion, 1988).

48) Alain Pons, 《Introduction》, à Condorcet, *Esquisse d'un tableau historique des progrès de l'esprit humain.* Suivi de *Fragment sur l'Atlandid* (*op. cit.*), p. 21-6を見よ。

49) Condorcet, *Esquisse d'un tableau historique des progrès de l'esprit humain.* Suivi de *Fragment sur l'Atlandid* (*op. cit.*), notamment p. 238.

50) *Ibid.*, p. 254.

51) *Ibid.*, p. 80-1.

52) *Ibid.*, p. 253-4.

53) *Ibid.*, p. 286.

54) 特にジョルジュ・バランディエ『政治人類学』, 中原喜一郎訳, 合同出版, 1971年, 201-6頁の指摘を参照。

55) ハーバーマス『コミュニケーション的行為の理論』(上), 219-21頁。

56) Marcel Mauss, 《L'ethnographie en France et à l'étranger》, dans *Œuvres 3. Cohésion sociale et divisions de la sociologie* (*op. cit.*), p. 432-3.

57) Cf. Émile Durkheim, 《La science positive de la morale en Allemagne》, dans *Textes 1. Élements d'une théorie sociale* (*op. cit.*), p. 432-3. さらに, 次の解説も見よ――S. N. Eisenstadt, *Tradition, Change and Modernity* (New York, John Wiley & Sons, 1973), p. 8.

58) Émile Durkheim, 《Une confrontation entre bergsonisme et sociologisme : le progrès moral et la dynamique sociale》, dans *Textes 1. Élements d'une théorie sociale* (*op. cit.*), p. 67を見よ。

59) Friedrich Meinecke, *The Age of German Liberalism, 1795-1815* (Berkeley, University of California Press, 1977, traduit de l'allemand par Peter Paret et Helmut Fischer), p. 32-33.

60) *Ibid.*特に改革に賛成した知識人や政治家について書かれた第四章を参照(p.44-68.)。

61) 我々はこの表現を以下から借りている――Jürgen Habermas, *Écrits politiques. Culture, droit, histoire* (Paris, Éd. du Cerf, 1990, traduit de l'allemand par Christian Bouchindhomme et Reiner Rochlitz), p. 231.

る。一方が単純な本質もしくは本性のうちに，可能な物理的事象全てにアプリオリに妥当する真理を直接に獲得しようとしたのに対し，他方は事実から出発し，観察を行ないそこから法則を引きだそうとした。」

20） マックス・ホルクハイマー『批判的社会理論――市民社会の人間学』，森田数実編訳，恒星社厚生閣，1994年所収の「伝統と批判理論」論文。

21） 以下を参照――Thomas McCarthy, *The Critical Theory of Jürgen Habermas* (Cambridge, Mass., The Massachusetts Institute of Technology Press, 1985, rééd.), p. 41.

22） 特に次のもの――Serge Moscovici, *Psychologie des minorités actives* (Paris, Éd. PUF, 1982, rééd., traduit de l´anglais par Anne Rivièe), p. 17.

23） 以下を参照――Karl-Otto Apel, *Understanding and Explanation. A Transcendental- Pragmatic Perspective* (*op. cit.*), p. 19-20――同じく同書翻訳者，Georgia Warkne の序論も（p. vii-ix）。

24） Amartya Sen, *On Ethics and Economics* (Oxford, Éd. Basil Blackwell, 1987), p. 10-5.

25） Karl-Otto Apel, *Understanding and Explanation. A Transcendendal-Pragmatic Perspective* (*op. cit.*), p. 224-7.

26） Cf. Richard J. Bernstein, *The Restructuring of Social and Political Theory* (*op. cit.*), p. 43.

27） Raymond Boudon, *La place du désordre. Critique des théories du changement social* (*op. cit.*), p. 234-7.

28） Richard J. Bernstein, *The Restructuring of Social and Political Theory* (*op. cit.*), p. 42-3 , 51.

29） Thomas McCarthy, *The Critical Theory of Jürgen Habermas* (*op. cit.*), p. 1.

30） 彼が自らに対して投げかけられた無神論との非難を否認したとしても，それは変わらない。

31） シュトラウス『ホッブズの政治学』，101-3頁を参照。

32） *Ibid.*, 99-101頁。

33） *Ibid.*, 145,187-9頁。また同じ著者による『自然権と歴史』，193-4頁。

34） アルチュセール，前掲訳書，45頁。

35） モンテスキュー『法の精神』上巻，40頁。

36） アルチュセール，前掲訳書，46-8頁。

37） Cf. Yvon Belaval, 《Le siècle des Lumières》, dans *Histoire de la Philosophie. De la Renaissance la révolution kantienne* (Paris, Éd. Gallimard, t. II, 1973), p. 601.

38） 以下の指摘を見よ――Jean Deprun, 《Philosophies et problématique des Lumières》, dans *Histoire de la philosophie. De la Renaissance à la révolution kantienne* (*op. cit.*), p. 673-4.

39） ジャン＝ジャック・ルソー『学問・芸術論』，平岡昇訳，中央公論社（世界の名著第三六巻『ルソー』），1978年，の特に64-6頁。

40） *Ibid.*, 特に78，91-2頁。

41） Jean Starobinki, *Jean-Jacques Rousseau. La transparence et l´obstacle. Suivi de sept essais sur Rousseau* (Paris, Éd. Gallimard, 1976, rééd.), p. 353-4.（ジャン・スタロバンスキー『ルソー　透明と障害』，山路昭訳，みすず書房，1973年は当該箇所未訳。）

42） カント『啓蒙とは何か』，篠田英雄訳，岩波文庫，7頁。

43） エルンスト・カッシーラ『國家の神話』，宮田光雄訳，創文社，1960年，230,232頁。

第3章

1) Cf. Karl-Otto Apel, *Understanding and Explanation. A Transcendental-Pragmatic Perspective* (Cambridge, Mass., The Massachusetts Institute of Technology Press, 1984, traduit de l´allemand par Georgia Warnke), p. 29.

2) われわれは，アレクサンドル・コイレ『閉じた世界から無限宇宙へ』横山雅彦訳，みすず書房，1973年，2頁の考えから直接に着想を得ている。

3) アラスデア・マッキンタイア『美徳なき時代』，篠崎榮訳，みすず書房，1993年，102-3頁。

4) 以下を参照――Karl-Otto Apel, *Understanding and Explanation. A Transcendental-Pragmatic Perspective* (*op. cit.*), p. 30.

5) コイレ，前掲訳書，224頁を参照。また同じく，以下も参照のこと――René Thom, 《Préface》 Pierre Simon Laplace, *Essai philosophique sur les probabilités. Suivi d´extraits de Mémoires* (Paris, Éd. Christian Bourgeois, 1986), p. 26-7.

6) コイレ，前掲訳書，2頁。

7) マッキンタイア，前掲訳書，102-3頁。

8) ユルゲン・ハーバーマス『社会科学の論理によせて』，清水多吉他訳，国文社，1991年，20頁および『イデオロギーとしての技術と科学』，長谷川宏訳，紀伊國屋書店，1970年，152-3頁を参照。

9) アルチュセール，前掲訳書，16頁の指摘。

10) Cf. Thomas Hobbes, *De la nature humaine* (Paris, Éd. Vrin, traduit de l´anglais par le baron d´Holbach, 1971), p. Ⅰ-Ⅱ. またレオ・シュトラウス『ホッブズの政治学』，添谷育志・谷喬夫・飯島昇藏訳，みすず書房，1990年，168-170頁の考察も参照。

11) トマス・ホッブズ『リヴァイアサン』，水田洋訳，岩波文庫，1992年の，たとえば（1）174-179頁。

12) シュトラウス『自然権と歴史』，183-5頁。

13) シュトラウス『ホッブズの政治学』の，特に173-4，185-7頁。

14) アルチュセール，前掲訳書，34-6頁の考察を参照。

15) モンテスキュー『法の精神』野田良之他訳，岩波文庫，上39頁。

16) *Ibid.*, 39頁――「全ての存在にはその法がある。神には神の法がある。物質界には物質界の法がある。人間より優れた知性には人間より優れた知性の法がある。動物には動物の法がある。人間には人間の法がある。」

17) *Ibid.*, 41頁。

18) *Ibid.*, 34頁。

19) アルチュセール，前掲訳書，19頁を参照――「ホッブズ，スピノザそしてグロティウスのような理論家についていえば，彼らはある科学の理念を実現したというより，その理念を示したのである（中略）。彼らの科学とモンテスキューの科学を隔てる距離は，デカルト的な思弁的科学とニュートン的な実験的科学との距離に等しいと言え

89) Cf. Habermas, *Après Marx* (*op. cit.*), p. 284.

90) *Ibid.*, p. 284.

91) Cf. Raymond Aron, 《Introduction》 Max Weber, *Le savant et le politique* (Paris, Ed. Union Générale d´ Édition, 1972, rééd.), p. 39.

92) Cf. C. Lefort, *Essais sur le politique* (*op. cit.*), p. 20-1.

93) Alfred Weber の意図については次の記述を参照——Guenther Roth, 《Introduction》 Marianne Weber, *Max Weber: A Biography* (New Brunswick, Transaction Books, 1988, trans. by Harry Zohn), p. liii.

94) Cf. Jacques Bouveresse, *Rationalité et cynisme* (Paris, Éd. de Minuit, 1985, rééd.), p. 64.

95) 次の評釈を参照——Jürgen Habermas, *Logique des sciences sociales et autres essais* (Paris, PUF., 1987, traduit par Rainer Rochlitz), p. 27.

96) 次の評釈を参照——Hilary Putnam, *Reason, Truth and History* (Cambridge UP., 1984, rééd.), p. 161-2.

97) R. Aron, 《Introduction》 (*op. cit.*), p. 40:「科学的真理でないもの全てが恣意的であるとすれば，科学的真理それ自体が選り好みの対象になるであろうし，それは神話と死活的諸価値とに対する相反する選り好みと同様に根拠の薄いものであろう。」

98) とくに次の評釈を参照——Richard J. Bernstein, *The Restructuring Social and Political Theory* (Philadelphia, Pennsylvania UP., 1978), p. 44-5.

99) ここでわれわれはR．アロンの次の議論から直接着想を得ている——R. Aron, 《Introduction》 (*op. cit.*), p. 32. 同様に芸術史についての彼の評釈も参照——「レオナルド・ダ・ヴィンチの作品と彼の模倣者の作品とを識別しないような芸術史家は，歴史的対象の特有の意味，すなわち作品の質をつかみ損なっていると言えよう。」(*Ibid.*) 同様に参照——シュトラウス，前掲訳書，76頁以下。

100) デュルケム『社会学的方法の規準』宮島喬訳，岩波文庫，90頁以下。

101) デュルケムのその時代への関心については次の評釈参照——Jean-Claude Filloux, 《Introduction》 à E. Durkheim, *La science sociale et l´action* (Paris, PUF., 1987, rééd.), p. 9.

102) デュルケム『社会分業論』，前掲訳書，33頁。

103) 同訳書　同頁——「けれども，われわれが何よりもまず実在を研究すべしとするからといって，われわれがこの実在の改良を断念するということにはならない。われわれの研究が，もし思弁的興味しかもつべきでないとするならば，それは瞬時たりとも研究に値しないものと考える。」(Cf. aussi Jean-Claude Filloux, 《Introduction》 à Emile Durkheim, *La science sociale et l´action* (*op. cit.*), p. 6-7.

104) Cf. Richard J. Bernstein, *op. cit.*, p. 109-10 ; l´article de Charles Taylor, 《Neutrality in Political Science》 in ibid., *Philosophy and the Human sciences. Philosophic Papers 2* (Cambridge UP., 1985), p. 89-90 ; l´article d´Alasdair MacIntyre, 《Is a Science of Comparative Politics Possible ?》, in ibid., *Against the Self-Images of the Age. Essays on Ideology and Philosophy* (UP. Notre Dame, 1984, rééd.), p. 275-9.

61) マンハイムの逆説についてのリクールの評釈を参照―― Ricœur, *op. cit.*, p. 8-9.

62) Cf. P. Birmbaume, *op. cit.*, in RFSP , p. 16.

63) たとえば，レヴィ=ストロース『悲しき熱帯』川田順造訳，中央公論社，1977（93）年，下79頁以下，および――Raymond Boudon, *op. cit.*, p. 64.

64) この要素の例証としては，何よりも，イアン・ケルショー『ヒトラー神話　第三帝国の虚像と実像』柴田敬二訳，刀水書房，1993年，275頁以下，279頁。

65) 同訳書，278頁。

66) C. Lefort, *op. cit.*, p. 275-6.

67) Carole Pateman, *The Problem of Political Obligation. A Critique of Liberal Theory* (Berkeley, UCP., 1985, enlarged ed.), p. 98-102.

68) テンニエス 『ゲンマインシャフトとゲゼルシャフト』杉之原寿一訳，岩波文庫，34頁以下。

69) 次の書物の議論を参照――R. Boudon, *op. cit.*, p. 64-6.

70) レヴィ=ストロース，前掲訳書，83頁以下。

71) アリストテレス『政治学』山本光雄訳，岩波書店，全集15，77頁以下（1253a 20-30)。

72) 同訳書　105頁（1278b 20-25)。

73) ロバート・コヘイン『覇権後の国際政治経済学』石黒・小林訳，晃洋書房，1998年，5頁以下参照。同じく参照――フリードリッヒ・マイネッケ『近代史における国家理性の理念』，菊盛・生松訳，みすず書房，1960年，23頁以下。

74) マキアヴェッリ 『君主論』 河島英昭訳　岩波文庫　178頁――「なぜならば，何らかの必要に迫られて忠実になっているだけなので，人間たちはいずれ，あなたに対して邪な正体を現すであろうから。」

75) レオ・シュトラウス『自然権と歴史』塚崎・石崎訳，昭和堂，1988年，10頁以下。

76) 同訳書，12頁。

77) R. Aron, *Démocratie et totalitarisme* (*op. cit.*), p. 51-2.

78) Cf. Roberto Mangabeira Unger, *Social Theory* (*op. cit.*), p. 42.

79) *Ibid.*, p. 42.

80) F・フュレ『フランス革命を考える』大津真作訳，岩波書店，1989年，56頁以下，81頁以下。

81) シュトラウス，前掲訳書，11頁。

82) Cf. Althusser, *Montesquieu. La politique et l'histoire* (Paris, PUF., 1974. rééd.), p. 19-20.

83) Cf. Habermas, *Après Marx* (*op. cit.*), p. 3.

84) レイモン・アロン，前掲訳書，２，118頁以下。

85) Cf. R. M. Unger, *Law in Modern Society* (*op. cit.*), p. 4.

86) マックス・ウェーバー『社会科学と社会政策にかかわる認識の「客観性」』 富永・立野・折原訳，岩波文庫，82頁以下，96頁以下。

87) 同訳書，130頁以下。

88) シュトラウス，前掲訳書，50頁参照。

42) Giddens, *op. cit.*, p. 84. より一般的な観点からは――Roberto Mangeveira Unger, *Social Theory : its Situation and its Task. A Critical Introduction to Politics, a Work in Constructive Social Theory* (Cambridge UP., 1987), p. 135-7.

43) 指導者の役割にとくに注意を払いながらこの問題を扱っているもの――Cf. Paul Veyne, 《L'histoire conceptualisante》, in *op. cit.*, p. 78.

44) デュルケムは，環節的類型の消滅の結果として社会は個人を包み込むことが少なくなり，差異化傾向を失わせていると論じている――『社会分業論』(前掲訳書) 282頁，314頁以下。同じく参照―― Giddens, *op. cit.*, p. 200-3.

45) *Ibid.*, p. 181.

46) *Ibid.*, p. 212-3, 220.

47) Luc Ferry et Alain Renaut, *Système et critique. Essais sur la critique de la raison dans la philosophie contemporaine* (Bruxelles, Éd. Ousia, 1984), p. 162-3 ; Luc Ferry, *Philosophie politique* t. 2 : *Le système des philosophies de l'histoire* (Paris, PUF., 1984), p. 109-10.

48) Roberto Mangeveira Unger, *op. cit.*, p. 138.

49) *Ibid.*, p. 138-9.

50) R・ミヒェルス『現代民主主義における政党の社会学』森・樋口訳，木鐸社，1973年，2，428頁以下。

51) Vilfredo Pareto, *Traité de sociologie générale, paragraphe 203 et Manuel d'économie politique*, chap. VII, paragraphe 115――レイモン・アロン，前掲訳書，２，211頁以下のＶ・パレートの議論の紹介を参照。〔ただし英訳とそれに基いた邦訳書ではパレートからの引用部分が省略されていることに注意――Cf. R. Aron, *Les étapes de la pensée sociologique* (Paris, Éd. Gallimard, 1985, rééd.), p. 466f.〕

52) Cf. Joseph Raz, *The Authority of Law* (*op. cit.*), p. 30.

53) Cf., f. e. Willam H. Sewell Jr., *Work and Revolution in France. The Language of Labor from the Old Regime to 1848* (Cambridge UP., 1985, rééd.), p. 226-8.

54) たとえば，クラストルの著作についてのビルンボームの評釈を見よ――Pierre Birn baum, 《Sur les origines de la domination politique : à propos d'Etienne de La Boétie et de Pierre Clastres》, in *Revue Française de Science Politique* (Paris, février 1977, vol. 27, n°. 1), p. 15-7.

55) ルフォールによるデモクラシーの性格づけを参照――Claude Lefort, *Essais sur le politique (XIXe-XXe siècle)* (Paris, Éd. du Seuil, 1986), p. 52-3.

56) P・ヴェーヌ 『ギリシャ人は神話を信じたか』大津真作訳，法政大学出版局，1985年，164頁以下。

57) Cf. Pauk Ricœur, *Lectures on Ideology and Utopia*, éd. par George H. Taylor (NY., Columbia UP., 1986), p. 2.

58) *Ibid.*, p. 3-5.

59) Georges Duby, 《Histoire sociale et idéologies des sociétés》, in Le Goff et Pierre Nora, *Faire de l'histoire* (*op. cit.*), p. 149-54,168.

60) Ricœur, *op. cit.*, p. 8 et 254-5.

18) *Ibid.*, p. 79.

19) P・ブルデュー『実践感覚』今村・港道訳，みすず書房，1988年，1，63頁以下。

20) Cf. l'entretien de Bourdieu avec *Le Nouvel Observateur*, le 2 novembre 1984.

21) P・ブルデュー，前掲訳書，29頁。

22) P. Bourdieu, *Leçon sur la leçon* (Paris, Éd. de Minuit, 1982), p. 56.

23) P. Bourdieu, 《La force du droit. Eléments pour une sociologie du champ juridique》, in *Actes de la recherche en sciences sociales* (Paris, publié avec le concours de la Maison des sciences de l'homme et de l'Ecole des hautes études en sciences sociales, diffusé par les Éd. de Minuit, septembre 1986, n°. 64), p. 3.

24) *Ibid.*, p. 3.

25) P・ブルデュー，前掲訳書，220頁以下。

26) 同訳書，227頁以下。

27) 同訳書，同箇所。

28) P・ブルデュー『ディスタンクシオン——社会的判断力批判』石井洋二郎訳，藤原書店，1990年，上260頁以下。

29) P. Bourdieu, 《La force du droit...》 (*op. cit.*), p. 17.

30) *Ibid.*, p. 19.

31) *Ibid.*, p. 17.

32) たとえば次の書物を参照——Harold J. Berman, *Law and Revolution. The formation of the Western Legal Tradition* (Harvard UP., 1983), p. 43, 556.

33) Theda Skocpol, *States and Revolutions. A Comparative Analysis of France, Russia and China* (Harvard UP., 1988, rééd.).

34) 歴史の第1の動因の批判としてはとくに——レイモン・アロン『歴史哲学入門』霧生和夫訳，荒地出版社，1971年，260頁以下。および——Raymond Boudon, *La Place du désordre. Critique des théories du changement social* (Paris, PUF., 1984), p. 136-8.

35) Cf. Paul Veyne, 《L'histoire conceptualisante》, in Jacques Le Goff et Pierre Nora, éd., *Faire de l'histoire. Nouveax problèmes* (Paris, Éd. Gallimard, 1978, rééd.), p. 65-6.

36) 次の評釈を参照——レイモン・アロン『社会学的思考の流れ 1』 北川隆吉他訳 法政大学出版局 1974年 199頁以下。別の文脈では——C. Lefort, *Les formes de l'histoire* (*op. cit.*), p. 73-5.

37) Raymond Boudon, *La Place du désordre* (*op. cit.*), p. 230-1.

38) *Ibid.*, p. 123-4.

39) われわれはここでいくぶんかギデンズの分析から着想を得ている——Anthony Giddens, *The Constitution of Society. Outline of the Theory of Structuration* (Berkeley, UCP., 1986, rééd.), p. 172-4.

40) *Ibid.*, p. 180.

41) *Ibid.*, p. 181 ;Cf. également John Elster, *Ulysses and the Sirens. Studies in Rationality and Irrationality* (Cambridge UP., et Ed. de la Maison des sciences de l'homme, 1979), p. 113-4.

90) Bourricaud, *op. cit.*, p. 443.

91) ウォルツァー，前掲訳書，35頁。

92) 基礎づけの観念について，われわれは次の書物の分析からいくぶんか着想を得た——ジル・ドゥルーズ『差異と反復』財津理訳，河出書房新社，1992年，404頁以下。

第2章

1) 公共善を体現している政治体制の権力と制度化の水準との紐帯については——ハンティントン，前掲訳書，24頁以下。

2) 同訳書，21頁。他に—— Niklas Luhmann, *The Differentiation of Society*, (*op. cit.*), p. 142-3.

3) *Ibid.*, p. 96 & 140-1. 同じく参照——ウェーバー『支配の社会学　１』 世良晃志郎訳，創文社，昭和35年，63頁以下。

4) とくにマックス・ウェーバーの政党政治の戦略について叙述を参照——「新秩序ドイツの議会と政府」『政治論集　２』中村貞二他訳，みすず書房，1982年，354頁以下。

5) Cf. M. Walzer, *Spheres of Justice* (*op. cit.*), p. 155.

6) *Ibid.*, p. 156.

7) マックス・ウェーバーは法的実証主義が保守的態度を支持するようになるのは，とくに行為の評価がまず法律への適合性を基準としてなされ，実質的正義を考慮しないからである，と強調している（『法社会学』502頁参照)。

8) Cf. Roberto Mangabeira Unger, *The Critical Legal Studies Movement* (Harvard UP., 1986), p. 112-3.

9) われわれはここでいくぶんかミシェル・フーコーの分析から着想を得ている——M・フーコー『性の歴史１　知への意志』渡辺守章訳，新潮社，1986年，115頁以下，同『監獄の誕生——監視と処罰』田村俶訳，新潮社，1977年，270頁以下。なお次の評釈をも参照——G・ドゥルーズ『フーコー』河出書房新社，1987年50頁以下。

10) マルクス『ヘーゲル国法論批判』大月書店版全集，第１巻，209頁参照。

11) マルクス『ユダヤ人問題のために』前掲訳書，401頁参照。

12) マルクス『ヘーゲル国法論批判』，前掲訳書，305頁以下。

13) 同書，303頁。

14) コラコウスキーのベルンシュタインに関する議論を参照——L. Kolakowski, *Main Currents of Marxism. 2. The Golden Age* (*op. cit.*), p. 107-8, & Adam Przeworski, *Capitalism and Social Democracy* (Cambridge UP. et Éditions de la Maison des sciences de l'homme, 1988, rééd.), p. 3.

15) Luc Ferry et Alain Renaut, *La pensée 68. Essais sur l'anti-humanisme contemporain* (Paris, Éd. Gallimard, 1985), p. 202-211.

16) Pierre Bourdieu, 《La lecture de Marx, ou quelques remarques critiques à propos de Quelques critiques à propos de *Lire le Capital*》, in *Actes de la recherche en sciences sociales* (Paris, publié avec le concours de la Maison des sciences de l'homme et de l'École des hautes études en sciences sociales, diffusé par les Éd. de Minuit, novembre 1975, nos. 5-6), p. 79.

17) *Ibid.*, p. 79.

74) この問題については，たとえば次の書物の議論を参照——Benjamin I. Schwartz, 《The Reign of Virtue : Some Broad Perspectives on Leader and Party in the Cultural Revolution》, in : John Wilson Lewis, *Party Leadership and Revolutionary in China* (Cambridge Mass., Cambridge UP., 1970), p. 161.

75) ポール・ヴェーヌ，前掲訳書，686頁。

76) トクヴィルの議論——「封建時代の貴族階級に対する見方は，今日の政府に対する見方とほとんど同じであろう。人々が貴族階級の課する諸負担に耐えていたのは，貴族階級に種々の保障を期待していたからである。貴族たちは民衆を苦しめる諸特権を行使し，民衆に重荷となる賦課租を課していた。その代りに，公共の秩序を維持し，裁判を行ない，法律を執行し，弱者を救済し，公務を遂行していた。貴族階級がこの仕事を果さなくなるにつれ，特権の重圧はますます強まり，ついに特権の存在自体がもはや理解できなくなっていった。」（『旧体制と大革命』小山勉訳，ちくま学芸文庫，1998年，142頁。）

77) Cf. Michael Walzer, *Spheres of Justice. A Defense of Pluralism and Equality* (NY., Basic Books, Inc., 1983), p. 68.

78) *Ibid.*, p. 91.

79) ポール・ヴェーヌ　前掲訳書　686頁。

80) とくに次の書物——Pierre Rosanvallon, *La crise de l' État-providence* (Paris, Éd. du Seuil, 1984, rééd. corrigée), p. 63-4. そして，合衆国における医療費の社会保険適用範囲の問題の分析については——Walzer, op. cit., p. 88-89 を参照。

81) Bourricaud, op. cit., p. 442.

82) たとえば次の書物における議会内免責特権についての考察を見よ——Jean Gicquel et André Hauriou, *Droit constitutionnel et institutions politiques* (Paris, Éd. Montchrestien, 1985, rééd.), p. 853-6.

83) 民主主義体制における政治的免責特権についてはとくに——Dennis F. Thompson, *Political Ethics and Public Office* (Harvard UP., 1987), p. 79.

84) 自律として規定された自由に基く責任概念については，カント『実践理性批判』波多野・宮本訳，岩波文庫，とくに55頁以下参照。

85) 子供や精神障害者によって犯された行為についてのハートの議論を参照——Herbert A. Hart, *Punishment and Responsibility. Essays in the Philosophy of Law* (Oxford UP., 1968), p. 183-4.

86) たとえば，予謀をもつか，もたないかで。

87) D・リシェは，絶対主義が短期間に強化され，苛酷にさえなっていくと思われるが， 深層においては土台を掘り崩す本物の仕事が進められているような風土について言及し，「絶対主義は強くなればなるほど，弱まっていく」と結論づけている——Cf. Denis Richet, *La France Moderne: l'esprit des institutions* (Paris, Éd. Flammarion, 1973), p. 57.

88) 悪意とスケープゴート現象との関係については——René Girard,*Le bouc émissaire* (Paris, Éd. Librairie générale de France, 1989, rééd.), p. 179.

89) このことは明らかに政治行動に特有でなく，あらゆるタイプの行動に当てはまる

1963年，407頁以下。

58） 同訳書，30頁以下。

59） Cf. Henri Lefebvre, *De l´ État*, t. 4 : *Les contradictions de l´ État moderne. La dialectique et/ de l´ État* (Paris, Union générale d´éducation, 1978), p. 97.

60） この問題については——Steven Lukes, *Marxism and Morality* (Oxford UP., 1987, reed.), p. 57.

61） マルクス，前掲訳書，204頁——「権利に関して，われわれは，他の多くの論者と反対に，人権のもっとも一般的な形態における限りの政治的ならびに私的権利と，共産主義との背反を強調してきた。」

62） ここでわれわれは次の書物の分析から着想を得ている—— Claude Lefort, *Les formes de l´histoire. Essais d´anthropologie politique* (Paris, Gallimard, 1981, rééd.), p. 316-7.

63） モスクワ裁判についてのメルロー=ポンティの議論——『ヒューマニズムとテロル』森本和夫訳，現代思潮社，1965年，60頁——「ブルジョア裁判は究極的な大義名分として過去を持ち出すのに対して，革命的裁判は未来を持ち出す。それは，革命が真実をもたらす途上にあり，その弁論は実践の一部をなすものであり，その実践はもちろん理由のあるものであるが，しかしあらゆる理由を越えるものだという真理の名において裁くのである。」

64） Cf. Marc Richir, 《Révolution et transparence sociale》, présentation de Johann Gottlieb Fichte, *Considérations destinées à rectifier les jugements du public sur la Révolution française* (Paris, Éd. Payot, 1974), p. 13-4.

65） ルソー『社会契約論』桑原・前川訳，岩波文庫，19頁——「もっとも強い者でも自分の力を権利に，〔他人の〕服従を義務にかえない限り，いつまでも主人でありうるほど強い者では決してない。」

66） 社会的政治的現実の歴史的次元がもたらす形式的諸真理の多様化については——ポール・ヴェーヌ 『パンとサーカス』，鎌田博夫訳，法政大学出版局，1998年，527頁。

67） Cf. Pierre Manent, 《Situation du libéralisme》, préface au livre *Les Libéraux* (Paris, Éd. Hachette, t. I, 1986), p. 15-6.

68） Cf. Julien Freund, *L´essence du politique* (Paris, Éd. Sirey, 1978, rééd.) p. 328.

69） Bourricaud, *op. cit.*, p. 161.

70） われわれは次の書物における記憶の媒介についての議論から着想を得て自由に使わせてもらった——Henry Rousso, *Le syndrome de Vichy* (1944-198...) (Paris, Éd. du Seuil, 1987), p. 233 , 235.

71） 政治における身体の二元性については，カントーロヴィッツの古典的研究『王の二つの身体』（小林公訳　平凡社　1992年）を見よ。

72） 壮麗さが「国家」という言葉の語源を構成する三つのテーマの一つであることを，クリフォード・ギアツが示している——『ヌガラ——19世紀バリの劇場国家』（小泉潤二訳，みすず書房，1990年） 143頁。

73） 前掲訳書，152頁以下。

35) ウェーバー『法社会学』502頁。

36) デュルケム『社会分業論』164頁以下参照。

37) 同訳書，113頁。

38) ウェーバー『法社会学』 502頁――「もちろん，自然法的な諸公理が明白に言明されないまま裁判に対して影響を与えるということを，完全になくしてしまうことは困難である。」

39) Jürgen Habermas, *Après Marx* (op. cit.), p. 254.

40) ウェーバー『社会学の根本概念』，60頁。

41) モムゼン，前掲訳書，795頁以下。

42) Kenneth L. Karst et Keith S. Rosen, *Law and Development in Latin America* (Berkeley, California UP., 1975), p. 61-2.

43) Cf. Glen Dealy, 《Prolegomena on the Spanish Political Tradition》, in : Howard J. Wiarda, *Politics and Social Change in Latin America. The Distinct Tradition* (Amherst, Massachusetts UP., 1982, reed.), p. 165.

44) ハーバーマス『コミュニケーション的行為の理論』河上倫逸他訳，未来社，1985年，上362頁。

45) 同訳書，364頁。

46) 制度化の概念についてはハンティントンの議論を参照――サミュエル・ハンティントン『変革期社会の政治秩序』内山秀夫訳，サイマル出版会，1972年，上14頁。

47) Juan Linz, 《Democracia presidencial o parlamentaria. Hay alguna deiferencia?》in: *Presidencialismo vs. Parlamentarismo : Materiales para el estudio de la Reforma Constitutional* (Buenos Aires, Editorial Universitaria de Buenos Aires, 1988), p. 28-9.

48) Joseph Raz, *op. cit.*, 28-9.

49) ハーバーマス『晩期資本主義における正統化の諸問題』細谷貞雄訳，岩波書店，1973年，173頁。

50) 国家の問題についてのマルクス主義とアナーキズムの間の違いの概観は，とくに――Leszek Kolakowski, *Main Currents of Marxism. Its Origins, Growth and Dissolution*, vol. 2 : The Golden Age (Oxford UP. 1981, rééd., transl. from Polish by P. S. Falla), p. 19-21,198.

51) R・ノージック『アナーキー・国家・ユートピア』嶋津格訳，木鐸社，1985年，4頁。

52) Cf. Leszek Kolakowski, *op. cit.*, p. 20.

53) *Ibid.*, p. 198.

54) Cf. Robert Wolff, *In Defense of Anarchism* (NY., Harper & Row, 1974, reed.), p. 112-3.

55) Kolakowski, op. cit., p. 20.

56) マルクスの著作において，国家主義と性格づけられるテクストと，共同体主義的なテクストとの間の緊張については――Pierre Ansart, *Idéologies, conflits et pouvoir* (Paris, PUF, 1977), p. 197-9.

57) マルクス『ドイツ・イデオロギー』 大月書店版マルクス・エンゲルス全集第３巻，

13） タルコット・パーソンズ『社会体系論』佐藤勉訳，青木書店，1974年，58頁。
14） Jürgen Habermas, *Après Marx*, traduit par J-R. Ladmiral et M. B. de Launay (Paris, Ed. Fayard, 1985).
15） パーソンズ，前掲訳書，42頁以下。
16） 同訳書，53頁。
17） 共同意識についてのデュルケムの議論は——前掲訳書　80頁以下を見よ。
18） Cf. Joseph Raz, *The concept of a Legal System. An Introduction to the Theory of Legal System*, (Oxford UP., 1980, rééd.), p. 123-4.
19） *Ibid.*, *The Authority of Law. Essays on Law and Morality*, (Oxford UP., 1986, rééd.) p. 105.
20） *Ibid.*, p. 100.
21） 「正当性」という言葉の歴史については次の書物を参照——Jose Guilherme Merquior, *Rousseau and Weber. Two Studies in the Theory of Legitimacy*, (London, Routledge & Kegan Paul, 1980), p. 2-3.
22） *Ibid.*, p. 2.
23） 次の論文を参照——J-F. Spitz, 《Qu´est-ce qu´un État constitutionnel ? La contribution de la pensée médiévale 1100-1300》, dans *Critique* (Paris, Éd. de Minuit, jan. -fév. 1988, n°. 488-499), p. 129-31.
24） Roberto Mangabeira Unger, *Law in Modern Society. Toward a Criticism of Social Theory* (NY. The Free Press, 1976), p. 61-2.
25） Max Weber, *Economy and Society. An Outline of Interpretive Sociology*, trad. by Hans Gerth et alt. (Berkeley, California UP., 2 vols., 1978)〔マックス・ウェーバー『経済と社会』世良晃志郎他訳　創文社版（一部未刊）〕
26） 合理化の過程のさまざまな段階の叙述は——ウェーバー『法社会学』世良晃志郎訳，創文社，昭和49年，512頁参照。
27） 同訳書，105頁——「実質的合理性が影響力を与える規範は，倫理的命令，功利的またはその他の合目的性の規則や，あるいは政治的格率であり，これらが，論理的抽象に依拠する……形式主義を打破すべきなのである。しかしながら，法を現代的意味において特殊専門的かつ法学的に純化することが可能になるのは，法が形式的な性格をもっている限りにおいてのみである。」
28） 同訳書，526頁。
29） 同訳書，534頁以下。
30） ウェーバー『社会学の根本概念』清水幾太郎訳，岩波文庫，60頁。
31） 同訳書，58頁——「慣例あるいは法によって保証された秩序の全てが倫理的規範という性格をもつ必要はない。」
32） ウェーバー『法社会学』500頁。
33） この問題についてはW・モムゼンの見解を参照——『マックス・ウェーバーとドイツ政治　1890～1920　2』安世舟他訳，未来社，1994年，794頁以下。
34） Philippe Raynaud, *Max Weber et les dilemmes de la raison moderne* (Paris, Éd. PUF., 1987), p. 193.

原　注

序

1) Marcel Mauss, *Œuvres. 3. Cohesion sociale et divisions de la sociologie* (Paris, Éd. de Minuit, rééd. 1981), p. 579-80.

第1章

1) Raymond Aron, *Démocratie et totalitarisme* (Paris, Éd. Gallimard, 1976, rééd.) p. 52
2) Cf. Michel Villey, *Philosophie du droit I. Définitions et fins du droit* (Paris, Éd. Dalloz, 1892, rééd.), p. 146.
3) 権利の，社会的であるが故に公的な性格については，エミール・デュルケム『社会分業論』田原音和訳，青木書店，1971年，125頁。
4) これはモンテスキューが自由を定義して「各人が自己の安全についてもつ確信から生ずる精神の静穏である」(『法の精神』第11編第6章）と述べた時に見ていたことである。
5) John P. Plamenatz, *Consent, Freedom and Political Obligation* (London, Oxford UP., 1968, rev.), p. 85.
6) われわれが着想を得たのはラピエールの政治制度についての考察である―― Jean-William Lapierre, *L'Analyse des systèmes politiques* (Paris, 1973), p. 34-5.
7) 消極的連帯性についてのエミール・デュルケムの議論は，『社会分業論』121頁参照。
8) この問題のさまざまな側面についてはマイケル・ウォルツァーが扱っている――『義務に関する11の試論 *Essays on Disobedience, War, and Citizenship*』(山口晃訳，而立書房，1993年)。とくに次の一文――「合意理論の脈略では，われわれは，政府は正しい，故に市民は義務を負っているとは言わず，市民たちは合意をした，故に政府は正しい，と言う」(同訳書，11頁)。
9) ハンナ・アーレント『過去と未来の間』 引田・斎藤訳，みすず書房，1994年，125頁。
10) ブリコーがよい権威と悪い権威との間に立てている区別を参照――François Bourricaud, *Esquisse d'une théorie de l'autorité* (Paris, Éd. Plon, 1970, corrigée et augmentée), p. 10-2.
11) Cf. Niklaus Luhmann, *The Differentiation of Society* (NY., Columbia UP., 1982) p. 97.
12) 権利への経済的アプローチについての考察から始めて，この問題を論じているもの――Ronald Dworkin, 《Is Wealth a Value?》, in *A Matter of Principle* (Cambridge Mass., Harvard UP., 1985), p. 264.

訳者あとがき

本訳書の表題にある「政治的正当性」の正当性の原語はフランス語でレジティミテであり、英語ではレジティマシー、日本ではまたとくにウェーバーの用語からレギティミテートというドイツ語も十分定着している言葉であるが、これには邦訳で「正当性」と「正統性」の二つの表現を用いられることがある。じっさい、いずれを主として用いるかで、わが国の研究者、翻訳家たちは二つの集団に分れているとさえ言える。かつて加藤新平は論文の表題を「国家権力の正統性」としながら、本文中では「正當性」を用い、その理由を「考察の主方向が権力の倫理的基礎、倫理的正當性の基準の問題」にあったからであるとした（弘文堂刊『近代国家論　第一部　権力』所収、昭和二十五年）。本訳書の本文中でわれわれが「正当性」という表記でおおむね一貫することにしたのは、以下の理由による。

まず「正統」という表現を適用して妥当であると思われる言葉にオーソドクス、オーソドクシーがある。そこで丸山真男はつとに「O正統」と「L正統」という表現でニュアンスを区別しようとしていたが、これは分析的手続きの中では有意味な対象になるとしても、通常の叙述文において用いることは適切でない。われわれはレジティマシーに対して「正統」を用いて妥当するのは、血統や家系にかかわる場合に限られると考えたい。こうして、王朝的正統性という表現は、たとえば、一八一五年のウィーン会議における原状回復の原則と結びついた正統性の原則として十分適切な表現となっている。

本訳書中にも出てくるとおり、レジティマシーの元のラテン語レーギティムスはレクス（法）から派生した言葉で、法に合致した、法の妥当する範囲のうちにあることを示していた。現在の各国語の辞書類に「適法、合法」

の訳語が残されているのは、この原義に従ったものと言えよう。ただ、社会科学の世界では、ウェーバーに始まり、それぞれ立場は異なるが、ヘルマン・ヘラーやカール・シュミットの議論の中で、レジティマシー（レギティミテート）とリーガリティ（レガリテート）とを原理的に区別するのは自明となっている。そして、そこでは、レジティマシーが語られる時、法に限らず、社会に妥当する支配的原理の類別や有効性が問題とされるのである。その場合、原理は信念ないし信条体系として抱かれる形をとっていると見ることも可能であるが、重要なのは、その原理が正統の信念に属すかどうかよりも、それがいかに妥当しているかであると言える。レジティマシーの名詞化であるレジティメイションは、本訳書でも時にジャスティフィケイションと同義に用いられる。この後の語には「弁明」の意味もあって、時にレヴェルが低いものと受け取られることもあるが、これにはまた「神による義認」の意味もあり、「正しいものとする」という原義はもちろん維持されているのである。いずれにせよ、他のどんな言葉においてと同様に、意味は文脈によって区別された表現をもつのは当然のことである。こうして、本訳書では、とくに「正統性」との区別において「正当性」を訳語として一貫して採用することにしたわけである。「正当性」の言葉の表現ないし用法としての弁明はここまでとして、本書の問題提起との関連で、われわれ自身の事柄を若干考えておくことにしよう。

本書で著者は、「統治の権利」の成立を「治者」と「被治者」の関係の正当なあり方との関連で論述している。ここで「治者」と「被治者」を「彼ら」と「われわれ」との対置として見ることにはいくらかの違和感があるかもしれない。これは決して身分的階級的な区別ではなくて、機能的な役割分化に他ならないと思われるからである。著者も「政治的分化」という言葉でこの側面は十分押さえている。だが、政治制度の実際の作用の中で、「われわれ」の立ち入れない部分は相当に広くかつ深く、また堅固であることは否めない。そこには立場ないし地位の区別が厳然と存在する。それだけに、「治者」の側の「責任」が統治の正当性との関連で全面的に問われなければならない、というのが著者の一つの議論である。わが国でも、国民代表としての政治家のあり方や、官民関係のさまざまの側面がなおたえず問題として提起されていることは、著者の問題設定が文字通り他人事でないことを示していると言えよう。

他方において、わが国においても、他の民主主義国家と同様、憲法的正当性が確かに公認されている。だが、憲法そのものが論議の対象となる余地を残している限り、「正当性」はなお一義的であるとは言えない。それは、有権的法解釈のレヴェルにおいても、一般的な政治意識・法意識の面においても否定できない事実である。これに対して、一定の普遍的価値、特に民主主義的価値の存在の確認から正当的秩序の成立への筋道を明らかにしようというのが、著者の意図であると思われる。もちろん、どれだけの価値をどれだけの範囲において認めるかも、それ自体論議の的となる。この点で、著者の議論は必ずしも完結的でも体系的でもあるとは言えないが、一定の方向性を示す努力をなしていることは明らかであり、これをどう受け止め、具体化するかは、われわれの側の問題である。

日本における正当性問題を考える上で抜きにできないのは、天皇の地位に関する問題である。これについて現行憲法は明確な方針を確立しているのであるが、なおこれに満足できないとする見解もつねに浮上する傾向をもっている。いわゆる「君が代・日の丸」問題も、これとの関連で、その一定の法制化という事実にも関わらず、むしろ、その事実のゆえに、論争問題であることを止めないであろう。これはある意味で「正統」意識に関わる事柄であると言えるかもしれない。しかし、何らかの「正統」＝オーソドクシーを政治のイデオロギー的基礎としないということが民主主義の原点にある限り、政治的正当性の追求はやはり捉われない討論の展開と、それを通じての幅広い合意の形成という方向においてなされるべきものであろう。

言い古されたことであろうが、民主主義がそれぞれの国民社会の民意とか衆意の上に成り立つものである限り、その国民の意識のうちにある伝統や文化の感覚とのつながりは絶ちえない。そして、この意識が一元的全面的なものでない限り、いずれが多数派、いずれが少数派となるかは分らないとしても、民主主義の中においても対立と、時には分裂も避けがたいことであると言わねばならない。これを危機的な状態にまで追いやらないためにこそ、討論の場の維持が必要であり、そこにおける最低限の共通項としての民主主義的価値についての認識を求め、深めるというのが、確かに著者の結論の一つであると言えるであろう。

本書の行論における著者の議論には、なかなか難解な部分もあり、われわれ訳者も十分平易にそれをこなして伝えることができているかどうか、大方の批判をまたなければならないが、何人かの現代思想家を援用しながらも、過去ないし既成の大理論家たちに批判的に挑戦する議論も展開していて、読者諸氏には刺激的な読書と考察の機会となるのではないかと期待している。翻訳のきっかけは、既に以前から著者と交流のあった藤原書店社長藤原良雄氏の積極的な意を受けて、人を介して依頼されたというのが実際のところであるが、われわれ訳者の方も、原著者がすぐ傍らにいて、疑問点を質し、議論を交わしながら翻訳を進めることをまたとない機会と受け止めて作業に当たった。訳語表現や文体についてできるだけ統一の努力をしたつもりであるが、なお齟齬が残っているとすれば、お許し頂きたいものと思う。計らざる誤りには、叱正をまちたい。

藤原書店編集部の山﨑さんには、こういう共同作業には避けられない調整の仕事で、必要以上のご苦労をおかけしたことに謝意を表したい。

二〇〇〇年三月十五日

訳者代表　田中治男

政治的正当性とは何か（詳細目次）

人名索引

姓のカタカナ表記で五十音順に配列し、そのあとに
姓→名の順に原つづりを示した。

アーレント, Hannah Arendt 21, 40
アウグスティヌス, Aurelius Augustinus 217
アリストテレス, Aristotelēs 112, 135-136, 149, 274
アルチュセール, Louis Althusser 81-82
アロン, Raymond Aron 129, 197
ウェーバー, Max Weber 25-28, 46-49, 82, 124, 126, 129, 154, 158-160, 166, 170, 182, 189-211, 213-214, 219, 257-258
ヴェーヌ, Paul Veyne 62
エンゲルス, Friedrich Engels 54, 80
カント, Immanuel Kant 21, 144-145
キケロ, Marcus Tullius Cicero 46
コント, Auguste Comte 172, 201
コンドルセ, Marie Jean Antoine Nicolas de Caritat Condorcet 142, 148-150
シュトラウス, Leo Strauss 141
シュミット, Carl Schmitt 28, 205-214
スコッチポル, Theda Skocpol 26, 88-91
スターリン, Iosif Vissarionovich Stalin 130
チャーチル, Winston Churchill 130
デカルト, René Descartes 220
デュルケム, Emile Durkheim 48, 123, 130-131, 153, 158, 175
テンニエス, Ferdinand Tönnies 110
ドゥウォーキン, Ronald Dworkin 242-248
ドゴール, Charles de Gaulle 130
ナーゲル, Ernest Nagel 172
ナポレオン, Napoléon Bonaparte 136, 155
ニュートン, Isaac Newton 138, 145, 173
パーソンズ, Talcott Parsons 43
パスカル, Blaise Pascal 137
パレート, Vilfredo Pareto 99
ヒトラー, Adolf Hitler 130, 211
ビルンボーム, Pierre Birnbaum 109
ファイヤアーベント, Paul Karl Feyerabend 222-224
フーコー, Michel Foucault 222-224
フェリー, Luc Ferry 81
ブドン, Raymond Boudon 140
ブルデュー, Pierre Bourdieu 26, 81-84, 175, 275, 285
フロイント, Julien Freund 205
ヘーゲル, Georg Wilhelm Friedrich Hegel 80, 147, 185
ヘンペル, Carl Gustav Hempel 172
ホッブズ, Thomas Hobbes 27, 136-139, 141
ポパー, Karl Raimund Popper 172-173
マイネッケ, Friedrich Meinecke 154
マキアヴェッリ, Niccolò Machiavelli 26, 119, 218, 285
マルクス, Karl Marx 26, 28, 31, 54-57, 80-82, 84, 88-89, 96, 98, 103, 123, 147, 161, 166, 170, 175, 182-189, 191, 193, 203, 213-214, 219, 257-258, 275
ミヒェルス, Robert Michels 99
ミル, John Stuart Mill 172
モース, Marcel Mauss 33, 153
モスカ, Gaetano Mosca 99
モンテスキュー, Charles de Secondat, Baron de Montesquieu 27, 123, 137-139, 141-142
ユークリッド, Eukleidēs 135
ライヒ, 208-209, 211
ラプラス, Pierre Simon Laplace 136
ルソー, Jean-Jacques Rousseau 143-144
ルノー, Alain Renaut 81
レーニン, Vladimir Iliich Lenin 57
ロールズ, John Rawls 23, 235-236, 242-245, 247-248

訳者紹介

田中治男（たなか・はるお）

1935年生まれ。東京大学大学院法学政治学研究科博士課程修了。現在，成蹊大学法学部教授。専攻は政治学・政治思想史。著書に『フランス自由主義の生成と展開』(東大出版会，1970年)『西欧政治思想』(岩波書店，1997年)，訳書にドゥラテ著『ルソーの合理主義』(木鐸社，1979年) モンテスキュー著『法の精神』(共訳，岩波書店，1987年) などがある。

押村　高（おしむら・たかし）

1956年生まれ。早稲田大学大学院政治学研究科博士課程修了。現在，青山学院大学国際政治経済学部教授。専攻は政治学・国際関係思想史。著書に『ＥＵ21世紀の政治課題』(共著，勁草書房，1999年)『アクセス国際関係論』(共編，日本経済評論社，2000年)，論文に《In Defense of Asian Colors》，Asia Perspectives，Vol. 11，No. 2. などがある。

宇野重規（うの・しげき）

1967年生まれ。東京大学大学院法学政治学研究科博士課程修了。現在，東京大学社会科学研究所助教授。専攻は政治学・政治学史。著書に『デモクラシーを生きる――トクヴィルにおける政治の再発見』(創文社，1998年)，論文に「トクヴィルとミル――19世紀における自由主義の行方についての一試論」(『千葉大学法学論集』13巻３号) などがある。

政治的正当性とは何か――法、道徳、責任に関する考察

2000年6月30日　初版第１刷発行©

訳　者　田中治男他

発行者　藤原良雄

発行所　株式会社 藤原書店

〒162-0041　東京都新宿区早稲田鶴巻町 523

TEL　03（5272）0301
FAX　03（5272）0450
振替　00160-4-17013

印刷 平河工業社／製本 河上製本

落丁本・乱丁本はお取り替えします
定価はカバーに表示してあります

Printed in Japan
ISBN4-89434-185-9

趣味と階級の関係を精緻に分析

ディスタンクシオン

〔社会的判断力批判〕I・II

P・ブルデュー　石井洋二郎訳

ブルデューの主著。絵画、音楽、映画、読書、料理、部屋、服装、スポーツ、友人、しぐさ、意見、結婚……。毎日の暮らしの「好み」の中にある階級化のメカニズムを、独自の概念で実証。

第8回渋沢クローデル賞受賞

A5上製　I五一二、II五〇〇頁

各五九〇〇円（一九九〇年四月刊）

I◇4-938661-05-5　II◇4-938661-06-3

LA DISTINCTION　Pierre BOURDIEU

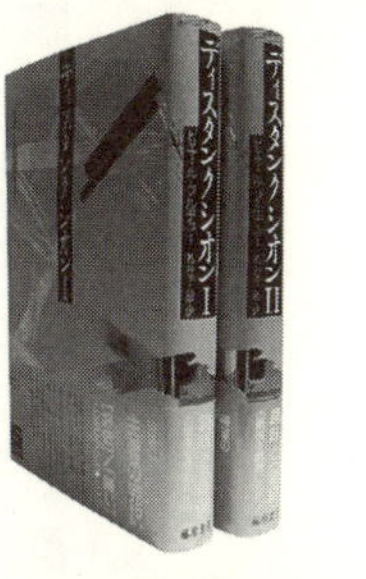

〔附〕主要著作解題・全著作目録

構造と実践

〔ブルデュー自身によるブルデュー〕

P・ブルデュー　石崎晴己訳

新しい人文社会科学の創造を企図するブルデューが、自らの全著作・仕事について語る。行為者を構造の産物にして構造の再生産者として構成する「プラチック」とは何かを、自身の「語られたものごと」を通して呈示する、ブルデュー自身によるブルデュー。

A5上製　三七六頁　**三六八九円**

（品切）（一九九一年一二月刊）◇4-938661-40-3

CHOSES DITES　Pierre BOURDIEU

「象徴暴力」とは何か？

再生産〔教育・社会・文化〕

P・ブルデュー、J-C・パスロン

宮島喬訳

『遺産相続者たち』（'64）にはじまる教育社会学研究を理論的に総合する文化的再生産論の最重要文献。象徴暴力の諸作用とそれを蔽い隠す社会的条件についての一般理論を構築。「プラチック」論の出発点であり、ブルデュー理論の主軸。

A5上製　三〇四頁　**三七〇〇円**

（一九九一年四月刊）◇4-938661-24-1

LA REPRODUCTION　Pierre BOURDIEU et Jean-Claude PASSERON

初の本格的文学・芸術論

芸術の規則I・II

P・ブルデュー

石井洋二郎訳

作家・批評家・出版者・読者が織りなす象徴空間としての〈文学場〉の生成と構造を活写する、文芸批評をのりこえる「作品科学」の誕生宣言。好敵手デリダらとの共闘作業、「国際作家会議」への、著者の学的決意の迸る名品。

A5上製　I三一二、II三二〇頁

I四一〇〇円、II四〇七八円

（I一九九五年二月刊 II一九九六年一月刊）

I◇4-89434-009-7　II◇4-89434-030-5

LES RÈGLES DE L'ART　Pierre BOURDIEU

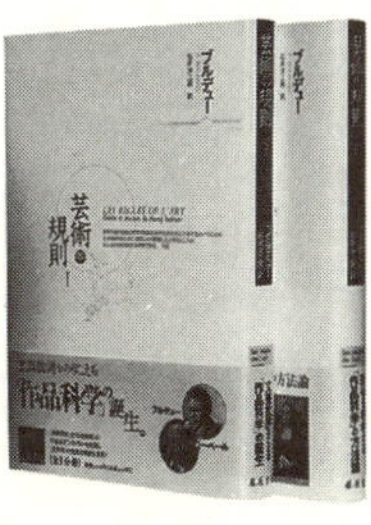